Die schöne Stadt
Beauty and the City

Herausgegeben von / Edited by
J. Alexander Schmidt, Reinhard Jammers

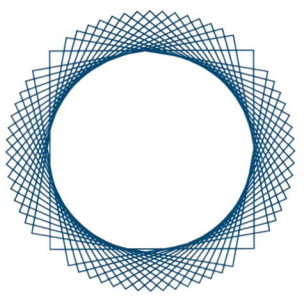

Essener Forum
Baukommunikation

Inhalt Contents

6 **Die schöne Stadt, Einführung**
Beauty and the City, Introduction
J. Alexander Schmidt, Stadtplaner

14 **Schönheit, die Verführung zum Glück**
Beauty – The Temptation to Happiness
Horst Przuntek, Neurologe

22 **In Schönheit untergehen oder traumhaft hingesagte Bilder entziffern**
Decaying in Beauty or Deciphering Legendary Images
Frank Rolf Werner, Architekturtheoretiker

30 **Die schöne Stadt**
The Beautiful City
Hans-Jürgen P. Walter, Gestaltpsychologe

42 **Nachtrag zu: Die schöne Stadt**
Gibt es das absolut Wahre, Gute und Schöne?
Appendix to: The Beautiful City
Is there such a thing as the absolutely true, good and beautiful?
Hans-Jürgen P. Walter, Gestaltpsychologe

54 **Stadterfahrung(en)**
Experiencing a City
Ben Rodenhäuser, Zukunftsforscher

64 **Diskussion**

70 **Fachgespräch: Gibt es die schöne Stadt?**
Discussion Amongst Experts
Is there such a thing as a beautiful city?
Birger Priddat, Philosoph und Ökonom
Hans Stimmann, Stadtplaner
Ulrike Rose, Kulturmanagerin, Moderatorin

86	**Die schöne Stadt**
The Beautiful City
Werner Sewing, Soziologe
98	**Das neue Museum Folkwang in Essen**
The New "Museum Folkwang" in Essen
Sabine Maria Schmidt, Kunsthistorikerin
106	**Ästhetik aus Sicht des Ingenieurs**
Aesthetics, as seen by an Engineer
Karsten Tichelmann, Bauingenieur
116	**Eine Schöne Stadt – was ist das?**
A Beautiful City – What's that?
Karl-Heinz Cox, Architekt
130	**Schlussdiskussion**
134	**Die schöne Stadt: Ein Nachtrag**
Beauty and the City: Appendix
J. Alexander Schmidt, Stadtplaner
136	**Eine schöne Stadt? Eine schöne Stadt!**
Kann man eine schöne Stadt planen?
Beautiful City? Beautiful City!
Can beautiful urban spaces be designed?
Ralf Weber, Architekt
148	**Essener Forum Baukommunikation – Die Idee**
Essen Forum on Construction and Communication – The Idea
154	**Referenten**
160	**Impressum / Sponsoren**

Die schöne Stadt

Einführung von J. Alexander Schmidt,
Stadtplaner

Wie wir auf das Thema gekommen sind, ist eigentlich bezeichnend für den unscharfen und schillernden Begriff der Schönheit. Ein spontaner Vorschlag aus dem Kreis des Beirats fiel zunächst nicht auf fruchtbaren Boden; er wurde zugunsten rationaler und griffiger Themenfelder verworfen, aber immer wieder in der Diskussion gehalten. Erst nach einem langen Diskurs zum Für und Wider wagten wir uns an das Thema – vielleicht weil es so provozierend und so streitbar, so ungriffig und so subjektiv ist.

Ich will mir einleitend nicht anmaßen, die Breite und die Möglichkeiten der hier vortragenden Disziplinen vorwegzunehmen. Das Thema ist ergebnisoffen. Und das spiegelt sich auch in den Blicken der Zuhörer, die bestimmt divergierende Erwartungen mitbringen. Aus meiner persönlichen Perspektive will ich dennoch ein paar Felder abstecken, die mir in der Vorbereitung auf den heutigen Tag wichtig erscheinen.

Schönheit durchläuft in gewisser Weise Konjunkturen – ich erinnere mich, dass noch vor fünfzehn Jahren im Kreis von Architekten und Stadtgestaltern in der Planungspraxis der Begriff nur hinter der vorgehaltenen Hand ausgesprochen wurde. Vor Auftraggebern drohte man sich lächerlich zu machen. Schönheit war bedingungslos der Funktion untergeordnet. Als wir beispielsweise den Begriff in die Empfehlungen zur Straßenraumgestaltung in der Forschungsgesellschaft Straße und Verkehr – eigentlich ausschließlich für Ingenieure und Verkehrsplaner gedacht – aufnehmen wollten, denke ich heute gern an die angestrengten Diskussionen, warum das denn jetzt sein müsse. Vermutlich, weil es als nicht gefährlich oder subversiv angesehen wurde, durfte der Absatz zur Schönheit stehen bleiben.

Beauty and the City

Introduction by J. Alexander Schmidt,
Town Planner

The way this topic came about is quite indicative of the blurred, glittering term "beautiful". A spontaneous suggestion made by a member of the advisory committee did not immediately fall on fertile ground; it was discarded for the sake of more rational and gripping themes, but it recurred every now and again during the course of the discussion. It was not until after a lengthy debate on the pros and cons that we dared reapproach the subject – perhaps because it is so provocative, so arguable, so unpredictable and so subjective a topic.

To begin with, I do not wish to be as bold as to anticipate the length and breadth of the disciplines discussed during the debate. The topic has no real conclusion – and this is mirrored in the facial expressions of those listeners whose expectations are probably of a quite diverging nature. All the same, I should like to stake out a few of the fields which from my own personal perspective seemed important in the course of preparing today's discourse.

In a certain way, beauty follows upward and downward economic trends – I remember that about fifteen years ago, in a circle of architects and town planners, the word 'beauty' was only tentatively whispered. One ran the risk of becoming the laughing stock of any client. Beauty was unconditionally inferior to function. When, for instance, we wanted to introduce the expression into the recommendations for improving the quality of road development which were to be handed over to the *Forschungsgesellschaft Straße und Verkehr* (Institute of Road and Traffic Research) – a society whose members are meant to be exclusively engineers and town planners – I still like to call to mind the intense discussion we had on why the expression had to be mentioned at all. The paragraph about beauty was probably only left in the text to round it off, as at the time, it was not considered to be dangerous or subversive!

Inzwischen ist das Thema Schönheit zu einer Verkaufsmasche geworden – oder wissen sie nicht, dass Autos nicht wegen ihrer PS-Stärke gekauft werden oder weil sie wartungsfreundlich sind oder wenig Treibstoff benötigen? Nein, die subjektiv empfundene Schönheit ist ein Versprechen, und das ist verkaufsfördernd und steigert den Gewinn. Das gilt ebenso für die schön gestaltete Zahnbürste, die Designkaffeemaschine, den ultra-coolen Stuhl. Und natürlich gilt das für uns selbst, denn auch wir sehen uns inzwischen als Produkte, deren Schönheit ein Argument auf dem Arbeits- und Beziehungsmarkt darstellt: die wachsende Wellness- und Kosmetikindustrie spiegeln diesen Narzissmus wider.

Da liegt die Frage nach dem Wert von Schönheit und guter Gestaltung nicht weit – man spricht bereits von einer „Design-Dividende", wie es uns die englische Organisation CABE (die „Commission for Architecture and Built Environment", die die britische Regierung in Fragen zu Architektur, Stadtgestaltung und öffentlichem Raum berät) in mehreren Publikationen deutlich macht[1]: Schönheit und gute Gestaltung rechnen sich, wie die Forschung nachweist: Ein schönes, gut gestaltetes Bürogebäude kann bis zu 20 % mehr Produktivität mit sich bringen – macht Schönheit in der Umwelt glücklicher, macht sie uns unbeschwerter, arbeitsamer? Schüler scheinen auch besser und effektiver zu lernen in einer gut gestalteten Schule – macht Schönheit uns letztlich auch klüger? Und eine Stadt mit schönen Stadträumen und Parks verhindert Kriminalität und unterstützt die Identifikation der Bürger und ihr „Heimatgefühl".

Die subjektiv empfundene Schönheit ist ein Versprechen.

[1] CABE. Buildings and Spaces. Why design matters. 2006. oder/or: CABE. The Value of Good Design. How buildings and spaces create economic and social value. oder im Web: www.cabe.org.uk

In the meantime, the subject of beauty has become a sales gimmick – or are you unaware that cars are not bought on account of their HP, or because they are easy to maintain, or because they use up little petrol? Oh, no! Subjectively perceived beauty is the promise, and that promise promotes sales and raises profits. The same also applies to the beautifully designed toothbrush, the designer coffee machine, the ultra-cool chair. And naturally it applies to us, too, for nowadays we see ourselves as products whose beauty is arguable in the world of work and relationships: the growing health and cosmetic industry reflects this narcissism.

Subjectively perceived beauty is the promise.

Thus the question of the value of beauty and structural design is not far away – a "design dividend" is already being spoken about, as has been made clear to us by the English organisation CABE (Commission for Architecture and Built Environment, which advises the British Government on questions of architecture, urban design and open space) in several of its publications[1]: beauty and good structure pay off, as research has proven. A beautiful, well-planned office block can bring about as much as 20% more productivity – so, does this mean that beauty in the environment makes us happier, more carefree, more industrious? School children seem to learn better and more effectively in a well-designed school – so, does beauty also make us more intelligent? And a town or city with attractive open spaces and parks discourages criminality and promotes the identification of its citizens and their love of home.

Beauty – is it a magic potion for the unhappy? Is it measurable by an increase in value and productivity, productivity or less criminality?

Schönheit – ein Wundermittel für den unglücklichen Menschen?

Schönheit – ein Wundermittel für den unglücklichen Menschen? Messbar in Wertzuwachs und Produktivität, Produktivität oder weniger Kriminalität?
Messbar auf jeden Fall in Proportionen und Maßen! Die Schönheit in Form des goldenen Schnitts – messbar und konstruierbar auf vielfältige Art, nachmessbar in der Natur und beim Menschen – wird nachweislich von der Mehrzahl der Menschen als eine besonders schöne Proportion angesehen. Und es gibt auch andere übergeordnete Prinzipien der Gestaltung, die ein Schlüssel zur Schönheit von Gebäuden, Stadträumen sein können – aber nicht notgedrungen zu Schönheit führen müssen. Zu nennen sind hier beispielsweise Vielfalt in der Ordnung, Symmetrie und Ebenmaß (also nicht mathematisch exakte Symmetrie oder Gleichmaß). Ebenso können auch Forschungsergebnisse aus der Gestaltpsychologie, der Wahrnehmungspsychologie und der psychologischen Ästhetik genannt werden, die grundlegende, das Urteil der Betrachter beeinflussende Prinzipien der Raumwahrnehmung erwähnen wie beispielsweise die Geschlossenheit, Hierarchie, Gruppierung und Rhythmus oder das Verhältnis von Geordnetheit und Komplexität.

Aber kann man die schöne Stadt tatsächlich bauen? Mit dem richtigen Maßstab, mit dem richtigen Gefühl für Schönheit? Ich glaube nicht, dass man die schöne Stadt einfach bauen kann – voller schöner Bauwerke, Straßen und Plätze. Um die Hoffnung nicht aufzugeben: Man kann als Stadtgestalter aber vielleicht die Voraussetzungen schaffen, dass die Stadt im Laufe ihres fortwährenden Wandels, ihres Wachsens und Schrumpfens schöner wird. Ein schönes Gebäude? Das ist etwas anderes – die Architektur eines Gebäudes kann als Objekt gewiss „schön"

It is indeed measurable in proportion and size! Beauty in the form of the golden section – measurable and construable in many ways, re-measurable in nature's proportions and in mankind – is evidently regarded by the majority of people as offering the aesthetically most pleasing proportion. But there are also other structural principles which could be of overriding importance and which could be a key to the beauty of buildings and open town spaces – but which, however, do not necessarily lead to beauty itself. Here we can mention as an example the variety in the principles of orderliness, symmetry and equal measurement (please note, not symmetry or measurement in the mathematically exact sense). In the same way we could name the results of research in gestalt psychology, in perceptive psychology and in psychological aesthetics, or we could mention the basic principles of space perception such as unity, hierarchy, grouping and rhythm, or the relationship between orderliness and complexity which influence the judgement of the onlooker.

Beauty – is it a magic potion for the unhappy?

Is it really possible, though, to build a beautiful city – on the right scale and with the right feeling for beauty? I do not believe that anyone can just simply build *the* beautiful city – full of beautiful buildings, streets and open spaces. But let us not give up hope: a town planner could possibly make provisions for a town to increase in beauty whilst it is continually changing, growing and shrinking. But a beautiful building? That is a different matter – the architecture of a building can, of course, be beautiful in itself as an object. A beautiful space, a beautiful street corner, a beautiful boulevard – these, too, can be construed. But a whole beautiful city? An attempt at building an entire beautiful city would more likely lead to building beautiful scenery, but certainly not to creating a conceptually beautiful city. What one imagines as being a beautiful city is rather more the extensive interming-

sein. Ein schöner Platzraum, eine schöne Straßenachse, ein schöner Boulevard: Auch das kann geschaffen werden. Doch eine ganze schöne Stadt? Der Anspruch, eine schöne Stadt zu bauen, würde wohl eher zu einer Kulisse führen, nicht aber zu einer erlebbar schönen Stadt. Die als schön empfundene Stadt ist eher das Ergebnis eines umfassenden Zusammenspiels von subjektiven Eindrücken und objektiven Merkmalen. Es ist eine Frage der Persönlichkeit und Individualität der Stadt, die sich im Laufe der Zeit herausbildet. Viele Städtereisen führen zu touristischen Highlights und Stadtschönheiten wie Rothenburg o.T., San Giminiano und Florenz, nach Lissabon oder Rom. Das sind alte Städte mit Geschichte, sich überlagernden Schichten, die gegenseitig aufeinander Rücksicht nehmen. Und es sind Städte, die schön sind und ihre hässlichen, alltäglichen und ordinären Ecken zugleich haben, ihre rückwärtigen Anlieferungen und ihre austauschbaren Fertiggaragen, ihre schneisenartigen Stadtautobahnen und ihre x-beliebigen Neubaugebiete.

Aber kann man die schöne Stadt tatsächlich bauen?

Im Jahr 2010 sollen Kultur-Touristen in die Metropole Ruhr strömen. Und sogleich fragt man sich in diesem Zusammenhang: Ist das Ruhrgebiet, sind Gelsenkirchen, Mülheim, Bottrop oder Castrop Rauxel und Essen schön? Stellen sie diese Frage mal jemandem auf der Straße – „ja, ja, ich fühl mich wohl hier", und „ist doch schön hier, oder?" ist die schnelle Antwort – und das hat auf den ersten Blick nichts mit der Schönheit des goldenen Schnitts oder auch der strukturellen Ordnung und Symmetrie, der mittleren Geordnetheit und mittleren, lesbaren Komplexität der Stadt zu tun. Nein, die Metropole Ruhr ist nicht schön im klassischen Sinne.

ling of subjective impressions and objectively characteristic features. What evolves in the course of time is the personality and the individuality of a town. Many guided tours take us to tourist highlights and attractive towns such as Rothenburg o.T., San Giminiano and Florence, to Lisbon or Rome. These are towns with a history, with overlapping layers and sections which all take each other into consideration. And they are towns which are beautiful, but which also have their ugly, everyday and vulgar quarters, their back-door deliveries and their replaceable prefabricated garages, their motorways slicing through the town, and as many new areas as you like.

Is it really possible, though, to build a beautiful city?

In the year 2010 cultural tourists are expected to swarm into the Ruhr metropolis. And thereby one asks oneself: is the Ruhr district, are the towns of Gelsenkirchen, Mülheim, Bottrop or Castrop Rauxel and Essen beautiful? Ask this question to any passer-by there and his immediate answer will be: "Yes, yes, I feel fine here" or "Yes, it's lovely here, isn't it?" – and at a glance these answers have nothing to do with the beauty of the golden section, or even with the structural order and symmetry, with the mediocre orderliness and the middling, legible complexity of the town. No! The Ruhr metropolis is not beautiful in the classic sense of the word.

However, I surmise that the people there also have their yearning for more beauty. This area of conurbation really should take more care of its good looks and those responsible should really give this zwischenstadt more orientation and structure, ought to create more beauty on a small scale. It is probably only a question of making up a set of rules to govern town planning and town architecture – rules which should be binding and not continually broken due to fashion or

Aber ich vermute, die Menschen sehnen sich auch hier nach mehr Schönheit. Dieser Ballungsraum sollte sich mehr um seine Schönheit kümmern, die Verantwortlichen sollten der Zwischenstadt mehr Orientierung und Struktur geben, sollten Schönheit auch im kleinen Maßstab schaffen. Das ist sicher auch eine Frage der Regeln, die für Stadtgestaltung und Stadtarchitektur gegeben werden – Regeln, die bindend sein müssen und nicht von Moden und Kumpelei immer wieder gebrochen werden. Ein wichtiger Abschnitt wird in diesem Regelwerk sicher auch das Verhältnis zwischen Freiheit und Bindung sein müssen.

Schönheit wirkt subkutan – wir wünschen sie uns, wir suchen sie, wo wir können: Wir wollen uns besser fühlen, immer auf der Suche nach ein wenig mehr an Glück.

Es blieb von mir bisher unausgesprochen: Wir erwarten etwas von der Schönheit! Aber was? Ich glaube, Schönheit wirkt subkutan – wir wünschen sie uns, wir suchen sie, wo wir können: Wir wollen uns besser fühlen, immer auf der Suche nach ein wenig mehr an Glück.

Beauty is subcutaneous – we all ask for it, we all look for it wherever we can. We are always wanting to feel better; we are always on the look-out for just that little bit of extra happiness for ourselves.

personal connections. One of the most important passages in this set of rules would undoubtedly have to deal with the relationship between freedom and commitments.

As yet I have not mentioned the following: we all expect beauty to do something great for us! But what? I believe that beauty is subcutaneous – we all ask for it, we all look for it wherever we can. We are always wanting to feel better; we are always on the look-out for just that little bit of extra happiness for ourselves.

4. Essener Forum Baukommunikation
Die schöne Stadt
Beauty and the City

Schönheit, die Verführung zum Glück

Horst Przuntek, Neurologe

Einleitung

Neurologen beschäftigen sich hauptsächlich aus zwei Gründen mit der Schönheit:
sie möchten wissen, ob bestimmte Hirnregionen mit dem Schönheitsempfinden gekoppelt sind und ob sich somit Hinweise für das absolut Schöne ergeben.
Sie gehen der Frage nach, ob Schönheit dazu beiträgt, das Leben als angenehmer zu empfinden und damit das Verhalten des Menschen zum Positiven zu verändern. Um das Wissen dieser Zusammenhänge bemüht sich als Spezialgebiet der Neurologie die Neuroästhetik, als deren Begründer Semir Zeki aus London gilt.

Definition

Das Schöne, die Schönheit

Das Schöne leitet sich aus dem Althochdeutschen ab und bedeutet ansehnlich. Das Schöne ist ein Begriff, der eine hohe ästhetische und ethische Wertung zum Ausdruck bringt. In der Ästhetik wird das Schöne als der höchste ästhetische Wert angesehen.
Platon, Aristoteles, Plotin und Augustinus haben Kriterien festgelegt, nach welchen die Schönheit definiert wird. Diese hat Thomas von Aquin wie folgt zusammengefasst. Nach Thomas von Aquin ist schön, was man sieht und was gefällt. Wir sehen es und lieben es.

Nach seiner Meinung gehören dazu:

Harmonia	(die Dinge passen zusammen)
Proportio	(die Ausgewogenheit)
Consonantia	(alles passt zusammen)
Ordo	(Schöne Anordnung)
Forma	(Gestalt)
Mensuratio	(Abmessung)
Dispositio	(klarer Aufbau)
Commensuratio	(Harmonische Abmessung)

Beauty – The Temptation to Happiness

Horst Przuntek, Neurologist

Introduction

Neurologists deal with beauty mainly for two reasons: they want to know whether certain regions of the brain are coupled with the sense of beauty and, if so, whether they emanate any indication of the existence of absolute beauty. And they query whether beauty plays a role in finding life more agreeable and thereby changing one's attitude in a positive way. In order to discover more about these connections, the neurologist applies neuroaesthetics as the specialist area of neurology; Semir Zeki of London is regarded as being the initiator.

Definition

Beauty, beautiful

'Beauty' is a word derived from Old High German and means 'handsomeness'. 'Beauty' is an expression which denotes high aesthetic and ethical values. Indeed, in aesthetics it is regarded as being the highest aesthetic quality. Plato, Aristotle, Plotin and St. Augustine laid down criteria according to which beauty is defined. These criteria were summarised by Thomas Aquinas as follows: beauty is what one sees and what pleases. We see it and love it.

According to Thomas Aquinas, the following components play a special role:

Harmonia	(things harmonize)
Proportio	(equilibrium)
Consonantia	(everything matches)
Ordo	(attractive orderliness)
Forma	(gestalt)
Mensuratio	(measurement)
Dispositio	(clear construction)
Commensuratio	(harmonious dimensions)
Proportio membrorum	(the parts relate to each other appealingly)

Proportio membrorum (Die Teile stehen in ansprechendem Verhältnis zueinander)

Die Schönheit entwickelt sich primär aus der Visualisierung des Körperlichen. Daher wird ein Mensch eher das als schön empfinden, was einen Bezug zur umgebenden Natur und zum Menschen hat.

Der Streit darüber, ob es eine absolute Schönheit gibt, wie Plotin gefordert hat oder aber, ob die Schönheit sich abhängig von historisch kulturellen Normen und der individuellen Erfahrung zeigt, ist bislang nicht beendet worden. Aus neuroästhetischer Sicht spricht vieles für die Sichtweise Plotins, dass es das absolut Schöne gebe. Dies wird auch durch die Arbeiten von Redies und Mitarbeitern

> Aus neuroästhetischer Sicht spricht vieles für die Sichtweise Plotins, dass es das absolut Schöne gebe.

bestätigt, die im Rahmen neurobiologischer Untersuchungen zeigen konnten, dass der Mensch Schönheit Zeit übergreifend erfasst. Semir Zeki schreibt in seinem Buch „A Vision of the Brain": „It is only through a knowledge of neurobiology that philosophers of the future can hope to make any substantial contribution to understanding the mind".

Glück
Zum Thema Glück gibt es eine nahezu unübersehbare Flut von Stellungnahmen aus philosophischer, theologischer, historischer, soziologischer und politischer Sicht. Ich möchte hier lediglich auf wenige Gesichtspunkte eingehen. Für Aristoteles ist Glück die Erfüllung der in

> From a neuroaesthetic point of view, much can be said for Plotin's opinion, i.e. that there is such a thing as absolute beauty.

Beauty develops primarily from corporeal visualisation. That is why a person will more likely find something beautiful that relates to its natural surroundings and to mankind. The controversy over whether there is such a thing as absolute beauty as Plotin claimed, or whether beauty is dependent on historically cultural norms and individual experience has not yet come to an end. From a neuroaesthetic point of view, much can be said for Plotin's opinion, i.e. that there is such a thing as absolute beauty. This is confirmed in works by Redies and his colleagues, who were able to prove within the framework of neurobiological examinations that mankind comprehends beauty as not being limited to any special period in time. Semir Zeki writes in his book 'A Vision of the Brain': "It is only through a knowledge of neurobiology that philosophers of the future can hope to make any substantial contribution to understanding the mind."

Happiness
There is an almost inestimable flood of comments on this subject from philosophical, theological, historical, sociological and political points of view. I would like to handle just a few of them at this point. To Aristotle, happiness in human nature is the fulfilment gained by dealing with the individual tendencies and demands which occur within the course of a person's life, whereby he is quite able to structure his life with virtue and competence, even though he is a victim of his own particular fate.

der menschlichen Natur und im jeweiligen Lebensvollzug enthaltenen Anlagen und Vorgaben, wobei der Mensch zwar dem Schicksal ausgesetzt ist, allerdings doch zugleich imstande ist, sein Leben in Tugend und Tüchtigkeit selbst zu gestalten.

Aus soziologischer und sozialer Sicht stellt Glück eine der zentralen Sinn- und Handlungsressourcen für den Menschen dar, wobei immaterielle Werte wie Gesundheit, Lebensfreude, Kreativität, Liebe und Sicherheit einen hohen Stellenwert einnehmen. Aus biologischer Sicht stellt Glück eine optimale Stimulation von Rezeptoren dar, die mit Glücksgefühl gekoppelt sind.

Alfred Bellebaum hat ein 13 bändiges Lexikon zum Thema Glück herausgegeben. Er kommt zu dem Schluss: Glück ist, was sich Menschen unter Glück vorstellen. Nach Gyburg und Radtke ist Glück ein Produkt und Ausdruck der Verwirklichung des Könnens. J.H. Reichholf sagt: „Es bedarf der heftigen Anstrengung, bevor Endorphine Euphorie auslösen."

Verführung bedeutet Verleitung zu etwas.

Biologische Grundlagen des Schönheits- und Glücksempfindens
Sexuelle Selektion nach ästhetischen Präferenzen
Nach Darwin bestimmt die sexuelle Selektion nach ästhetischen Präferenzen die Partnerwahl. Das heißt, je schöner das Männchen, desto eher wählt ihn das Weibchen. Stabile Präferenzen erzeugen und verstärken sexuelle Dimorphismen. Eine stabile Präferenz ist zum Beispiel beim Pfau das Pfauenrad. Danach sucht das Pfauenweibchen den Pfau aus. Das Pfauenrad wird in der Evolution immer größer und wird durch die Mutation festgelegt. Das heißt, Schönheit ist hier im Tierreich an einen genetischen Faktor gebunden.

From a sociological and social point of view, happiness is one of the central resources of man's desires and actions, whereby immaterial values such as health, joy, creativity, love and safety take on a high status. From a biological viewpoint, happiness means the optimal stimulation of the receptors which are coupled with the sense of happiness.

Alfred Bellebaum brought out a dictionary of 13 volumes on the subject of happiness. He comes to the conclusion that "happiness is what the human being imagines it to be". According to Gyburg and Radtke, happiness is the product and expression of the realisation of ability. J. H. Reichholf says: "It takes up an enormous amount of energy before endorphins produce euphoria."

Temptation means being induced to (do) something.

Biological basis of the sense of beauty and happiness
Sexual selection according to aesthetic preferences
In Darwin's opinion, sexual selection according to aesthetic preferences determines the choice of partner. That means, the more handsome the male, the more prone the female is to choose him. Stable preferences determine and encourage sexual dimorphism. A stable preference is, for example, the peacock's plumage. Accordingly, the peahen chooses her peacock. The fan has become larger during the course of evolution and has mutated. Based on this fact, beauty in the animal world is connected to a genetic factor.

Preferences which become a sort of fashion assert themselves as a mutation in the appertaining beautiful sex. In his theory of evolution, Darwin sees this as a choice according to aesthetic preferences by the female. Accordingly, beauty as a quality of the object appertains to the male, and aesthetic judgement appertains to the female. That means, females decide what is beautiful. The male's adaptability has thus brought forth male ornaments. The most beautifully embellished animals are polygamous.

Modeähnliche Vorlieben setzen sich als Mutation des jeweils schönen Geschlechtes durch.

Darwin geht in seiner Evolutionslehre von einer Wahl nach ästhetischen Präferenzen durch das Weibchen aus. Demnach ist Schönheit als Objektqualität den Männchen und das ästhetische Urteil den Weibchen vorbehalten. Das heißt, die Frauen bestimmen, was schön ist. Der männliche Anpassungsdruck hat somit die männlichen Ornamente hervorgebracht. Die höchst ornamentierten Tiere sind polygam.

Nach Darwin ändert sich beim Menschen die sexuelle Selektion nach ästhetischen Präferenzen im Laufe der Jahrtausende. Er geht davon aus, dass ursprünglich, wie im Tierreich, der Mann der Ornamentierte ist und wirbt; die Frau wählt. Im Laufe der weiteren Entwicklung änderte sich das Verhalten beim Menschen. Wie es dazu gekommen ist, konnte Darwin letztendlich nicht erklären. Nach Darwin führt die sexuelle Selektion nach ästhetischen Präferenzen beim Menschen nicht mehr zu einer Mutation, sie liegt unterhalb der Schwelle genetischer Transmission und Fixierung. Die ästhetische Verstärkung wird heute durch kulturelle Ornamentierungs- und Symbolisierungspraktiken übernommen. Ein Beispiel dafür ist die Modebranche.

Sinnliche Wahrnehmung und ursprüngliche Kulturalität menschlicher Schönheit

Freud begründet die Kulturalität menschlicher Sexualität durch die Angewiesenheit der sexuell gewählten nackten Haut auf Verhüllung. Somit entsteht gerade aufgrund der Denudierung eine doppelte Unterbrechung der planen Sichtbarkeit durch kulturelle Verhüllung und durch imaginäre Ergänzung des Verhüllten.

Mit dem aufrechten Gang werden die sexuellen Geruchsreize der Tiere durch die dominierenden Gesichtsreize beim Menschen ersetzt. Gleichzeitig ergibt sich mit dem aufrechten Gang eine Verlagerung der Kopulationsmöglich-

70 – 80% of the human brain is linked up with the visual system.

According to Darwin, the aesthetic preferences of human sexual selection has changed in the course of the centuries. He assumes that originally, as in the animal world, the man decorated himself and wooed the woman; the woman chose. In the course of further development, human behaviour changed. Why this came about, Darwin could not explain. He maintained that human sexual selection based on aesthetic preferences no longer led to mutation; it lay below the threshold of genetic transmission and fixation. Nowadays, aesthetic embellishment is taken over by cultural ornamentation and symbolisation practices. One example of this is the fashion trade.

Sensory selection in the initial culturalism of human beauty

Freud founds the culturalism of human sexuality on the dependence of sexually selected naked skin on being concealed. Hence, with regard to nudity, this cultural concealment and the ensuing imaginary completion of the hidden parts results in a double interruption of visibility.

When man began walking in an upright position, the sexual attraction of smell in animals was replaced by facial attraction in human beings. At the same time, mankind's upright gait caused a relocation of copulation possibilities from the rear to the front. This resulted in an endemic separation of primary and secondary sexual attributes. According to Freud, this was the beginning of sublimity. It meant that we were no longer just bound to the primary sexual attributes, but also, or rather more, to the secondary ones. This new, this specifically human perception of sublimity is quite unknown in the animal world. Its evolution is linked up most immediately

keit von hinten nach vorne. Es kommt also zu einer örtlichen Trennung zwischen primären und sekundären Geschlechtsmerkmalen. Das ist nach Freud der Beginn der Sublimierung. Das heißt, wir sind nicht nur an die primären Geschlechtsmerkmale gebunden, sondern auch, oder sogar mehr an die sekundären. Das Neue, die spezifische menschliche Wahrnehmung, ist eben die im Tierreich unbekannte Sublimierung. Ihre evolutionäre Möglichkeit hängt aufs engste zusammen mit den speziellen Capricen der menschlichen Sexualmode, der Denudierung und der relativen Entwertung der starken olfaktorischen Reize, die periodenhaft von den Primärgenitalien ausgehen, zugunsten milderer optischer Reize der sekundären Sexualornamente. Der Mensch hat die Möglichkeit, mit seinem Geist Schönheit zu entwickeln.

Die Kulturalität menschlicher Schönheit ist bei Freud aufs engste mit der Entwicklung und Bedeutung des visuellen Systems im Gegensatz zum olfaktorischen System der Tiere verbunden. 70 – 80 % des Gehirns sind beim Menschen mit dem visuellen System verknüpft. Wir müssen davon ausgehen, dass das Schönheits- und das Glücksempfinden beim Menschen viel mehr an das visuelle System gekoppelt sind, als bei den Tieren. Deshalb ist davon auszugehen, dass das Glücks- und Schönheitsempfinden von Mensch und Tier grundsätzlich verschieden sind.

70 – 80 % des Gehirns sind beim Menschen mit dem visuellen System verknüpft.

Neuronale Mustererkennung und Schönheit
Der Schönheit liegen verschiedene mathematische Prinzipien zugrunde. Jeder Mensch hat von Geburt an

to the special caprices of human sexual modes, to nudity, and to the relative devaluation of the strong olfactory attractions, which emanate periodically from the primary genitals, to the benefit of the milder, optical attraction of the secondary sexual ornaments. Man is able to develop beauty through his mental powers.

The culturalism of human beauty is, according to Freud, closely related to the development and significance of the visual system as opposed to the olfactory system in animals. 70 - 80% of the human brain is linked up with the visual system. We must deduce that the sense of beauty and happiness in human beings is far more linked to the visual system than it is in animals. And we can therefore conclude that the sense of happiness and beauty in humans and in animals is fundamentally different.

Neuronal pattern recognition and beauty
Beauty is based on different mathematical principles. From birth, every human being has a natural ability to sound out and recognise what is most appealing to him through a special filter; this is called neuronal pattern recognition. Every human being is, therefore, programmed to recognise pleasing structures as from birth. This observation suggests that humans are fitted with an objectifiable sense of beauty. The feeling for beauty is mirrored by consciously, although more usually unconsciously, favouring the following forms and structures:

Symmetry
The principle of symmetry plays a great part in the outward appearance of natural forms as, for example, in human beings, birds, butterflies, or blossoms.

The golden section
The golden section is the relationship of proportions by which a surface or a length is split up in the ratio of 1:1.618 as, e.g. the hand or the arm of a human being.

ein naturhaftes Vermögen, das Schöne durch einen spezifischen Filter bevorzugt zu sondieren und wahrzunehmen, es handelt sich hierbei um die neuronale Mustererkennung. Jeder Mensch ist somit von Geburt an auf das Erkennen der schönen Form vorprogrammiert.

Aus dieser Beobachtung lässt sich ebenfalls auf die Existenz eines objektivierbaren Schönheitsempfindens schließen. Der Schönheitsbegriff spiegelt sich durch die bewusste, mehr aber noch unbewusste Favorisierung folgender Formen und Strukturen wider:

Symmetrie
Auf dem Prinzip der Symmetrie beruht ein Großteil der äußeren Erscheinung von Naturformen z. B. Mensch, Vogel, Schmetterling oder Blüte.

Goldener Schnitt
Der goldene Schnitt ist ein Proportionsverhältnis, bei dessen Teilung einer Fläche oder einer Strecke sich das Verhältnis 1:1,618 ergibt z. B. Hand oder Arm eines Menschen.

Goldener Winkel
Hierbei handelt es sich um eine Teilung des Kreisumfangs im Verhältnis des Goldenen Schnitts, woraus resultiert, dass der Goldene Winkel 137,5 Grad beträgt z. B. Blattanordnung bei Rosen oder Agaven.

Andere Strukturen sind z. B. das goldene Rechteck, das Pentagramm oder die Fraktale, die zur Chaos-Schönheit zählenden Strukturen. Von besonderem Interesse sind die Fibonacci-Zahlen, benannt nach dem berühmtesten Mathematiker des Mittelalters Leonardo da Pisa, genannt Fibonacci. Bei der von Fibonacci entwickelten Reihe verhält es sich so, dass man das jeweils nächste Glied der Reihe aus der Summe der beiden vorangegangenen erhält: 0, 1, 1, 2, 3, 5, 8, 13, 21, 34, 55, 89, 144, 233. Zwei aufeinander folgende Zahlen stehen immer exakt oder annähernd in dem Verhältnis des Goldenen Schnittes

The golden angle
This is the division of the circumference of a circle in the ratio of the golden section; this results in the golden angle being 137.5 degrees, e.g. as in the arrangement of rose petals or agave rosettes.

Other structures are, for example, the golden rectangle, the pentagram or the fractal – those structures of chaotic beauty. Of special interest are the Fibonacci-numbers, so called after Leonardo da Pisa, called Fibonacci, the most famous mathematician of the Middle Ages. The sequence developed by Fibonacci is so structured that each progressing number of the chain is made up of the sum of the two previous numbers: 0, 1, 1, 2, 3, 5, 8, 13, 21, 34, 55, 89, 144, 233. Two sequential numbers are always in the exact ratio or almost exactly in the same ratio as the golden section. Examples for structural order according to Fibonacci are, e.g. the spiralling features of sunflowers or of the peacock's fan.

> *The happiness phenomenon is more complex than the term 'beauty' and is not easy to comprehend.*

The brain, the sense of beauty, and happiness
Neurophysiological, neurpharmalogical, neuropsychological methods and picture-giving methods such as magnetic resonance imaging (MRI) and positron emission tomography (PET) are important methods in summing up what takes place in the human brain during the sensation of beauty and happiness. If the theory of neuronal recognition of patterns and beauty is correct, a correlation between the sense of beauty and the activation of circumscribed regions of the brain by way of functional magnetic resonance imaging (MRI) should be able to be proved.

zueinander. Beispiele für die Strukturzuordnung nach Fibonacci sind: Spiralzüge bei Sonnenblumen oder das Pfauenrad.

Gehirn, Schönheitsempfinden und Glück
Zur neurobiologischen Erfassung dessen, was sich im Gehirn des Menschen bei Schönheits- und Glücksempfinden abspielt, dienen neurophysiologische, neuropharmakologische, neuropsychologische Methoden und bildgebende Verfahren wie die funktionelle Kernspintomographie und die Positronenemissionstomographie. Wenn die Theorie von neuronaler Mustererkennung und Schönheit stimmt, sollte sich eine Korrelation von Schönheitsempfinden und einer Aktivierung umschriebener Hirnregionen mittels der funktionellen Kernspintomographie nachweisen lassen.

Cincio Di Dio und Mitarbeiter haben in ihrer Arbeit „The golden Beauty: Brain Response to Classical and Renaissance Sculptures" bei Präsentation von Skulpturen, die unter Berücksichtigung des Goldenen Schnittes hergestellt wurden im Gegensatz zu den Skulpturen, die Abweichungen vom Goldenen Schnitt aufweisen, eine Aktivierung der rechten Amygdala und somit eines Zentrums, das mit dem Schönheitsempfinden in Zusammenhang steht, nachweisen können.
Auch andere Hirnregionen zeigten bei Ansicht der Skulpturen nach dem Goldenen Schnitt Aktivierungsmuster im Gegensatz zu den modifizierten Skulpturen. Hierzu gehören: der rechte occipitale Cortex mit Ausstrahlung in andere Hirnregionen und die Inselregion. Cincio Di Dio schlossen aus ihrer Arbeit, dass es ein umschriebenes neuronales Muster gebe, das eine objektive Definition von Schönheit zulasse.

Christoph Redies und Mitarbeiter forschen darüber, warum visuelle Kunst als angenehm empfunden wird. Sie kommen zu dem Schluss, dass hier Korrelationen zu Naturszenarien bestehen, die dem visuellen System vertraut sind. Trotz der bahnbrechenden Erfolge mit der funktionellen Kern-

By presenting sculptures which were produced on the basis of the golden section and comparing them with sculptures which were proven to deviate from the norms of the golden section, Cincio Di Dio and his colleagues were able to prove in their work "The Golden Beauty: Brain Response to Classical and Renaissance Sculptures" that the right amygdala, and thereby a centre which is linked up to the sense of beauty, was activated.
In contrast to looking at the modified sculptures, when looking at the sculptures produced according to the golden section, other areas of the brain also showed an activation pattern. This consisted of the right-hand occipital lobe radiating to other parts of the brain and to the island regions. Cincio Di Dio and his team deduced from their work that there is a circumscribed neuronal pattern which allows for an objective definition of beauty.

Christoph Redies and his colleagues are conducting research into why visual art is felt to be agreeable. They deduce that there must be a correlation to natural scenarios which are familiar to the visual system. Despite the enormous success with functional magnetic resonance imaging (MRI), it is not possible to break the complex senses of beauty and happiness which are transmitted by the interaction of millions of neurons down to a verbally satisfying level.

The happiness phenomenon is more complex than the term 'beauty' and is not easy to comprehend. Elements of joy, fulfilling wishes, and a sense of well-being produced by olfactive and tactile stimulation play a large part alongside the visual system. Olfactive receptors are also present in the gastrointestinal tract. Their importance to the sensation of happiness has not yet been determined. Based on neuropharmacological examinations, we surmise that the parts of the brain involved in the sense of happiness are the front hypothalamus, the limbic system, the frontal brain, the nucleus caudatus and the nucleus raphe. The neurotransmitters are mainly dopamin, serotonin and the endorphins.

spintomographie ist es nicht möglich, komplexe Empfindungen von Schönheit und Glück, die durch die Interaktion von Millionen von Neuronen vermittelt werden, befriedigend auf eine verbal beschränkte Ebene herunter zu brechen.

Das Phänomen Glück ist komplexer als der Begriff Schönheit und nicht einfach zu erfassen. Elemente der Freude, der Erfüllung von Wünschen und Wohlsein durch olfaktorische und taktile Reize spielen neben dem visuellen System eine große Rolle. Olfaktorische Rezeptoren kommen auch im Gastrointestinaltrakt vor. Ihre Bedeutung für das Glücksempfinden ist bislang nicht geklärt. Wir vermuten auf Grund neuropharmakologischer Untersuchungen, dass im Gehirn der vordere Hypothalamus, das Limbische System, das Frontalhirn, der Nucleus caudatus und der Nucleus raphe am Glücksempfinden mitbeteiligt sind. Die Nervenüberträgerstoffe (Neurotransmitter) sind hauptsächlich Dopamin, Serotonin und die Endorphine.

Schlussfolgerung
Theodor W. Adorno sagt, Kunst sei das Versprechen des Glücks, das gebrochen werde. Mit der Schönheit ist es völlig anders. Schönheit ist die Verführung zum Glück.

Schönheit ist das visuelle Versprechen, alle evolutionär angelegten Elemente höchsten Glücks mit allen Sinnen zu erfahren.

Je ekstatischer das Glück ist, desto mehr ist es an das dopaminerge System gekoppelt. Je nachhaltiger, innerlicher das Glück ist, desto mehr ist es an das endorphinerge System gebunden. Das Gleichgewicht von beiden zu erfahren, ist die schönste Verführung zum Glück.

Beauty is the temptation to happiness.

Conclusion
Theodor W. Adorno says that art is the broken promise of happiness. With beauty it is completely different. Beauty is the temptation to happiness.

Beauty is the visual promise that all the evolutionarily preconceived elements of the height of happiness will be experienced with every human nerve.

The more ecstatic the happiness, the more it is coupled with the dopamin system. The more long-lasting and the more deeply happiness is felt, the more it is coupled with the endorphin system. Hoping to experience the balance of the two is the most beautiful temptation.

In Schönheit untergehen oder traumhaft hingesagte Bilder entziffern

Frank Rolf Werner, Architekturtheoretiker

Was ist eine schöne Stadt? Eigentlich doch eine sehr einfache Frage. Und trotzdem hätte ich erhebliche Skrupel, sie gleichsam mir-nichts-dir-nichts zu beantworten.

Siegfried Kracauer hatte es da in den 30er Jahren des vergangenen Jahrhunderts noch erheblich leichter. „Man kann zwischen zwei Arten von Stadtbildern unterscheiden", schrieb er. Nämlich zwischen denjenigen, „die bewusst geformt sind, und den anderen, die sich absichtslos ergeben. Jene entspringen dem künstlerischen Willen, der sich in Plätzen, Durchblicken, Gebäudegruppen und perspektivischen Effekten verwirklicht, die der Baedecker gemeinhin mit (…) Sternchen beleuchtet. Diese dagegen entstehen, ohne vorher geplant worden zu sein. Sie sind Geschöpfe des Zufalls, die sich nicht zur Rechenschaft ziehen lassen. Wo immer sich Steinmassen und Straßenzüge zusammenfinden, deren Elemente aus ganz verschieden gerichteten Interessen hervorgehen, kommt ein solches Stadtbild zustande, das selber niemals (…) Gegenstand irgendeines Interesses gewesen ist. Es ist so wenig gestaltet wie die Natur und gleicht einer Landschaft darin, dass es sich bewusstlos behauptet. Unbekümmert um sein Gesicht dämmert es durch die Zeit.

Die Erkenntnis der Städte ist an die Entzifferung ihrer traumhaft hingesagten Bilder geknüpft.

Das Stadtbild (…) (das sich vor meinem Fenster auftut) ist ein Raum von außerordentlicher Weite, den ein metallischer Eisenacker erfüllt. Er klingt von Eisenbahngleisen.

Decaying in Beauty or Deciphering Legendary Images

Frank Rolf Werner, Architectural Theorist

What is a beautiful city? Virtually this is a very simple question and yet I would be reluctant to give a willy-nilly answer. In the thirties of the last century, Siegfried Kracauer was in a better position: "One can distinguish between two different types of townscape," he wrote, that is to say between "that which has been shaped with a purpose and that whose features have been shaped quite unintentionally. The former arises out of an artist's wish to express himself publicly in open spaces, through vistas, in groups of buildings and perspectives – those places which Baedecker generally lights up with stars. The latter occurs naturally without having been planned – creatures of chance which wish to be accountable to no one. Wherever masses of stone and streets converge, the elements of which were intended for quite different purposes, an urban image is created which in itself has never before been the centre of any kind of interest whatsoever. It has taken shape in the same way as nature itself has done and only resembles a landscape insofar as it asserts itself quite unconsciously. Not caring about its appearance, it winds its weary way through time.

The townscape before me (when I look out at the city from my window) is like an immense open space resembling a field of metal. It echoes the sound of railway lines. The tracks come from all directions, move in bundles alongside one another and disappear at last behind quite everyday houses. In the evening, this townscape is illuminated. Gone are the tracks, the pylons, the houses – instead, a great mass of lights glares in the darkness, the sort of lights which give comfort to the traveller by suggesting that his destination is close at hand. The lights spread themselves out smoothly over the whole area; they wait in silence, or dangle as if on a string. And there, right out of the middle of the turmoil which has no depth, a beaming tree arises: the broadcasting pylon. Tirelessly revolving, the flashing light scans the night, and

Sie kommen aus (...) (allen) Richtung(en) (...), laufen bündelweise nebeneinander (her) und entschwinden zuletzt hinter gewöhnlichen Häusern. (...) Abends ist (d(ieses) (...) Stadtbild illuminiert. Verschwunden die Schienen, die Masten, die Häuser „ein einziges Lichterfeld glänzt in der Dunkelheit, eines von jenen, die dem Reisenden nachts Trost spenden, weil sie ihm baldige Ankunft verheißen. Die Lichter sind über den Raum verteilt, sie harren still oder bewegen sich wie an Schnüren. Mitten aus dem Getümmel, das keine Tiefe hat, erhebt sich ein strahlender Baum: der Rundfunkturm. Unablässig kreisend tastet das Blinkfeuer die Nacht ab, und wenn der Sturm heult, fliegt es über die hohe See, deren Wogen den Schienenacker umspülen. Diese Landschaft ist ungestelltes Berlin. Ohne Absicht (...) (drücken) sich in ihr, die von selber gewachsen ist, (...) (Berlins) Gegensätze aus, seine Härte, seine Offenheit, sein Nebeneinander, sein Glanz. Die Erkenntnis der Städte ist an die Entzifferung ihrer traumhaft hingesagten Bilder geknüpft."[1]

Mit dieser Sicht auf das „ungestellte", bis dahin eher als hässliche Kehrseite der Stadt begriffene „In-Between" (weit abseits irgendwelcher Baedecker-Sternchen), mit dieser Sicht fand sich Kracauer in guter Nachbarschaft zu Walter Benjamin und vielen anderen Autoren, die sich als Flaneure auf eindrucksvolle Expeditionen in die unerforschten Abseiten der Städte begaben. Sie waren fasziniert vom städtischen Gebrodel, das sie wie eine archäologische Fundstätte betrachteten, um Tag für Tag neue metaphorische Spuren einer ganz anders gearteten „Denkraum-Kultur" auszumachen. Sie interessierten sich weniger für die realpolitischen Dimensionen oder formalästhetischen Highlights von Paris, London, Berlin oder Rom, sondern weitaus stärker für die konstruktiven wie dekonstruktiven Fußnoten des urbanen Lebens. Wie schon zuvor die italienischen Futuristen, schwärmen sie für Geschwindigkeit, Rausch, Zerfall und Wiedergeburt. All dies wird von ihnen in einem Atemzug mit den „Kathedralen einer neuen Gesellschaft" notiert, als da wären Bahnhöfe, Kaufhäuser,

Recognising a city is almost like deciphering its legendary image.

when the storm howls, it skims over the surging sea and swirls around the field of tracks. This is unpretentious Berlin. Quite unintentionally, Berlin's contrasts – its rigidity, its vulnerability, its togetherness, its glow – all shine up in this light. Recognising a city is almost like deciphering its legendary image."[1]

With this view of the "non-planned" and up till now ugly "in-between" side of the city (and far from any Baedecker stars) – with this view Kracauer was at one with Walter Benjamin and many other authors who sauntered through as yet unexplored back streets. They were fascinated by the seething unrest, which for them was comparable to an archaeological excavation on a hunt for new metaphorical signs of a different mental culture. They were less interested in the dimensions of political realism or the formal aesthetic highlights of Paris, London, Berlin or Rome. Their curiosity was aroused rather more by the constructive, as indeed by the destructive, footnotes of urban life. As in the case of the Italian futurists before them, they are enamoured of speed, addiction, decay and rebirth. All of these are mentioned in the same breath as are the "cathedrals of a new society" – railway stations, department stores, arcades and museums, but also the traffic junctions or the vice dens of urban subcultures. It is not just by chance that we owe the most exciting statements on the subject of "beautiful cities" to this oh! so short space of time.

Probably nobody has ever expressed in writing his enthusiasm for cities as accurately or as emotionally as August Endell did in his study on "The Beauty of the Large City". "We admire open-mouthed the towns of days gone by," Endell noted down. We admire "Babylon, Thebes, Athens, Rome,

Passagen, Museen, aber auch Verkehrsknotenpunkte oder Lasterhöhlen urbaner Subkulturen. Nicht von ungefähr verdanken wir dieser kurzen Zeitspanne die aufregendsten Aussagen zum Thema der „schönen Stadt".

Wohl keiner hat sein Eintreten für die Stadt so treffend, so pathetisch zu Papier gebracht wie August Endell in seiner Studie zur „Schönheit der großen Stadt". „Wir bewundern staunend die Städte der Vergangenheit," notierte Endell. Wir bewundern „Babylon, Theben, Athen, Rom, Bagdad: sie alle liegen in Trümmern, und keine noch so geschäftig starke Phantasie vermag sie wieder aufzubauen; aber unsere Städte leben, sie umgeben uns mit der ganzen Macht der Gegenwart, des Daseins, des Heute-Seins. Und gegen ihre bunte Unendlichkeit ist alle Überlieferung, sind auch die kostbarsten Trümmer tot, gespenstig und arm. Städte sind (...) unerschöpflich wie das Leben selbst, sie sind uns Heimat, weil sie täglich in tausend Stimmen zu uns reden, die wir nie vergessen können. Wie auch immer wir sie betrachten mögen, sie geben uns Freude, geben uns Kraft, geben den Boden, ohne den wir nicht leben können."[2]

Diese ungezügelte Imagination der schönen Stadt wird nur wenig später als dekadent, sozialistisch, jüdisch, kurzum „undeutsch" apostrophiert. Was diejenigen, die derartige Zensuren erteilen (die Nationalsozialisten) dem realiter entgegensetzten, sprengt endgültig alle Definitionsversuche des Schönen in der Stadt. Schließlich sollen ab jetzt gigantische Schneisen und Freiflächen in historische Stadtkörper eingeschnitten werden, denen weder die Funktion kollektiver Emanzipation noch die der subjektiven Orientierung zugebilligt wird. Stattdessen sollen und wollen die ephemeren Leerräume des Dritten Reichs das Denken paralysieren. Die räumliche Begreifbarkeit wird ausgelöscht mit Hilfe megalomaner, anonymer Hohlräume, die (unabhängig von militärischen Hintergedanken) einer speziellen Inszenierung bedürfen, für die als Rohmaterial der Mensch herzuhalten hat. Der ehemalige Flaneur wird mit anderen

Baghdad: all of them are in ruins and no fantasy, however active it may be, will ever be able to build them up again; but our cities live, they surround us with the entire power of the present, of existence, of just being today. And against the background of their colourful endlessness, any records, any costly piles of rubble are lifeless, ghostly and pitiful. Cities are as inexhaustible as life itself, they are home to us because they speak to us daily in a thousand voices which we will never be able to forget. From whichever angle we may regard them, they give us joy, give us strength, give us the ground without which we could not exist."[2]

The unbridled image of this beautiful city is apostrophised a while later as decadent, socialist, Jewish – in short "un-German". What those who awarded such censorship (the National Socialists) to, in point of fact, the exact opposite destroyed any attempt at defining what is beautiful in a city. In the end, gigantic crevices and open spaces are cut into the historic body of the city which can be granted neither the function of collective emancipation nor that of subjective orientation. Instead, the ephemeral emptiness of the Third Reich means to and wishes to paralyse any free form of thought. Spatial understanding is extinguished with the help of megalomaniac, anonymous cavities which (independent of any military ulterior motive) are in need of their own special showplace in which the human being is obliged to play the part of the raw material. The once-time saunterer has to get into line with the others; the masses set the scene. The individual has now to learn to comprehend his weakness as an individual and his strength in hypertrophic multiplication. The beauty of the city now has to give way to the beauty of the mass spectacle.

The time it took as from the Second World War to clear up the shattered remains distorting this space reflects the "Charter of Athens" without so much as a by-your-leave. People have become fed-up to their back teeth with plans of any type at all. Open city spaces (whether already there or caused by bombs) have become anti-spaces, odd spaces

in Reih und Glied gebracht, die Masse wird in Szene gesetzt. Das Individuum soll lernen, seine Ohnmacht in der Vereinzelung, seine Stärke in der hypertrophen Vervielfachung zu begreifen. Die Schönheit der Stadt hat der Schönheit des Massenspektakels zu weichen.

Die Zeitspanne, die nach dem zweiten Weltkrieg den Scherbenhaufen dieser Raum-Deformation aufräumen muss, besinnt sich nolens volens auf die „Charta von Athen". Man hat die Nase voll von Planungen jedweder Art. Städtische Räume (vorhandene wie durch Bomben neu entstandene) werden zu Anti-Räumen, Resträumen, für die sich niemand mehr zuständig fühlt. Die Entwürfe der 50er Jahre für die neue Stadtmitte Berlins kümmern sich um „schöne" Stadträume im traditionellen Sinne ebenso wenig, wie dies kurze Zeit später die flockigen Skizzen der Planer des Hansa-Viertels tun. Ihnen steht eine ganz andere Vision vor Augen: eine Art von „democratic urban landscape", offen zugänglich für jedermann, formal möglichst nicht festgelegt, jedwede ideologische Thematisierung scheuend wie der Teufel das Weihwasser, neutral und pflegeleicht. „Pleasure grounds" für gebaute Solitäre im Sinne Le Corbusiers. Dass bald immer häufiger Schilder aufgepflanzt werden mit der stets gleichen stereotypen Formel „Betreten der Grünanlagen verboten!" scheint niemanden zu kümmern; noch nicht.[3]

Doch das Wirtschaftswunder steht vor der Tür. Und mit derselben Konsequenz, mit der städtischer Grund alsbald zur knappen, spekulativen Ware wird, verkümmert die Vision der schönen Stadt, die für Jedermann da zu sein habe, zunehmend. Das Schöne als „Denk-Raum" zieht sich „sofern überhaupt noch vorhanden" ins Private zurück. Auch die spätestens seit Anfang der 60er Jahre immer virulenter werdende Krise von Architektur und Städtebau, die der Psychoanalytiker Alexander Mitscherlich auf die griffige Formel von der „zunehmenden Unwirtlichkeit unser Städte" bringt, sorgt nur kurzfristig für Entlastung. Immerhin wird jedoch wieder einmal von kollektiver

for which nobody wishes to hold himself responsible. The plans laid out in the fifties for the new Berlin city centre reflected just as little interest in "beautiful" town spaces in the traditional sense as did the flaky sketches a short while later produced by the planners of the new Hansa quarter. They had quite a different vision: a sort of "democratic urban landscape", easily get-at-able by everyone, with no stipulated form, as scared of any sort of ideological central theme as the devil is of holy water, neutral and easy-to-care-for "pleasure grounds" for solitaires compiled in the style of Le Corbusier. The fact that boards are put up one after the other with the stereotype formula "Do not walk on the grass" seems to bother no one; not yet![3]

But stop! The "Economic Miracle" is upon us. And with the same fervour and consequences with which urban plots of ground become unattainable, speculative objects, the vision of the beautiful city as being something that everyone should be able to enjoy is slowly vanishing. Beauty in the sense of space in which to think – if indeed there still is any around – retires into the private sphere. Even the architectural and town-planning crisis, which had become increasingly virulent at the beginning of the sixties and which the psychoanalyst Alexander Mitscherlich described as the "increasing inhospitableness of our towns", affords only short respite. All the same, people are once again dreaming of collective homeliness in utopian model towns, homeliness in utopian models of which one is not sure whether their beauty is emancipatory or cynical.

A really qualitative change does not come about until the end of the seventies, for the type of postmodernism proclaimed at the time focused, as it were, from a standing position back to open spaces again. Within a short time a whole flood of newly produced open spaces sweeps the city. Sceptical towards any form of recalling the past and therefore orientated retrospectively, post-modernism attempts to pick up the stitches where tradition broke off – that is to say, in the early 19th century. Instead of picking up the red thread

Beheimatung in utopischen Stadtmodellen geträumt; Beheimatung in utopischen Modellen, von denen man nicht weiß, ob deren Schönheit emanzipatorisch oder zynisch gemeint ist.

Zu einer wirklichen qualitativen Veränderung kommt es erst gegen Ende der siebziger Jahre. Denn die seinerzeit proklamierte Postmoderne fokussiert sich gleichsam aus dem Stand heraus wieder auf die öffentlichen Räume. Binnen kürzester Zeit entsteht eine regelrechte Flut inszenierter Stadträume. Skeptisch eingestellt gegenüber jeder Form von Vergegenwärtigung und daher retrospektiv orientiert, versucht die Postmoderne dort anzuknüpfen, wo die Tradition der schönen Stadt abgebrochen ist, soll heißen im frühen 19. Jahrhundert. Anstatt jedoch den roten Faden von damals aufzugreifen, und kreativ weiterzuspinnen, pocht sie auf strategische Forderungen wie Behübschung, Vergessen-Machen-Wollen, Konflikte unter den Tisch kehren. Somit flüchtet sie sich mit ihren vermeintlichen Rekonstruktionen der schönen Stadt entweder in die heile, vorindustrielle Welt der Restauration oder in die unverbindlichen Kulissenwelten des „schönen Scheins". Es gibt sie übrigens auch heute noch, heute vielleicht sogar mehr denn je, jene restaurativen Modelle, die städtische Räume vornehmlich mit den Mitteln von gestern als ausgegrenzte, pseudoregionalistische Scheinwelten für gehobene Ansprüche zu regenerieren versuchen. Sie erfreuen sich bei einer bestimmten Klientel zunehmender Beliebtheit. Wohl nicht von ungefähr werden heute ganze Stadtzentren (Dresden, Frankfurt, Wesel) in den Zustand von vorgestern zurückversetzt, erlebt das „Déjà vu" städtischer Vergangenheit regelrechte Renaissancen.

Und die aktuelle Situation? Eigentlich müssten wir ja sehr viel klüger sein. Schließlich haben wir ja alle unseren de Certeau, Lefebvre, Foucault, Virilio, Augé, Deleuze, Guattari (und wie sie alle heißen mögen) gelesen. Längst wissen wir, dass urbanes Nur-schön-sein zum Sterben (bzw. zu dauerhafter Mumifizierung) verurteilt ist, wenn es nicht

of the past and continuing to weave with it, it insists on strategic demands such as beautifying, making the past forgotten, sweeping conflicts under the carpet. And thus it flees with its putative reconstruction of the beautiful city either into the wholesome, pre-industrial world of restoration or into the non-committal back-drop of "beautiful looks". We can find the same today, by the way, today perhaps more than ever before – those restorative models which attempt to regenerate those city spaces, preferably with yesterday's means, and turn them into exclusive, pseudo-regionalist imaginative worlds for upper class demands. They are loved more and more by a special kind of clientèle. It is not by chance that entire town centres (Dresden, Frankfurt, Wesel) are refurbished with their old faces and that the "déjà vu" of past townscapes enjoys its own Renaissance.

And what about the present situation? Actually we ought to be much wiser than we are. After all, each and every one of us has read his de Certeau, Lefebvre, Foucault, Virilio, Augé, Deleuze, Guattari (and whatever else their names are). For ages we have known that urban prettiness alone is fated to die (or to be mummified for ever) if it does not contain elements of the commonplace, even of banality or ugliness, as opposing characteristics. We have known for a long time that the beauty of a city is determined most strongly by its means of social emancipation and interaction rather than by formally aesthetic criteria.[4] But even so, it seems that the beauty of a town exists globally only in its instrumentalized form. Is it really welcomed warmly in those places where it is considered to be "branding" real value? On the other hand, it is a nuisance in those places where it makes itself evident in the form of collectivised or socialised demand and interferes with growth and financial advancement. Conformed beauty seems to be victorious over social beauty. There remains only the demand for a completely changed quality of structuring. Possibly the interdisciplinary rehabilitation of beauty to fit didactic urban spaces, such as were promoted by the IBA Emscher Park, will really have been the dominating feature of the passing 20th and the advancing 21st century. Perhaps this IBA will –

das Alltägliche, ja sogar Banale oder Hässliche als Widerlager besitzt. Längst wissen wir, dass das Schöne einer Stadt weitaus stärker von der Möglichkeit zu sozialer Emanzipation und Interaktion determiniert wird als von formalästhetischen Kriterien.⁴ Und dennoch hat es den Anschein als existiere die Schönheit der Stadt global nur noch in instrumentalisierter Form. Scheint sie doch überall dort hoch willkommen, wo sie als „Branding" für realen Mehrwert sorgt? Lästig ist sie hingegen dort, wo sie als kollektivierter bzw. sozialisierter Anspruch Wachstum und Rendite beeinträchtigt. Das konforme Schöne scheint über das soziale Schöne den Sieg davon getragen zu haben. Bliebe also die Forderung nach einer von grundauf veränderten Gestaltungsqualität des „Schönen" in der Stadt. Vielleicht wird die interdisziplinäre Rehabilitation des Schönen anhand didaktischer urbaner Denkräume, wie sie etwa die IBA-Emscherpark nachhaltig befördert hat, dereinst wirklich die dominierende Linie des ausgehenden 20. und beginnenden 21. Jahrhunderts gewesen sein. Vielleicht hat ja diese IBA „vorsichtig ausgedrückt" wirklich eine neue Art von stadtgestalterischer Avantgarde verkörpert.

Längst wissen wir, dass urbanes Nur-schön-sein zum Sterben verurteilt ist, wenn es nicht das Alltägliche, ja sogar Banale oder Hässliche als Widerlager besitzt.

Vor gar nicht allzu langer Zeit hat Wolfgang Welsch gefordert, dass die Gestaltung den Wechsel der ästhetischen Imagination „den Übergang von der schönheitlichen zur epistemischen Ästhetisierung" umgehend nachvollziehen

For ages we have known that urban prettiness alone is fated to die if it does not contain elements of the commonplace, even of banality or ugliness.

to put it mildly – really prove to personify a new type of city-forming avant-gardism.

Not very long ago Wolfgang Welsch demanded that, whilst planning, a different aesthetic approach should now be taken – a transition from simply beautifying a place to understanding its fundamental epistemology. Only by doing so would it be possible to express a true feeling for reality. Only by doing so, according to Welsch, would it be possible to convey day by day what the thinkers of our time have discovered and what most of us increasingly feel and think anyway. Planning of this kind, according to Welsch, would no longer be a matter of instigating aesthetics by covering up surreptitious metaphysics under a blanket of post-metaphysic media, but would make us familiar with the spirit of our time, including all its achievements and acknowledgements. Planning a town in this way would then truly be on a par with time. In a moderate way one could then call it "avant-garde".⁵

Disregarding all this, we should bring to mind Kracauer's wonderful words: "Acknowledging a town is closely knit with deciphering its legendary image." Is it possible to express beauty in any other way, even when and if legendary images are not always ones of beauty – at least, not in the general sense of the word?

solle. Nur so wäre sie wieder in der Lage, dem aktuellen Wirklichkeitsverständnis Ausdruck zu verleihen. Nur so könnte sie nach Welsch das, was die Köpfe unserer Zeit herausgefunden haben und was die meisten von uns ohnehin spüren und zunehmend denken, auch Tag für Tag sinnenhaft und körperlich erfahrbar machen. Eine solche Gestaltung würde nach Welsch endlich nicht mehr mit verstohlener Metaphysik im Mäntelchen des nach-metaphysischen Mediums Ästhetik betreiben, sondern würde uns mit dem Geist unserer Zeit inklusive aller Errungenschaften und Einsichten vertraut machen. Eine solche (Gestaltung der Stadt) wäre dann wahrhaftig auf der Höhe ihrer Zeit. In einem moderaten Sinn dürfe man sie sogar als „avantgardistisch" bezeichnen.[5]

Ungeachtet all dessen sollten wir uns aber noch einmal den herrlichen Satz Kracauers ins Gedächtnis rufen: „Die Erkenntnis der Städte ist an die Entzifferung ihrer traumhaft hingesagten Bilder geknüpft." Kann man Schönheit besser in Worte fassen? Selbst dann, wenn traumhaft hingesagte Bilder nicht immer schön sein müssen; jedenfalls nicht immer „schön" im landläufigen Sinne.

Literatur/Literature

1. Siegfried Kracauer, Aus dem Fenster gesehen, in: Karl Riha (Publisher), Stadtleben, Darmstadt-Neuwied 1983, p. 80 f.
2. August Endell, Die Schönheit der großen Stadt, in: Helge David (Publisher), August Endell, Vom Sehen, Texts 1896-1925, Basel-Berlin-Boston 1995, p. 173
3. Compare: Frank R. Werner, Denk-Räume in städtischer Natur, Elysische Felder oder durch Kunst veredelte Gegenden, in: Michael Kienzle (Publisher), Natur-Schauspiele, Stuttgart 1993, p. 70 ff.
4. Compare: Heidi Sohn, Emergence Of Urban Monsters: Postmodern Sublime and the Un-consciousness of Architecture, Delft 2006
5. Compare: Wolfgang Welsch, Unsere postmoderne Moderne, Weinheim 1987; Wolfgang Welsch, Wege aus der Moderne, Weinheim 1988.

Die schöne Stadt

Hans-Jürgen P. Walter, Gestaltpsychologe

Würde ich mir ein Haus bauen wollen, wäre ich darauf angewiesen, dass der Architekt meine laienhaft formulierten Wünsche angemessen umzusetzen in der Lage wäre. Ich könnte also den Laien, der ich in Bezug auf Ihr Fach bin, beispielhaft als Planer einer „schönen Stadt" zu Wort kommen lassen – und das im übrigen nicht nur deshalb als angemessenen Beitrag zum Thema vertreten, weil ja Laien ein unvermeidbarer Umstand ihrer Berufsausübung sind, sondern auch, weil die phänomenologische Selbstanalyse selbstverständliches Werkzeug des von mir vertretenen Forschungshandwerks ist. Davon sehe ich ab, weil mir hier zunächst anderes wichtiger zu sein scheint.

Vorbehaltlos „Phänomenologie zu treiben", ist jedenfalls ein grundlegendes Postulat gestalttheoretischer Psychologie, das schon für den Umgang mit einem selber gilt. Und es gilt für jeglichen realistischen (genauer: *kritisch-realistischen*) Umgang mit der einen umgebenden Welt. Hinter diesem Anspruch an den professionell Handelnden, sich selbst nicht weniger als seine Klienten zu „erforschen", steht die Erfahrung, die auch für Psychoanalyse und Tiefenpsychologie grundlegend ist, dass erst, wer vorbehaltlos den Blick auf die eigene Befindlichkeit, die eigenen Wünsche, Bedürfnisse, Empfindungen, Gefühle zu richten vermag, in der Lage ist, vorbehaltlos auch seine Klienten differenziert wahrzunehmen und deren berechtigte Interessen zu achten.

Hier zitiere ich, und um gleich einen möglichen Konflikt ins Gespräch zu bringen, den Gestalttheoretiker Wolfgang Metzger (Psychologie, S. 15):
„Soweit aber die Psychologie die anschauliche Welt (= phänomenale Welt) selbst erforscht, ist alles in dieser Vorkommende für sie einfach ein durch nichts wegzubringender Tatbestand: einen gegenfarbiges Nachbild, eine Geistererscheinung, ein Traum, eine Handlung und ein

The Beautiful City

Hans-Jürgen P. Walter, Gestalt Psychologist

Should I wish to have a house built for myself, I would have to rely on the architect to put my very amateurishly formulated wishes into practice. In this way I could, for instance, amateur that I am compared to the expert the architect is, then also have my say as the planner of a "beautiful city" – and that, by the way, not only to present a commensurate contribution to this theme for the reason that amateurs are an unavoidable circumstance in an architect's profession, but also because phenomenological self-analysis is a natural tool in the field of research I represent. I will refrain from doing this, however, because it seems to me that at the moment other matters are more important.

"To be involved in phenomenology" unreservedly is a basic postulate of gestalt theoretical psychology which applies initially to dealing with oneself, but which equally applies to any kind of realistic (or put more exactly: critically realistic) dealing with the world surrounding oneself. Besides expecting a professional to carry out research on himself no less severely than on his clients, the experience is that in both psychoanalysis and depth psychology it is a fundamental truth that only he who is able to sum up his own situation, his own wishes, needs, reactions and feelings unreservedly is then in a position to regard his clients in a differentiated light and to respect their rightful interests adequately.

In the following, I cite the gestalt theorist and psychologist Wolfgang Metzger ("Psychologie", 1963, page 15), so bringing a possible point of conflict into the discourse:
"Insofar as psychology itself carries out research on the graphic world (= phenomenal world), then everything in it is an irrefutable fact: a complemental coloured after-image, a ghostly apparition, a dream, an action and an uncertain feeling are nothing less than the table on which I write and the people with whom I converse; and I am no less aware of the good and the bad moods of these people and the

unbestimmtes Gefühl, nicht weniger als der Tisch, auf dem ich schreibe und die Menschen, mit denen ich mich unterhalte; und die guten und die schlechten Launen dieser Menschen und ihrer Forderungen und Erwartungen, die ich, auch wenn sie nicht sprechen, von Ihnen ausgehen spüre, nicht weniger als ihr Leib und ihre Glieder (Köhler 1938). Als solcher Tatbestand ist alles überhaupt anschaulich Erlebbare eine Gesamtheit von echt Wirklichem, das genau die gleiche Würde wie das physikalisch Wirkliche besitzt (…); wir nennen es Wirklichkeit im zweiten Sinn. Die Zuerkennung dieser Würde drückt sich u. a. darin aus, dass die Frage der wissenschaftlichen Zuverlässigkeit des Gegebenen (die natürlich nicht mit der Frage der Zuverlässigkeit seiner *Beschreibung und Mitteilung* verwechselt werden darf) hier überhaupt nicht auftritt, sondern ersetzt ist durch die Frage nach den besonderen Gesetzen des Zusammenhangs dieses zweiten Wirklichkeitsbereiches mit dem ersten, physikalischen."

Das Zitat differenziert zunächst einmal das zuvor Gesagte: … Es führt zugleich die Unterscheidung zwischen zwei Wirklichkeitsbereichen ein – dem „physikalisch Wirklichen" und dem „phänomenal Wirklichen" –, wie sie vom „kritischen Realismus", der für die Gestaltpsychologie grundlegenden Erkenntnistheorie, vertreten wird. Da heutzutage in fast keiner Studienrichtung (außer der flächendeckend entthronten Philosophie) die Beschäftigung mit Erkenntnistheorie noch eine Rolle spielt – mit der Konsequenz, dass in immer rascherer Folge von immer naiveren Wissenschaftlern „die Welt" ständig neu erfunden wird – will ich den „kritischen Realismus" ein wenig erläutern:

Zunächst knapp zum Begriff selbst: „naiver Realismus" bedeutet, dass das Ding, das wir unmittelbar wahrnehmen, auch das Ding selber ist; „kritischer Realismus" dagegen bedeutet, dass wir zwar prinzipiell weitgehend in der Lage sind, die Dinge der Welt tatsächlich zu erkennen, dass es dazu aber in vielen Fällen eines relativ hohen Maßes an kritisch-reflektierender Distanz gegenüber unserer unmittel-

demands and expectations radiating from them, even if they are not speaking, than I am aware of their body and their limbs (Köhler 1938).

According to this irrefutable fact, anything at all phenomenally experienceable is complete reality in itself and claims exactly the same dignity as does physical reality (…); we call it reality in a second sense. Acknowledging this dignity expresses itself, amongst other things, in the fact that the problem of the scientific reliability of what is given (which must naturally not be mixed up with the question of the reliability of the description and conveyance of the same) does not come into the question at the moment, but is replaced by the question of the special laws of relationship connecting this second area of reality with the first, i.e. with physical law."

At first glance this citation refines what was said before; it introduces the difference between two realms of reality simultaneously – "physical reality" and "phenomenal reality" – as represented by "critical realism", which is the basic epistemology in gestalt psychology. Because these days epistemology has no place in most courses of study (except in those of conceptional dethroned philosophy) – with the consequence that "the world" is being discovered over and over again in an ever-quickening sequence by increasingly naïve researchers – I would like to explain in a few words the meaning of "critical realism".

First of all, though, let us take the expression "naïve realism": this means that the object we notice immediately is the object itself. "Critical realism" on the other hand means that even though we are usually capable of recognising worldly objects in their own right, in many cases it is necessary to maintain a relatively high degree of critically reflecting distance from our immediate perception which, for its own part, needs to be regarded with the greatest professional care and differentiation.

baren Wahrnehmung bedarf, die ihrerseits aber unbedingt mit größter professioneller Sorgfalt und Differenzierungsfähigkeit zur Kenntnis genommen werden muss. In diesem Zusammenhang spielt die Unterscheidung zwischen „phänomenal Wirklichem" und „physikalisch Wirklichem" eine außerordentlich wichtige Rolle. Letzteres ist das, was wir unmittelbar wahrnehmen bzw. erleben; ersteres sind stets dahinterliegende – transphänomenale – Sachverhalte, die nur indirekt durch Nachdenken und Konstruieren erschlossen werden können. Deshalb ist es kein Wunder, dass das so genannte „physikalische Weltbild" (nicht zu verwechseln mit der „physikalischen Welt" als solcher) im Laufe der Jahrhunderte mit fortschreitender Erforschung mehrfach grundlegender Veränderung unterworfen war: in bedeutendem Ausmaß zuletzt wohl durch Einsteins Relativitätstheorie. (Abbildung 1)

Metzger beschreibt in Kapitel 8 seiner „Psychologie", das den Titel „Das Leib-Seele Problem" trägt, den psychophysischen Zusammenhang menschlicher Existenz durch vier Glieder:

1. die physikalische Welt (bzw. der Makrokosmos), darin
2. die physikalischen Organismen, darin
3. die phänomenalen Welten (die Metzger auch psychophysische Welten bzw. Mikrokosmen nennt), darin
4. die phänomenalen Körper-Ichs (die Metzger auch psychologische Ichs nennt).

Daran ist mir im gegebenen Zusammenhang vor allem wichtig: „phänomenale Welt", also die uns erlebnismäßig gegebene Welt, ist eine der einen umfassenden Welt. Und wenn man diese umfassende Welt „physikalische" nennt, dann sind ganz selbstverständlich alle Eigenschaften lebender Menschen, alle Vorgänge innerhalb ihres Erlebens auch zugleich physikalische Eigenschaften und Vorgänge. Daraus leitet sich Metzgers Leitsatz ab: „die phänomenale Welt besitzt die gleiche Würde, wie die physikalische", im Übrigen am Ende auch die einzig stringente Begründung psychosomatischer Medizin und Psychotherapie. Und nicht

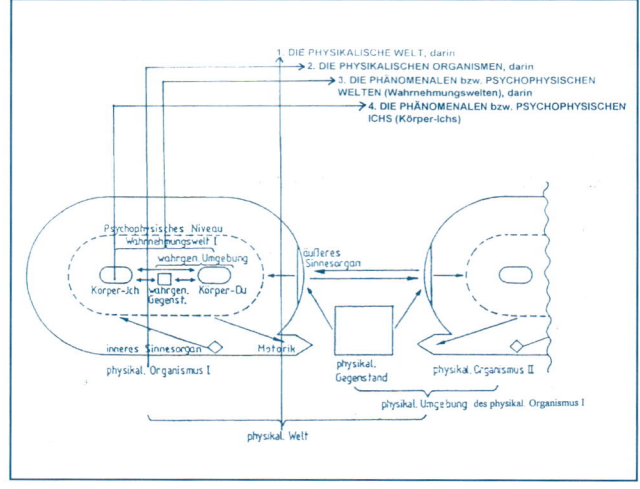

1 Vereinfachtes Modell der Sensumotorik aus kritisch-realistischer Sicht

Simplified model of the sensorimotor from a critically realistic point of view (according to THOLEY 1980, 10)

Sinnesorgan: *sensory organ*
inneres Sinnesorgan: *inner sensory organ*
äußeres Sinnesorgan: *outer sensory organ*
physikal. Organismus I: *physical organism I*
Psychophysisches Niveau: *Psychophysical level*
Wahrnehmungswelt: *perceptive world*
wahrgen. Umgebung: *perceived environment*
Körper-Ich: *psychophysical ego*
wahrgen. Gegenstand: *perceived objekt*

physikal. Umgebung des physikal. Organismus I: *physical environment or physical organism I*
physikal. Gegenstand: *physical objekt*
physikal. Organism II: *physical organism II*
Motorik: *motor activity*
physikal. Welt: *physical world*

Thus, the differentiation between "physical reality" and "phenomenal reality" plays an extraordinarily important role. The latter is that which we recognise or experience immediately; the first are always underlying – transphenomenal – facts whose meaning can only be deduced indirectly when it is pondered over and construed. Therefore, it is no wonder that the so-called "physical world image" (not to be confused with the "physical world" as such) has been subjected to so much fundamental change during the course of the centuries due to expanding research – and, no doubt, to a significant degree due to Einstein's theory of relativity. (Illustration 1)

zuletzt deshalb bezeichnet Metzger die „phänomenalen Welten" und die „phänomenalen Ichs" auch als „psychophysische Welten" und „psychophysische Ichs" (auf die spezifizierende Begründung, die Köhlers „Isomorphiethese" liefert, verzichte ich hier).

So betrachtet, ist jede Forschung, in der es darum geht, unmittelbare phänomenale Gegebenheiten (dazu gehört, was ich auf einem Voltmeter ablese, aber auch die Wahrnehmung eines Gefühls bei mir oder jemand anderem) in einen größeren Zusammenhang zu stellen und dadurch Bezüge und Abhängigkeiten zu entdecken, deren sich der unmittelbar (gewissermaßen „naiv") Wahrnehmende in der Regel nicht bewusst ist (da sie für ihn „transphänomenal" sind), streng genommen auch „physikalische Forschung"; nur hat es „klassische physikalische Forschung" eben mit der so genannten „unbelebten Dingwelt" zu tun und nicht mit dem mitten in dieser Dingwelt existierenden Bewusstsein lebendiger Wesen. Da möchte man schon manchmal rufen „Schuster, bleib bei deinen Leisten", wenn „windige Gehirnforscher" behaupten, alle Bewusstseinserscheinungen seien nur „Epiphänomene" (Begleiterscheinungen) rein stofflicher Vorgänge, und die die phänomenalen (bzw. geistigen) Vorgängen eigene Wirkkraft, die Dinge zu verändern vermag, leugnen (zur Kritik daran vgl. Laucken, m 2007).

Ich habe diese Ausführungen hier zugespitzt, um anschaulich werden zu lassen, dass eine kategoriale Trennung zwischen „Natur- und Geisteswissenschaften" logisch absurd ist. In allen Wissenschaften geht es gleichermaßen darum, hinter dem Einzelnen oder vielem unmittelbar gegebene Zusammenhänge zu entdecken, die für den natürlicherweise naiv Erlebenden „transphänomenal" sind. Und die Wirkungen radioaktiver Strahlung sind nicht realer, als die der Ausstrahlung eines autoritären Menschen oder des Gestaltcharakters eines Bauwerks.

Nun gibt es, wie schon angedeutet, andere erkenntnistheoretische und wissenschaftstheoretische Traditionen,

In Chapter 8 of his publication "Psychology", which goes under the heading "The Problem of Body and Soul", Metzger describes the psycho-physical coherence of human existence in 4 parts:
1. THE PHYSICAL WORLD (i.e. the macrocosm), and in it
2. THE PHYSICAL ORGANISMS, and in it
3. THE PHENOMENAL WORLDS (which Metzger also calls psycho-physical worlds or microcosms), and in it
4. THE PHENOMENAL EGOS (which Metzger also calls psycho-physical egos or selves).

For me, the most important thing in this connection is the following: the "phenomenal world", i.e. the experientially given world, is part of one and the same all-embracing world, and if we call this surrounding world "physical", then it is natural that all the characteristics of living man, all the events he experiences, are at the same time physical characteristics and events. From this, Metzger derives his basic principle: "the phenomenal world claims the same dignity as the "psycho-physical", which in the end is the only stringent reason for psychosomatic medicine and psychotherapy." And for this reason, too, Metzger describes "phenomenal worlds" and "phenomenal egos" as "psycho-physical worlds" and "psycho-physical egos" (here I restrain from citing the specifying reasons which Wolfgang Köhler's "isomorphic thesis" lays out).

If you look at it this way, any form of research is actual "physical research" if its aim is to put immediate phenomenal realities into a greater context (and by this I mean, for example, the digits I can read on a voltage metre, or perhaps the experience of my own feelings, or even someone else's), thereby uncovering relationships and interdependencies of which the immediate (or, in a way, naïve) participant is not usually conscious (i.e. which, for him, are transphenomenal realities); the only thing is that "classic physical research" deals with the so-called "inanimate or unconscious world" and not with the consciousness of the mortal being living right in the middle of this inanimate world. Sometimes, when dubious

Die Wirkungen radioaktiver Strahlung sind nicht realer, als die der Ausstrahlung eines autoritären Menschen oder des Gestaltcharakters eines Bauwerks.

denen zufolge im Extrem es gar keine erkennbare Brücke zwischen „phänomenaler" und „physikalischer" Welt geben kann. Und diese irrationale „Spaltung" begegnet uns heute noch in Gestalt von „Phänomenalisten" und „Physikalisten" (aber auch im „radikalen Konstruktivismus" bzw. der „Autopoiese").

Wie gesagt, bedeutet „kritischer Realismus", dass sich trotz aller unbestrittener Schwierigkeiten viele Zusammenhänge zwischen phänomenaler Welt und ihren Zusammenhängen mit nur indirekt erschließbaren dahinter liegenden, von ihr bewirkten oder sie begleitenden Sachverhalten der Erforschung zugänglich sind. Voraussetzung ist allerdings, auch unmittelbare Wahrnehmungen, wie Empfindungen und Gefühle, vorbehaltlos zur Kenntnis zu nehmen und ihnen selbst dann noch ihre „Würde" nicht anzusprechen, wenn gut begründetes „Wissen" Anlass gibt, sie nicht alleine das Handeln bestimmen zu lassen. „Kritischer Realismus" bedeutet in der Tat, beide Seiten – die des unmittelbaren Erlebens und die des durch Erfahrung (auch anderer Menschen) gewonnenen Wissens – miteinander in Einklang zu bringen: weder blind Gefühlen zu folgen, noch blind Angelerntem, Gedachtem, Konstruiertem zu folgen.

Da nun alles, was der Mensch hervorbringt, ob Gedichte, Romane, wissenschaftliche Forschungsergebnisse (der Statik z. B.) oder Bauwerke, die schließlich zur „Stadt"

brain research scientists assert that any phenomenon of consciousness is solely an "epiphenomenon" (a side effect) of a purely material process and deny that phenomenal (or intellectual) processes are endowed with the power to effect change in the material/physical world, one yearns to cry out: "Cobbler, stick to your last!" (Re. the criticism, pls. refer to Laucken, 2007).

I have exaggerated all this a little to illustrate the fact that categorically separating "natural science and the arts" is logically absurd. The aim of any research is to discover the connections which lie between a single and the many other obvious facts and which are "transphenomenal" to the naturally naïve person experiencing it all. And the effects of radioactivity are no more real than those caused by the aura of an authoritarian person or of the gestalt character of a building.

However, as already hinted at, there are other epistemological traditions according to which, in the extreme, there can be no other recognisable bridge whatsoever between the "phenomenal" and the "physical" worlds. And this irrational "split" confronts us even today in the stature of "phenomenalists" and "physicalists" (but also in "radical constructivism" and/or "autopoiesis").

As already stated, "critical realism" means that, despite all the accepted difficulties, many connections between the phenomenal world and its links with the only indirectly recognisable background content of the case caused by it or accompanying it are accessible to research scientists. The prior condition is, however, that immediate perceptions, such as emotions and senses, are to be taken note of unconditionally and that their dignity is not even then to be questioned when well-grounded "knowledge" gives reason to regulate their action. "Critical realism" really means bringing both aspects – that of immediate experience and that of knowledge gained by experience (also by another person's experience) – into accord, i.e. neither succumbing

werden, auf seiner phänomenalen Welt gründet, kann
er eigentlich keine grundlegendere Forschung betreiben
als die, mit deren Hilfe er sich selbst erforscht. Und für
menschliches Wahrnehmen, Denken und Handeln gilt,
wie nicht erst Gestalttheoretiker herausgefunden haben,
dass es primär ganzheitlich strukturiert ist. Beim näheren
Hinsehen stellte sich heraus, dass das Ganze menschlichen Erlebens nicht unbedingt „mehr", aber auf jeden
Fall „etwas anderes" ist, als die Summe seiner Teile.
Ein Leitton ist ein solcher nur in einer ganz bestimmten
Konstellation von Tönen, in einer ganz bestimmten
Melodie, sowie ein „tragender" Stein in einem Gewölbe
tragend nur in genau dieser einen Konstellation von
Steinen ist. Hier ist von „Ganzbestimmtheit der Teile und
Stellen" (Metzger 1963, 75 ff.) die Rede. Unter Berufung
auf Goethes Gespräche mit Eckermann veranschaulicht
Metzger sie mit der speziell unser Thema berührenden
Auffassung, „dass die Schönheit eines Gegenstandes,
und vor allem jedes irgendwie dienenden Gegenstandes,
keineswegs nur von seiner eigenen Forum und Beschaffenheit, sondern ebenso sehr, ja oft viel entscheidender, von
der Verbindung oder Umgebung bestimmt ist, in der wir
ihn sehen und in die er sachlich gehört" (76). Die Ganzbestimmtheit der Teile und Stellen ist ein der nun folgenden
Unterscheidung zwischen Wesens-, Material- und Struktureigenschaften von Gestalten insofern übergeordneter
Sachverhalt, als sie alle Eigenschaften durchdringt.

**Wesens-, Material- und Struktureigenschaften
von Gestalten**
Vordergründig geht es Metzger hier zwar nur um die angemessene Erforschung der Gestaltsphänomene, doch da,
wie ich schon erläutert habe, auch das Ausgangsmaterial
des klassisch physikalisch Forschenden phänomenaler
Natur ist, ist diese Differenzierung von grundlegender
wissenschaftlicher Bedeutung.

1. *Wesens Eigenschaften* (auch „physiognomische
Qualitäten" genannt) sind die Eigenschaften, die einem

blindly to feelings, nor following blindly what one has
learned, thought, or construed.

As everything which mankind produces, whether poems,
novels, the results of scientific research (of structural
engineering, for example), or buildings which finally go to
making up a "city" – as everything he produces is based
on this phenomenal world, then he cannot really examine
anything more closely than that with the help of which
he examines himself. And, as was manifested long before
gestalt theorists made it public, human perception, thoughts
or actions are all primarily structured as a whole. If we look
more closely, we discover that the whole of human experience
is not necessarily "more", but it is at least "something different"
from the sum of its parts. A leading note exists only within
a special constellation of other notes in a special melody,
just as the "weight-bearing" brick in a vault is only weight-
bearing when positioned in just this constellation of bricks.

We are speaking here of the "determination of parts and
positions by the whole" (Metzger 1963, 75ff; cf. Wertheimer
1925, translated into English in 1969). Referring to Goethe's
talk with Eckermann, Metzger demonstrates by expressing
the opinion so closely related to our topic "that the beauty of
an object, and especially of an object which serves a purpose
of some kind, is not only dependent on its own form and
composition, but sometimes just as equally and often more
decisively on the environment in which we observe it and in
which it belongs" (76). The determination of parts and their
positions by the whole is of superordinate importance to the
following differentiation between physiognomic material and
the structural characteristics of gestalts in so far as it pervades
all their characteristics.

**Physiognomic, material and structural
characteristics of gestalts**
In this sphere, Metzger is for the most part only interested
in an adequate investigation into gestalt phenomena, but, as
I have already stated, because the basic material examined

Die schöne Stadt
Hans-Jürgen P. Walter

Betrachter, der ein Ganzes unbefangen auf sich wirken lässt – z. B. ein Bauwerk, eine Straße, eine Stadt beim Bummeln –, und unmittelbar wie ein Gesicht „ansprechen" können: so kann mich ein Bauwerk stolz, wuchtig, erhaben, ansprechen, eine Straße behaglich, anheimelnd, finster, eine Stadt friedlich, freundlich oder hektisch und kalt.

Der Wertheimer- und Metzgerschüler Edwin Rausch (der in Frankfurt die Frage auch meinen Lehrern gestellt hat) solle manchen seiner Doktoranden mit der Frage auf die Nerven gegangen sein: „Wie beginnen sie ihre Untersuchung?" Wenn dann jemand etwa geantwortet habe, er werde diese oder jene Apparatur aufbauen, solle Rausch ihn z. B. belehrt haben: „Sie brauchen Papier und ein Schreibwerkzeug, z. B. einen Bleistift, und der kann hart, weich oder dazwischen sein.". Das mag auch Ihnen befremdlich erscheinen. Wie können Sie antworten? Z. B.: „es gibt da ein großartiges Computer-Bauprogramm. Da kann ich sofort sehen, ob eine bestimmte Konstruktion…". Und schon wären sie ins Fettnäpfchen getappt. Was Metzger mit den Wesenseigenschaften veranschaulicht und Rausch mit seinem Hinweis auf die Bleistiftarten, ist die Tatsache, dass die Determination von Ergebnissen – der Forschung, des Bauens – viel früher beginnt, als sich das so mancher „tüchtige" Forschungs- oder Anwendungspraktiker zu vergegenwärtigen pflegt. Ein harter und ein weicher Bleistift verkörpern u. U. ein sehr verschiedenes Wesen (u. U. durchaus ein hartes oder weiches), das, ohne dass ich es merke, mein Handeln beeinflusst. Und ein Computerprogramm? Da steckt bis ihn die kleinsten technischen Details das Wesen seines Erfinders, eine Vielzahl seiner Urteile und natürlich auch seiner Vorurteile drin. Sich diesem auszuliefern, ist bequem. Aber, ist es auch verantwortliches Handeln?

2. Die *ganzbedingte Materialbeschaffenheit* ist nicht zuletzt gerade fürs Bauen von größter Bedeutung. Es handelt sich um stoffliche Eigenschaften wie „durchsichtig, leuchtend, rau, glatt, glänzend, seidig … scheinhaft (Licht und

The Beautiful City
Hans-Jürgen P. Walter

by a classic physics scientist is of a phenomenal nature, the following differentiation is of fundamental scientific importance.

1. *Intrinsic characteristics* (also called "physiognomic qualities") are those "facial features" – e.g. of a building, of a street, of a town during a stroll – which have their immediate influence on any beholder regarding them objectively and "addressing" them as an entity "face to face"; in the same way, a building can address its beholder in a proud, powerful, haughty way, a street in a snug, homely, gloomy way, a town in a peaceful, amicable, or hectic and cold fashion.

Edwin Rausch (my teacher in Frankfurt/Main), a scholar of Wertheimer's and Metzger's, is said to have got on quite a number of his graduate students' nerves with the question: "How do you begin your research?" If anyone answered by saying, for example, that he started by setting up this or that apparatus, Rausch was said to have cautioned him: "You need paper and writing equipment such as a pencil, and that can be hard or soft or in between the two." That may seem strange to you, too. Would you have answered differently? Would you have said, for example: "There's a super computer construction programme. It can show you immediately whether a particular construction . . ." If so, you would have already put your foot in it! What Metzger demonstrates with physiognomic qualities and Rausch with his mention of the pencils is, amongst other things, the fact that the determination of results – of research, of construction work – begins much earlier than any clever research or application practitioner likes to believe. Apart from anything else, a hard and a soft pencil can constitute very differing physiognomic qualities (hard or soft, as far as I am concerned) which, even without my realising it, influence what I do. And a computer programme? Right up to the tiniest detail it reveals its inventor's character, a great many of his judgements and, naturally, also of his biases. Relying on this is easy – but is it wise to do so?

Schatten); weich, hart, zäh …" (64). Ein für sich betrachtet *raues* Material kann z. B. jenseits einer bestimmten Flächengröße in der Wirkung auf den Betrachter „umspringen", indem es plötzlich geradezu eintönig glatt wirkt (einzelnes Haus – ganzer Straßenzug). „Beispielsweise ist das selbe Gebilde, je nach Maßstab, „zackig" (Gefüge) oder „rau" (Beschaffenheit)" (Metzger 1963, 68). Hier ist offenkundig der Punkt berührt, wo es um Wissen um oder um Feinfühligkeit für den Zusammenhang sowohl zwischen *Wesens-* und *Material*-eigenschaften einerseits und *Struktur*-eigenschaften andererseits geht. Deshalb jetzt also zu:

3. *Struktur oder Gefügeeigenschaften* (der „Tektonik"): „Hierunter fallen alle Eigenschaften der Anordnung oder des Aufbaues; Raumform oder Figuralstruktur, Helligkeits- und Farbprofil einschließlich der Gliederung und Gewichtsverteilung; Rhythmus, Melodie; Verlaufsstruktur bei Bewegungen und Veränderungen. *Beispiele:* gerade, rund, eckig, eliptisch, geschlossen, symmetrisch, spitz, wellig, zackig, stetig, unstetig; das Wachsen, Schrumpfen, Steigen, Fallen, Strömen, Springen, kurz jede Art von Übergang" (Metzger 1963, 63).

Jetzt sind wir also auf dem „Weg von oben nach unten", den Metzger bei jeder Art von Forschung und Planung für den einzig angemessenen hält, endlich beim mit altbewährten Instrumenten Messbaren angelangt, bei dem, was allein vielen als „harte Fakten" gilt.

Wen allerdings für die Antwort auf die Frage nach der Länge einer Linie oder der Beschaffenheit eines Winkels nur mit Zollstock und Winkelmesser ermittelte Antworten interessieren, wäre nicht nur kein guter Psychologe, sondern auch kein guter Architekt. Erst wer beidem – dem, was er sieht und dem, was er misst – die gleiche Würde zuerkennt (mag es sich bei Ersterem auch um eine sog. „optische Täuschung" handeln), vermag herauszufinden, was eine Stadt „schön macht". Denn eine „schöne" Stadt sieht jemand ohne zu messen; es wäre

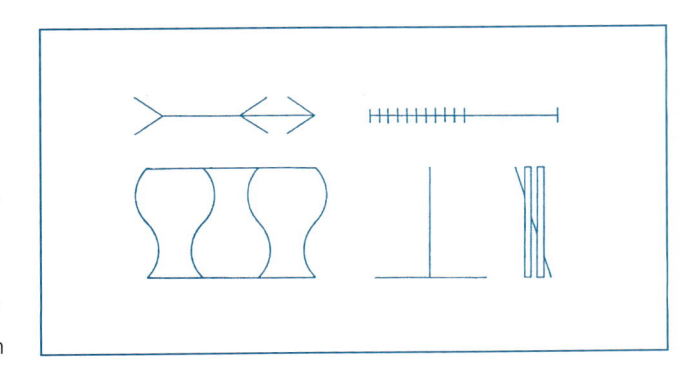

2 Oben links: die MÜLLER-LYERsche Täuschung; die beiden Teile der Mittellinie sind gleich lang;
oben rechts: phänomenale Schrumpfung der leeren Strecke (nach OPPEL, KUNDT und HERING)
unten links: OPPELsche Täuschung; die beiden geraden Linien sind in 3 gleiche Teile geteilt;
unten in der Mitte: phänomenale Verlängerung der Mittelsenkrechten (nach OPPEL);
unten rechts: POGGENDORFsche Täuschung; die schrägen Striche liegen in Wirklichkeit auf einer geraden Linie; ihr spitzer Winkel ist anschaulich vergrößert.

Top left: the MÜLLER-LYER optical illusion;
both parts of the horizontal line are equally long;
Top right: phenomenal shrinkage of the empty length (according to OPPEL, KUNDT and HERING);
Bottom left: the OPPEL optical illusion;
both straight lines are divided into 3 equal parts;
Bottom centre: phenomenal lengthening of the central vertical line (according to OPPEL);
Bottom right: the oblongs are really crossing a straight line; the sharp angles have been magnified to illustrate this.

2. *The determination of material features by the whole* is of the greatest importance in constructional engineering. We are speaking of characteristics such as "transparent, radiant, rough, smooth, shiny, silky … shining (light and shadow); soft, hard, tough …" (64). Building material which looks rough on its own can, for example, switch over to being terribly monotonously smooth to the beholder when applied to large surfaces (a detached house, a whole row of houses). "For example, one and the same structure can, dependent on the scale, seem to be 'angular' (structure) or 'rough' (quality of material)." (Metzger 1963, 68). Here a nerve is touched where knowledge or sensitivity for the connection between both *physiognomic* and *material* characteristics on the one hand and *structural* properties on the other is concerned. Therefore let us now turn to:

3. *Structural characteristics* ("tectonics"): "By this we mean all the characteristics of order or composition; room shape or figural structure, light and colour profile including the set-up and distribution of weight; rhythm, melody; structural reaction to movement and change. Examples: straight, round, angular, elliptic, closed-in, symmetric, pointed, wavy, jagged, changing, unchanging; growth, shrinkage, rise and fall, streaming, jutting out – in short, any sort of transition." (Metzger 1963, 63).

So now we are "on the way down from the top", which Metzger regards as the only legitimate way to any sort of research and planning, and have at last come to what is only measurable with instruments of long-standing, to the "hard facts" which most people consider to be the only things valid.

Anybody, though, who is only interested in the answer to the question on the length of a line or the angle of a corner being given by producing a ruler and a protractor is neither a good psychologist nor a good architect. Only when he can appreciate both – that which he can see and that which he can measure – with the same intensity (even if the first is an 'optical illusion') is he in a position to define what makes a beautiful city beautiful. For a beautiful city can be *seen* without having to be *measured*; it would be fatal, however, if the architect or builder had not – also – measured, weighed, counted . . . (Illustration 2)

With regard to both material and physiognomic properties, one can discover specific positional and structural conditions within which they are incorporated and come into immediate effect in "the most natural and most compelling way" (Metzger, 65). The terms used are 'excellent', 'pregnant' *, or 'good' (think of the signs of the zodiac). To illustrate this, here is

---

* Woodworth, Robert S. & Schlosberg, Harold (1965) wrote under the headline "The pregnance or good-figure theory": "The metaphorical use of 'pregnance' here is somewhat novel in English, though not far from that used in the expression a 'pregnant sentence', meaning a sentence containing a wealth of meaning. Among the German psychologists a 'pregnant' figure is one which expresses some characteristic fully. 'Goodness' of figure means in part the same thing."

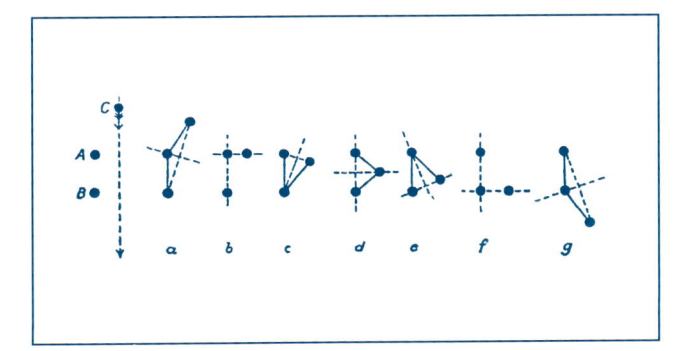

3 An zwei festen Punkten A, B wird ein dritter, C, von oben nach unten vorbeigeschoben. Es ergeben sich die Prägnanzstufen a – g (nach Wertheimer 1923).

Dot C is moved down from the top to the bottom past two static dots A and B. This results in the pregnance steps a – g (according to WERTHEIMER 1923).

auch auf das zugehörige Wesen „übertragen" wurden – dass sie vielmehr von Anbeginn zugleich das Wesen bezeichneten, oder richtiger, dass sie zunächst dieses Wesen meinten". Will man sich nicht mit dem schlichten Hinweis darauf zufrieden geben, dass die Feinfühligkeit für den Zusammenhang zwischen Struktureigenschaften und Wesenseigenschaften nun einmal unterschiedlich ist (auch bei Architekten), bleibt nur der Verweis auf einen noch lange nicht ausgeschöpften Forschungsbedarf. Fest steht nur, dass beispielsweise die ich schlichte Meinung, wenn etwas im strukturellen Sinne „spitz" sei, ein spitzer Winkel z. B., dann sei darin auch immer und überall das Wesen „spitz" verkörpert, falsch ist (eine Alternative ist z. B. „eng").

Ab jetzt unterstelle ich einfach mal, dass wir alle hier weder Physikalisten noch Phänomenalisten und auch keine Kosten/Nutzen-Ideologen, sondern „kritische Realisten" und Gestalttheoretiker und als solche grundsätzlich interdisziplinär orientiert sind. Dann besteht Einigkeit darin, dass sich seit jeher in Baustilen nichts zuletzt „das Lebensgefühl" zu bestimmten Zeiten auszudrücken vermochte („Gen"-Identität). Baustile in der Vergangenheit können also ein ergiebiges Forschungs-

an example of 'stages of pregnance', illustrated by the most simple example. (Illustration 3 according to WERTHEIMER, 1923)

As applies to artists generally, the best architects distinguish themselves not only by great sophistication in grasping physiognomic properties, but by the fact that "their sensitivity towards structural differentiation is just as strong as it is towards physiognomic properties. That is why an architect is, for instance, able to sense which particular alteration in the structure of a given object would best demonstrate its full pregnance and with it the whole appearance of the object in question." (Metzger 1963, 71).

Some of you may have already noticed: in the same way as certain words describe common sensory qualities (warm, bitter), so terms for material characteristics determined by the whole (tough, hard, shiny), or structural (tectonic) features (closed, straight, winding) are used for most physiognomic properties. Metzger says (1963, 70): "It is certain that these words were not originally used to describe only structural or material properties and were not used until later to describe the appertaining physiognomic quality – but that from the very beginning they described the intrinsic nature or, more correctly, that they even *meant* the intrinsic nature of the object". If one is not content to put up with the simple observation that one's sensitivity (and this applies to architects, too) towards the connections between structural and physiognomic characteristics varies, then it only remains to be pointed out that it will be a long time before the great demand for intensive research can be satisfied. The only thing certain is that if, for instance, general opinion proclaims something to be 'sharp' in a structural sense, as for example, a sharp corner, and that that object is then always the personification of 'sharp' whenever and wherever it is to be found, then that general opinion is incorrect (an alternative to this would be, for example, 'narrow').

From now on I will just assume that none of us here are either physicalists or phenomenalists, nor are we costs-and-

material zur Beantwortung der Frage sein: „Was war der Mensch?" Und was derzeit gebaut wird, kann Antwort auf die Frage geben „Was und wie sind Menschen heute?". Geht es ihnen/ging es ihnen nur ums „schnelle Geld", um rasche Befriedigung ihrer Begierden (Hedonismus) oder auch um überindividuelle, in ihren Augen zeitlose und überpersönliche Werte (Hormismus)? Gibt es aber überhaupt im Phänomenalen absolute Werte im ethischen Sinne, oder „ist alles relativ"? Darauf antworte ich jetzt aus Zeitgründen schlicht (oder viel mehr doch nicht ganz schlicht, nämlich scherzhaft) mit „Ja" und mit Literaturverweisen (Duncker 1939, deutsch: 2003; 1941/2, deutsch: 2002; diese Arbeiten werden auch enthalten seien in einem Duncker-Sammelband 2008; Wertheimer 1991).

Aber zur Frage der „phänomenalen Schönheit" (für viele doch auch ein „Wert") will ich knapp erwähnen: eine Untersuchung von Graefe (1963) an 10 – 13 Wochen alten Säuglingen belegt, dass relativ allgemeingültige Kunstprinzipien wie der „goldene Schnitt" (Problem der Zentrierung bzw. der Gewichtsverhältnisse) schon für drei Monate alte Säuglinge bedeutsam sind und von ihnen entsprechende Anordnungen von Figuren bevorzugt wahrgenommen werden gegenüber anderen „unprägnanten" Konstellationen (Walter 1994, 28). Das Phänomen „Schönheit" lässt sich also durch Forschung präzisieren. Es korrespondiert mit dem Begriff „Gestalthöhe", den Rausch genauer definiert hat. Dessen Ergebnisse fließen ein, wenn ich knapp behaupte: Eine schöne Stadt hat für Bewohner und Besucher Sinn und Bedeutung. In ihr können sie sich zurecht finden und sich an ihrer Gefüge-, Ausdrucks- und Bedeutungsfülle erfreuen. Neben durchaus sehr individuellen Präferenzen gibt es zahlreiche überindividuelle Kriterien, deren Verwirklichung solche Freude erwecken. Dazu gehören wohl auch – und nicht nur am Rande – zahlreich erforschte Kriterien, wie sich die Unfallträchtigkeit von Straßen minimieren lässt. Eine schöne Stadt ist ein Ort, an dem das Leben in all seiner möglichen

profits ideologists, but "critical realists" and gestalt theorists and as such are fundamentally multidisciplinarians. If so, then we are all of the opinion that the style of building at certain different times in the past has always expressed "the feeling for living" prevalent at the time ("genetic" identity). Building styles of times gone by can be lucrative research material in answering the question: "What were people like in the past?" And what is being built these days will give an answer to the question: "What are people like nowadays?" Is it or was it only a matter of a quick turnover, of satisfying desires quickly (hedonism), or was it a matter of superindividual and in their eyes timeless and impersonal values (hormism)? Are there, in the ethic sense, any absolute values at all in the phenomenal, or "is everything relative?" For the sake of time, I will answer quite simply (or perhaps not quite so simply, but rather just for fun) with "Yes" and with reference to appertaining literature (Duncker 1939, translated into German in 2003; 1941/2, translated into German in 2002; the translations into German are included in a recently published Duncker collection 2008; Wertheimer 1991).

But now to the question of "phenomenal beauty" (for many also a "value"). I would like to mention briefly: research by Graefe (1963) on 10 – 13-week-old babies proved that relatively general principles of art such as the "golden section" (the case of order and weight proportion) are meaningful even for three-month-old babies and that they prefer a clear formation of objects to other "blurred" constellations (Walter 1994 [3], 28). Thus we see that research can summarise "beauty" as a phenomenon more exactly. It corresponds to the term "gestalt level", which Rausch defined more precisely. His results leave their mark when I maintain: a beautiful city has purpose and meaning for both its citizens and its visitors. They can find their way around and enjoy the width and breadth of its structure, its expression and its meaning. Alongside many very individual preferences there are numerous general criteria which cause similar pleasure. Anything but irrelevant is the vast amount of researched criteria such as, say, how road accidents can be minimised. A beautiful city

lebens- und liebenswerten Vielfalt möglichst katastrophenfrei pulsiert: im Schauen, Hören, Schmecken, Riechen und – last, but not least – im Tun.

Schluss

Schwerpunkt meiner Ausführungen waren erkenntnistheoretische Grundlagen kritisch-realistischer Phänomenologie, die auch fürs Bauen, nicht zuletzt für eine schöne Stadt, von großer Bedeutung sind. Was immer ich Ihnen über konkrete Beiträge zur konkret „schönen Form" hätte berichten können: wenn es mir nicht gelungen sein sollte, auf Ihre „philosophische Ader" zu stoßen – Ihr Interesse an „Erkenntnistheorie", also an der Frage danach, was und wie wir die Wahrheit über die Welt, in der wir leben, und damit über uns selbst entdecken können –, dann wäre jede konkrete Mitteilung über phänomenal-physikalische Wechselwirkung von der Art „Wenn – dann" nur Übermittlung von Scheinwissen gewesen. Worauf es nämlich ankommt, ist Kritikfähigkeit, die immer wieder konkret in Aktion tretende Fähigkeit, zu erkennen, wann z. B. Presse, Funk und Fernsehen unter Berufung auf irgend jemanden wieder eine x-beliebige „neue Sau durchs Dorf treiben" (eine volkstümliche Wendung, die es mir angetan hat): ob sie nun Politik, Wirtschaft oder Bauwesen genannt wird. Wer den „kritischen Realismus" verinnerlicht hat, weiß zwar oft noch lange nicht, was da an einer Nachricht (oder an einem Bauwerk) nicht stimmt, dessen „trainierte Intuition" aber registriert zumindest ziemlich rasch, dass da etwas nicht stimmt. Wem dies dann zum Motiv wird, der Aufdeckung und der Verwirklichung des „Wahren, Guten, Schönen" immer besser zu dienen (dieses Motto muss keine Farce sein, mag es auch als Inschrift an manchen allzu bombastischen Fassaden allzu deplaziert wirken), hat gute Chancen beim Bemühen um eine „schöne Stadt".

is a place in which life, with all its lively and likeable aspects and with a minimum of risk to life and limb, can pulsate: in looking, hearing, tasting, inhaling and – last, but not least – in its action.

Conclusion

The central themes of my discourse were the epistemological fundaments of critical-realistic phenomenology which are of great importance in construction work, especially when it comes to building a beautiful city. Whatever concrete examples of concretely "beautiful structure" I could have presented to you: if I have not succeeded in hitting on your "philosophic nerve" – on your interest in epistemology and the subsequent question of how and why it is we can discover the truth about the world in which we live and thereby discover the truth about ourselves – then any concrete knowledge about the conveyance of the phenomenal-physical interaction of the sort "if – and then" would have been bogus and hypocritical. What really matters is the ability to criticise, the ever-recurring ability to recognise when anybody, e.g. the press, radio and/or television, referring to any old thing, "drives a new sow through the village" (a folklore expression which I have taken a fancy to!), whether it be in politics, economics or the building and construction industry.

Anyone who has taken "critical realism" to heart still does not really know what is incorrect in some news items (or in some buildings!), but his "trained intuition" at least registers quite quickly *that* something is incorrect. Whoever then takes this as a motivation to do his bit in uncovering and establishing "the true, the good, the beautiful" (this motto need not be a farce, even if it is applied quite inappropriately to one or the other bombastic façade) has a good chance of making his efforts worth while when it comes to the question of "a beautiful city".

Nachtrag zu: Die schöne Stadt
Gibt es das absolut Wahre, Gute und Schöne?

Hans-Jürgen P. Walter, Gestaltpsychologe

Die Diskussion spitzte sich zu auf die Alternative: Es gibt „absolute Schönheit" (und im Zweifelsfall müssen diejenigen, die sie kennen, alle übrigen dazu erziehen, diese und nichts anderes als schön zu akzeptieren) – „Absolute Schönheit" gibt es nicht (denn seit jeher schon war, was als schön empfunden wurde, ein relativer und also wandelbarer Sachverhalt).

In meinem Vortrag (den 20 Minuten begrenzten) gibt es zwar einige Bemerkungen, die zur Grundlage für eine angemessene Überwindung beider Extrempositionen hätten dienen können. Anscheinend waren sie aber nicht eindringlich genug, um Eingang in die Diskussion zu finden. Ich selbst habe wohl leider nur im Pressegespräch ergänzend dazu Stellung bezogen und mich während der Diskussion im Plenum auf eine Bemerkung gegenüber meinem Sitznachbarn, Herrn Prof. Werner, beschränkt. Deshalb will ich hier meine kritisch-realistische und gestalttheoretische Position noch einmal veranschaulichen.

Im Pressegespräch wies ich unter Verweis auf Karl DUNCKERs Aufsatz „Ethische Relativität? Eine Untersuchung der Psychologie der Ethik" darauf hin, dass jedenfalls die Auffassung, es gebe keine kulturübergreifenden menschlichen (Grund-)Werte, sich als erkenntnistheoretisch naiv erwiesen hat. Es zeigte sich nämlich, dass alle Begründungen genereller ethischer Relativität den Mangel aufwiesen, „konkrete Moral" als Vergleichsmaßstab heranzuziehen, nicht aber den „ethischen Wert", der der konkreten moralischen Interpretation zugrunde lag. Hier geht es also darum, die Abstraktionsebenen klar auseinanderzuhalten, auf denen – und, nicht weniger natürlich, zwischen denen – verglichen wird. Eines der Beispiele DUNCKERs ist die Versklavung von Farbigen, wie sie in

Appendix to: The Beautiful City
Is there such a thing as the absolutely true, good and beautiful?

Hans-Jürgen P. Walter, Gestalt Psychologist

Two alternatives became points of high interest in the course of the discussion: 1) there is such a thing as "absolute beauty" (and in case of doubt, those who are aware of it must educate everybody else to accept that this, and nothing else, is beautiful) – 2) there is no such thing as "absolute beauty" (because, since time immemorial, what was found to be beautiful was a relative and ever-changeable issue).

In my speech (the one limited to 20 minutes!) you will find a few remarks which would have served quite adequately in dealing with both extreme positions quite satisfactorily. However, they were apparently not convincing enough to find a place in the discussion. Unfortunately, I was restricted to giving a complementary view on the subject during the press conference and to limiting my comments to a remark to my neighbour, Professor Werner, during the discussion in the assembly. Therefore, I would now like to illustrate my critically realistic and gestalt theoretical position once again.

With reference to Karl DUNCKER's essay "Ethical Relativity? An enquiry into the psychology of ethics", I pointed out during the press conference that, whatever the case, the opinion that there are no human (basic) values which bridge the cultural gap proved itself to be epistemologically naïve. It was shown, you see, that any arguments about general ethical relativity showed the lack of being able to call on "concrete morals" as a benchmark, but not, however, on the "ethical value" which was the foundation of concrete moral interpretation. Here, therefore, it is a question of clearly separating the levels of abstraction by which – and, not less naturally, between which – comparisons are drawn. One of DUNCKER's examples is the enslavement of black people, as was once normal in the southern states of the USA. Here I cite DUNCKER literally (DUNCKER 2008, 70/71):

den Südstaaten der USA einmal selbstverständlich war. Hier zitiere ich jetzt wörtlich (DUNCKER 2008, 70/71): „Unsere These, daß ethische Bewertung auf Bedeutungen basiert, scheint sich nicht mit dem Prozeß des „Rationalisierens" zu vertragen. Auffällig ist der Sachverhalt, dass eine Gesinnung sogar, wenn sie ganz definitiv nicht von der „Bedeutung" ihres Gegenstands verursacht sein kann, sich dennoch diesen Anschein zu geben sucht. Je weniger ursächlich die in Frage stehende Bedeutung ist, desto mehr tendieren wir dazu, von Rationalisierung zu sprechen. Jetzt, wo eine bestimmte Bedeutung einem Gegenstand „aufgepfropft" worden ist, um jemandes Haltung eine ethische Rechtfertigung zu verleihen – man denke zum Beispiel an die Bedeutung eines Schwarzen als die eines Tieres oder eines minderwertigen Wesens, das von Gott dazu bestimmt ist, der weißen Rasse zu dienen –, scheint die Beziehung zwischen ethischem Wert und Bedeutung andersherum zu sein. Könnte es jedoch irgendeine größere Evidenz dafür geben, daß ethische Bewertungen an Bedeutungen festgemacht sind, als die von der Tatsache angebotene, daß passende Bedeutungen so unverzichtbar sind, daß sie sogar erfunden sein können? Wenn Rationalisierungen natürlich nichts als Versuche wären, andere glauben zu machen, was man selber nicht glaubt, sondern von dem man möchte, daß andere es glauben, um damit die Aufmerksamkeit vom wirklichen Motiv abzulenken – wenn dies die Regel wäre, wäre unser Argument nicht wasserdicht. Aber alles in allem stellt menschliche Argumentation immer wieder hinreichend plastisch unter Beweis, daß sie mit einem brauchbaren Gesichtspunkt aufwarten kann, der vor der Verlegenheit einer Verwicklung in Täuschungsmanöver bewahrt. Daher findet sich der wahre Grund, weshalb „hypocrisy is the tribute vice pays to virtue" (LAROCHE-FOUCAULD), in den invariablen Beziehungen zwischen ethischen Werten und Bedeutungen.[13]"

Die zugehörige *Fußnote 13* lautet: „Dies ist keine Rechtfertigung von Rationalisierung, die schließlich auf eine

"Our theory that ethical values are based on significance does not seem to be consistent with the process of "rationalisation". It is evident that sentiments which could definitely not have been caused by the "significance" of their object can nonetheless give the impression of being so. The less causative the significance in question, the more we tend to speak of rationalisation. Now, where special significance has been grafted on to an object in order to lend somebody's attitude ethical justification – just think, for example, of a black person being regarded as a dog or as an inferior being predestined by God to serve the white race – then the relationship between ethical value and significance seems to be the other way round. Could there be, however, some sort of greater evidence to prove that ethical values are of so much importance that they attach themselves to other values than to those offered for the simple reason that adequate significance is so indispensable that it needs to be invented? If rationalisation were, of course, nothing but an attempt to make others believe what one does not believe oneself, but were a means by which one would like others to believe in order to take the attention away from the true motive – if this were the rule, then our argument would not be water-tight. But all in all, human argumentation always proves tangibly that a useful point of view which protects us from the embarrassment of being caught up in a manoeuvre of deception can be quite satisfactory. That is why the true reason for "hypocrisy being the tribute vice pays to virtue (LAROCHE-FOUCAULD) can be found in the invariable relationship between ethical values and significance.[13]"

The appertaining *footnote 13* says: "This is not an argument in favour of rationalisation which in the end results in gross transgression of the boundaries of intellectual morality. Intellectual dishonesty, that so delicate a mixture of deliberate and non-deliberate blindness – in its three main structures: pertinent labelling, pertinent emphasis and pertinent separation from the true facts – has, as I understand it, caused more damage on its own than have all the other bad habits of this world put together.

grobe Verletzung der Grenzen intellektueller Redlichkeit hinausläuft. Intellektuelle Unredlichkeit, diese delikate Mischung aus ungewollter und gewollter Blindheit – in ihren drei Hauptformen: passende Etikettierung, passende Betonung und passende Abtrennung von Tatsachen –, hat, wie ich annehme, mehr Schaden angerichtet als alle anderen Untugenden zusammen."

Noch extremer können Beispiele DUNCKERs anmuten, in denen es um die „rituelle Selbstverständlichkeit" der Tötung alter Menschen in bestimmten Naturstämmen geht. So befremdlich uns diese „konkrete" Moral auch anmuten mag: Die Lebensumstände dieser Naturstämme lieferten viele Gründe dafür, hinter diesem (von den jeweils Betroffenen anerkannten) „Brauch" den auch für uns gültigen Wert der grundsätzlichen „Achtung menschlichen Lebens (und Überlebens)" zu erkennen.

Wie ich denke, wird nicht ohne Grund, vom „Wahren, Guten und Schönen" in einem Atemzug gesprochen. Die Grundlagen dieser Trias sind wahrscheinlich von ähnlicher „phänomenaler" Art. Deshalb jetzt zu einem Beispiel Max WERTHEIMERs für „Wahrheit" (1991, 53):
„Hier sitzt ein hungriges Kind; ihm gegenüber ein Mann, der ein kleines Haus baut und dem ein einziger Ziegelstein fehlt. Ich habe in der einen Hand ein Stück Brot, in der anderen einen Ziegelstein. Ich gebe dem hungrigen Kind den Ziegelstein und nehme das weiche Brot mit für den Mann. Hier haben wir zwei Situationen, zwei Systeme. Die Zuteilung ist blind gegenüber den Funktionen der Lückenfüllung.[7]"
Die zugehörige *Fußnote 7* lautet: „Oder es kann durch Verachtung verursacht sein. Es mag Menschen geben, die Verachtung positiv bewerten, aber das ändert nichts an der Tatsache, dass diese Zuteilung der Situation nicht gerecht wird."

Gegen dieses Beispiel als Beispiel für die grundsätzliche Erkennbarkeit des „Richtigen" ist (ohne seine „Wahrheit" in Zweifel zu ziehen) ins Feld geführt worden, es sei zu

Other examples DUNCKER gives, such as dealing with the "ritual normality" existent in some indigenous tribes of putting old people to death, are even more striking. As much as we may be moved by this "concrete" morality, the conditions under which these natural tribes existed proffer a good deal of grounds for our recognizing that behind this "custom" (acknowledged by the person concerned) there was the same basic "respect for human life (and survival)" as we know it today.

As I see it, "the true, the good and the beautiful" are not words uttered in one breath without a reason. The basis this threesome shares is most likely of a similar "phenomenal" sort. Therefore, let us now take an example of Max WERTHEIMER'S explanation of "Wahrheit" (Truth) (1991,53):
"Here sits a hungry child; opposite him a man building a small house. One brick is missing. I have a piece of bread in one hand, a clay brick in the other. I give the hungry child the brick and take the soft bread and give it to the man. Here we have two situations, two systems. The distribution is dim-witted in face of the functions of filling a gap.[7]"

The appertaining *footnote 7* says: "… or it can be caused by contempt. There are people who evaluate contempt positively, but that does not alter the fact that the above allocation is of no help when coping with the situation."
As an argument against this example being an example of the intrinsic recognition of the "correct" thing to do (without thereby doubting the "truth" of the matter), it has been put forward that this example is far too simple as to be able to prove the existence of "absolute truth". This argument is quite illogical for the simple reason that one single piece of evidence – plain as it may be – does actually prove the existence of the case in hand. That there are certain conditions under which this case hardly seems provable without a doubt – because of its complexity, which goes beyond our comprehension, or even because of our chronic (or ideological) bias or "rationalized" improbity, caused perhaps by the "Zeitgeist" – is another thing. To mention the latter: the human being is

einfach, um die Existenz „absoluter Wahrheit" zu belegen. Dieses Argument ist schlicht deshalb unlogisch, weil ein einziger Beweis – und sei er noch so schlicht – nun einmal die Existenz eines Sachverhalts beweist. Dass es Umstände gibt, unter denen dieser Sachverhalt kaum eindeutig ermittelbar erscheint – ihrer unser Begriffsvermögen übersteigenden Vielschichtigkeit wegen oder auch nur wegen chronischer (evtl. dem „Zeitgeist" geschuldeter – ideologischer –) Voreingenommenheit oder „rationalisierter" Unredlichkeit, ist ein anderes Problem. Zu letzterem: Der Mensch ist nicht nur prinzipiell zum Erkennen von Wahrheit befähigt, sondern, womit sich insbesondere Sigmund FREUD beschäftigt hat (aber auch DUNCKER, s.o.), auch zu erstaunlichen Rationalisierungsleistungen, die der Vermeidung dienen, Wahrheit zu erkennen – nicht zuletzt im Interesse ganz privater Vorteile.

Rechtfertigungen der Relativität von „Wahrheit" gipfeln gelegentlich in der dümmlichen Behauptung, man könne nicht sagen, bei der Aussage, es regne, handele es sich um eine unumstößliche Wahrheit, weil ja schon ein paar Kilometer entfernt oder am nächsten Tag die Sonne scheinen könne. Was jeweils „die Wahrheit" ist, ist nun einmal von Zeit und Raum – nicht zu vergessen: von der Lichtgeschwindigkeit – abhängig. Und in diesem Sinne natürlich allemal: relativ.
Ob wahr, ob gut, ob schön: Wir haben nur phänomenale Kriterien. So kann „absolut" in diesem Zusammenhang nur bedeuten, dass Kriterien – zumindest prinzipiell (ein Problem des Abstraktionsniveaus und der Logik) – von allen Menschen geteilt werden (überindividueller Natur sind). Auch die Werte, die im „Neuen Testament" vertreten werden, können, wissenschaftlich betrachtet, nur als „diesseitige" (phänomenale) Werte angesehen werden; ob sie „absolut" im definierten Sinne (also nicht nur für den Christen) sind, ist eine Frage der phänomenologischen Empirie.

Das Kriegerdenkmal auf dem Marktplatz in Biedenkopf (Photo unten), das die Grünen-Fraktion in der Stadtver-

not only principally capable of recognizing the truth, but also of building up an astounding capacity of rationalism which serves to avoid recognizing the truth, sometimes to his own quite personal advantage – something that particularly Sigmund FREUD (but also DUNCKER, pls. see above) investigated closely.

Justifying the relativity of "truth" can sometimes culminate, for example, in the rather stupid assertion that when one says "it is raining" one cannot say that that is an irrefutable truth, because a few kilometres further on, or the next day, the sun could be shining. What the "truth" is in each case is dependent on time and place – not to forget the speed of light! And in this case once and for all: relative.
Whether true, whether good, whether beautiful: we have only phenomenal qualities to hand. Thus the word "absolute" in this connection can only mean that criteria – at least principally (a problem of the abstraction level and logistics) – are shared by everyone (are of a supraindividual nature). Even the values recognised in the New Testament can, if regarded scientifically, only be regarded as "temporal" (phenomenal) values; whether they are "absolute" in the defined sense of the word (that is, not only for Christians), is a question of phenomenal empiricism.

The war memorial in the market square of Biedenkopf (photo below) which the Green faction of the town councillors once wanted to have removed – is it beautiful? (Are garden gnomes, which were also a matter of discussion at the assembly, beautiful?) And this reminds me: the real meaning of this question is "I don't want it!"; beautiful or not beautiful is to me not the point at all, but: is it right or not right for this monument, which is a witness of the past, to be standing there, or not? I think it is right, completely independent of the question as to whether it was right to build it at the time it was built, or not – and also, quite independent from the question whether I am in favour of what it represents, or not. Real learning (in contrast to humdrum learning off by heart or functional learning) is

ordnetenversammlung einmal beseitigen wollte – ist es schön? (Sind Gartenzwerge, von denen auch auf der Tagung die Rede war, schön?) Dazu fällt mir ein: Hier kommt etwas zum Ausdruck, das ich nicht will, schön oder nicht schön ist da für mich gar nicht die Frage, sondern: Ist es richtig oder nicht richtig, dass dieses Vergangenheit bezeugende Denkmal dasteht oder nicht? Ich finde es richtig, ganz unabhängig von der Frage, ob es zu der Zeit, als es gebaut wurde, richtig war, es zu bauen, oder nicht – und auch unabhängig davon, ob ich das, was da zum Ausdruck kommt, will oder nicht will. Wirkliches Lernen (im Unterschied zu stumpfsinnigem Auswendig- oder Funktionslernen) ist immer ein dynamischer Vorgang im Rahmen einer Zeitperpektive, einer Vergangenheits-, Gegenwarts- und Zukunftsperspektive. Denkmäler der Vergangenheit sind – richtig verstanden und genutzt – Anstöße, sich selbst, das eigene Streben und Tun in einem historischen Bezug wahrzunehmen und zu überprüfen und so daraus zu lernen.

Das Denkmal auf dem Biedenkopfer Marktplatz ist eine allegorische Versteinerung des Liedes „Ich hatt einen Kameraden". Es wird noch heute am Volkstrauertag (auch „Heldengedenktag" genannt) von um ihre „Gefallenen" Trauernden inbrünstig gesungen. Falsch an der Trauer, die es zum Ausdruck bringt, kann nur die Ergebenheit in ein vermeintlich unabwendbares und über alle Zweifel am Sinn erhabenes Schicksal sein. Das Denkmal sagt etwas über die unmittelbar vom Leid des Kriegs Betroffenen aus in der Stadt, in der es steht. Das legitimiert es. Was aber wäre, wenn es sich bei dem Denkmal in Biedenkopf um eine steinerne Verherrlichung des Holocaust handeln würde? Darauf komme ich, weil ich mich fragte, ob ich unter allen Umständen für das Verbleiben eines Denkmals an seinem ursprünglichen Ort wäre. Nein, in diesem Fall hätte das Denkmal nach Auschwitz abtransportiert werden müssen, weil nur dort seine Ungeheuerlichkeit den angemessenen Rahmen fände.
…

always a dynamic procedure within the framework of a time perspective, a past, present, or future perspective. Memorials of the past are – if rightly understood and used – an impetus to perceive, check and appreciate oneself and one's own quests and actions in a historic framework.

The monument in the market square in Biedenkopf is an allegorical petrifaction of the song "I had a comrade". It is still sung with gusto on Remembrance Day (also called "Heroes' Day") by those mourning for their war victims. The only thing wrong with the mourning it embodies can only be the submissiveness to a supposedly inevitable fate which surpasses any doubt about its meaning. The monument says something about those local people of the town in which it stands who are suffering from the effects of the war. They are its only credentials. What, though, if the monument in

Erfolgreich können nicht nur sehr kluge Menschen sein, sondern auch sehr dumme (nicht im Sinne von gängigen Intelligenztests – die sind in diesem Zusammenhang ziemlich irrelevant); deren Erfolg scheint mehr in effektiven oder gar effizienten (von einem guten IQ begünstigten) Rationalisierungsstrategien zu bestehen als in vorbehaltlosem Streben nach Wahrem, Gutem, Schönem. Die geschichtliche Bedeutung dieser triadischen Zusammenfassung menschlichen Strebens erschließt sich nicht zuletzt in der Entdeckung irrwitzig verblendeter Ideologien, für die die alte, gleichwohl allzu kurzschlüssige Lebensweisheit „mens sana in corpore sano" beispielhaft ist. Wenn hier von Bauwerken statt vom menschlichen Körpern die Rede wäre, ließe sich darin vielleicht immerhin ein wenig Wahrheit entdecken. Ich bin aber nicht einmal sicher, ob in der *Marburger Elisabethkirche*, die ich sehr im Unterschied zum *Kölner Dom* außerordentlich schön anzusehen finde, sich wirklich auch allein „das Gute" manifestiert. Unter welchen Bedingungen lebten die Bauarbeiter? Vielleicht ist ja auch sie nur Ausdruck einer „wahnsinnigen" und am Ende verderblichen Illusion, von der ich mich noch nicht zu befreien vermochte. Was für den einen *der Gartenzwerg* ist, könnte für mich *die Elisabethkirche* sein.

Ich kann jedenfalls – auch mit der Gestalttheorie der Berliner Schule im Rücken – nicht für ein absolutes Apriori-Wissen über das, was richtig (schön, wahr, gut) und im Zweifelsfall (wie von einem Referenten während der Tagung behauptet) zu verordnen sei, plädieren. Genausowenig aber für die Behauptung, es gebe keine absoluten Kriterien für dieses Richtige. Hier ist der Abstraktionsgrad entscheidend. Den höchsten Abstraktionsgrad der (uns offenbar möglichen) Beschreibung des Richtigen mit konkret Richtigem zu verwirklichen, ist die (menschlich betrachtet) u. U. erst im Unendlichen sich klärende Problemstellung.

Ich weiß eigentlich nur eines: Man kann etwas dafür tun, das „Wahre, (das) Gute und (das) Schöne" zu erkennen.

Biedenkopf were only a stone glorification of the Holocaust? I ask this, because I also asked myself whether I would still be in agreement with a monument remaining in its original place no matter what the reason for its being there was. No! In that case the monument would have had to be transported to Auschwitz, because only there would it have found the appropriate surroundings for the abominations it represented.

Not only clever people can be successful, but so can very stupid people (not stupid in the sense of established IQ tests – they are quite irrelevant in this case); it seems to me that their success consists of effective or even efficient (and favoured by a good IQ) rationalization strategies, rather than of an unconditional pursuit of the true, the good and the beautiful. The historic meaning of this triad synopsis of human pursuit reveals itself not least in the discovery of madly blinded ideologies, of which the old and inconclusive maxim "mens sana in corpore sano" is an example. If building constructions and not the human body had been meant, at least a slight bit of truth may have been found in the statement. I am, however, not so sure whether "the good" really manifests itself in the Church of St. Elisabeth in Marburg – which, by the way, in contrast to Cologne Cathedral, I find extremely beautiful to look at. Under what conditions did the builders live? Perhaps this church is also only an expression of a "mad" and in the end pernicious illusion, a feeling which I have not been able to fend off as yet. What the dwarf is for one, could be the Church of St. Elisabeth for me.

In any case – even with the gestalt theory of the Berlin school at the back of me – I cannot advocate absolute *a priori* knowledge about what is right (beautiful, true, good) or not, and in the case of doubt (as was suggested by one of the speakers during the conference) decide what the remedy is. Just as much, or little, can I plead for the allegation that there are no absolute criteria for this "right". This is decided by the degree of abstraction.

Es lassen sich Kriterien – wenn auch zunächst nur auf hohem Abstraktionsniveau – benennen. Bei der konkreten Umsetzung kann man sich irren. Ist, weil das so ist, alles relativ? Nein! Das Absolute lässt sich nicht in Erbpacht nehmen. Wen das so sehr fuchst, dass er deshalb vom Absoluten gar nichts mehr wissen will, der verhält sich wie jemand, der Rechnen und Schreiben lernen möchte und deshalb den Schullehrer fragt, ob er nach der Ausbildung fehlerfrei Rechnen und Schreiben könne. Als der Lehrer ihm sagt, er könne zwar nach der Schulausbildung sicher Rechnen und Schreiben, aber er werde zweifellos immer mal wieder auf für ihn nicht lösbare Rechenprobleme stoßen oder sich schlicht verrechnen und Fehler beim Schreiben machen, wendet er sich trotzig ab und sagt: Dann lerne ich garnichts und behaupte von jetzt an, dass es „das Richtige" nicht gibt, alles beliebig und „gleichgültig" ist. Auf diesem Logik-Niveau wandeln die „absoluten Relativisten". Und so präsentiert sich, wie mir scheint, „fröhliche Wissenschaft" heute vielfach. Hauptsache, es reicht für eine „Eintagsmeldung" der dpa. Von einer Evolution in Richtung wachsender Befähigung (und Bereitschaft), das Richtige zu erkennen und zu tun, kann ich jedenfalls nichts erkennen.

...

Nun habe ich hoffentlich schon deutlich genug dem Eindruck entgegengewirkt, beim Wahren, Guten und Schönen handele es sich im Grunde immer um dasselbe. Ich habe nur behauptet, dass es sich bei der Bewertung wahrscheinlich um vergleichbare phänomenale Kriterien handelt. In dem bisher Gesagten steckt aber schon, dass es sich dabei zwar auch einmal um ein- und dasselbe handeln, dass sich aber im Konkreten ebenso schwerwiegende Widersprüche und Interessensgegensätze ergeben können. Was ist, wenn sich das Schöne nur durch Schinderei Abhängiger verwirklichen lässt? So muss diese Trias – so bedauerlich ich das auch finde – in ihrer Wertigkeit (als Vereinigung von nicht Gleichwertigem) eingeschränkt und schließlich der Frage nach dem „Richtigen" untergeordnet werden! Obwohl dieses „Richtige" wohl

To substantiate clearly the highest degree of abstraction of the (to us apparently possible) description of what is "right" with concrete correctness is probably the only tenable (humanly perceived) solution to the problem.

One thing I do know: one can at least make an effort to recognize "the true, the good and the beautiful". Criteria can be specified – if only at first at a high level of abstraction. When putting them into practice, one can err. Is everything relative, just because it is said to be? No! There is no leasehold on absoluteness. Whoever that may annoy to the extent that he no longer wants to know about the absolute behaves like someone who wants to learn how to read and write and asks his teacher whether he will be able to read and write when he has finished his apprenticeship. When the teacher tells him that after his schooling he will surely be able to read and write, but will doubtlessly come up against problems which he cannot solve, or perhaps make spelling mistakes when writing, he then turns away in a huff and says: "Then I won't learn anything at all and maintain from now on that there is no such thing as "right" and that everything is what you want it to be." This is the level of thinking that "absolute relativists" move on. And thus, I surmise, we are often presented with "joyful science". As long as it gets into the dpa's headlines, then everything is all right. I, at least, cannot recognize that there is any kind of development in the direction of growing competence (and willingness) to recognize and to do what is right.

I hope, now, that I have adequately counteracted the impression that when handling the true, the good and the beautiful we are always talking about the same thing. All I have done is to suggest that any evaluation is probably based on similar comparable phenomenal criteria. From what has already been said it is evident that one and the same matter is being handled, but that in the end we finish up with exactly the same sort of gross contradictions and interesting contrasts. Supposing beauty were only to be attained by the rough going of addicts. Then this triad –

auch sehr hässlich sein kann. Statt ein Schloss für 10, die schon ein schönes Haus hatten, tausend schäbige Hütten für 10 000 Obdachlose? Das Schöne – per definitionem – nicht, allein das Gute kann wie das Wahre auch ziemlich hässlich sein. So relativ ist „die Wahrheit".

Und sich als Archotekt allein dem Schönen zu verpflichten, kann wohl leicht in einen „Pakt mit dem Teufel" ausarten. Der aber hat keine Hemmschwelle gegenüber dem „absolut Hässlichen", das manche Reiche (wie an vielen jüngeren Fabrikgebäuden besichtigt werden kann) bevorzugen, weil es profitabler ist.

Abschließend noch einmal provokativ: Das Absolute ist stets relativ! Dieser richtige Satz scheint allzuviele auch akademisch und wissenschaftlich Gebildete zu einem Missverständnis zu verleiten, indem sie ihn als Widerspruch in sich auffassen und schließen: „Aha, dann gibt es also das Absolute gar nicht wirklich und *alles* ist relativ" – wobei die ursprünglich intelligente Bedeutung von „relativ" zur – in diesem Zusammenhang (dieser Relation) – dümmlichen Bedeutung von „beliebig" degeneriert. Das Absolute aber erweist sich gerade dadurch als absolut, dass es keine Blindheit gegenüber wechselnden Umgebungsbedingungen in Raum und Zeit (Höhe, Tiefe, Breite einerseits und geschichtlichen Abläufen überindividuellen wie individuellen Werdens andererseits) toleriert. Das verurteilt uns alle natürlich immer wieder mal zu absoluter Überforderung. Ich bin sicher, dass es von absolutem Wert ist, sich diesem Urteil vorbehaltlos zu unterwerfen.

as pitiably as I find it – would be limited in its value (as a group of non-equals) and would in the end be subservient to the question about "correctness" – even though what is "right" can be very ugly. Instead of a castle for ten people who already had a beautiful home, thousands of miserable huts for 10,000 homeless? Not beauty – *per definitionem* – but what is good can be just as ugly as what is true. That is how relative "truth" can be.

If an architect were only to commit himself to beauty, it would amount to as much as having a "pact with the devil". He, though, has no inhibition threshold as far as "absolute ugliness" is concerned which many a rich man (as can be seen when looking at young factory buildings) prefers simply because it is more profitable.

To finish on a provocative note: absolute is always relative! This correct sentence seems to lead even academically and scientifically learned people to a misunderstanding insofar as they understand the statement as being contradictory in itself and end by saying: "Oh! Then nothing is really absolute and everything is relative" – whereby the original intelligent meaning of "relative" – in this connection (relationship) – leads to a degeneration of the word to make it mean "as you like". Absoluteness proves itself to be absolute just by refusing to tolerate blindness to changing environmental conditions in space and time (height, depth, width on the one hand and the historic course of both supraindividual and individual emergeance on the other). That condemns all of us, of course, to always being absolutely mentally overloaded. I am sure that agreeing to this verdict implicitly is of absolute value.

Literatur/Literature

> DUNCKER, Karl (published 2008): Erscheinung und Erkenntnis des Menschlichen. Essays 1927–1940. Published and commented on by Helmut BOEGE and Hans-Jürgen P. WALTER. Vienna: Krammer.

> DUNCKER, Karl (1939, translated into German 2003): Ethische Relativität? Eine Untersuchung über die Psychologie der Ethik. Gestalt Theory 25, No. 1/2, 33-52 and in: Karl DUNCKER (2008). Ethical Relativity? An enquiry into the psychology of ethics. In: Mind 48, p. 39-57 (German Translation appeared in Gestalt Theory 25, 1/2-2003, p. 33-52)

> DUNCKER, Karl. (1941/2, translated into German 2002): Über Lust, Emotion und Streben. Gestalt Theory 24, No. 2, 75-116 and in: Karl DUNCKER (appears 2008).

> GRAEFE, Otto (1963): Versuche über visuelle Wahrnehmung im Säuglingsalter. Psychol. Forschg. 27.

> LAUCKEN, Uwe (2006): Wie kann man der Willensfreiheit den Garaus machen? Argumentationsrezepte für Neurowissenschaftler (und einige Preise, die das Befolgen kostet). Gestalt Theory 28, Heft 1/2, 61-97; included in BOUDEWIJNSE, Geert-Jan (Hg., 2006): Das mentale Paradoxon. Wien: Krammer.

> LAUCKEN, Uwe (2007): Varianten der Vergegenständlichung des Menschen: Klare Unterscheidungen für klare Entscheidungen. In: Jörg HEIN u. Karl Otto HENTZE (Hg.): Das Unbehagen in der (Psychotherapie-) Kultur. Sinnverstehende Traditionen – Grundlagen und Perspektiven. Bonn: Deutscher Psychologen Verlag.

> METZGER, Wolfgang (1975, 3., completely revised edition): Gesetze des Sehens. Die Lehre vom Sehen der Formen und Dinge des Raumes und der Bewegung. Frankfurt: Waldemar Kramer.

> METZGER, Wolfgang (2001, 6.): Psychologie. Die Entwicklung ihrer Grundannahmen seit der Einführung des Experiments. Wien: Krammer.

> RAUSCH, Edwin. (1966) Das Eigenschaftsproblem in der Gestalttheorie der Wahrnehmung. In: W. METZGER (Hg.): Wahrnehmung und Bewusstsein. Handb. d. Psychologie, Bd. 1/1. Göttingen (Hogrefe), 866-953.

> THOLEY, Paul (1980): Erkenntnistheoretische und systemtheoretische Grundlagen der Sensumotorik aus gestalttheoretischer Sicht. Sportwissenschaft 10, 7-35.

> WALTER, Hans-Jürgen P. (1994): Gestalttheorie und Psychotherapie. Ein Beitrag zur integrativen Anwendung von Gestalt-Therapie, Psychodrama, Gesprächstherapie, Tiefenpsychologie, Verhaltenstherapie und Gruppendynamik. Opladen (Westdeutscher Verlag).

> WALTER, Hans-Jürgen (2003): „Man kann einen Unterschied nicht töten" – Zum 100. Geburtstag Karl Dunckers. Gestalt Theory 25, No.1/2 and in: Karl DUNCKER (appears 2008).

> WERTHEIMER, Max (1923): Untersuchungen zur Lehre von der Gestalt". Psychol. Forschg, 300-350.

> WERTHEIMER, Max (1991): Zur Gestaltpsychologie menschlicher Werte. Published and commented on by Hans-Jürgen P. WALTER; with a foreword by Albert EINSTEIN and a biographical contribution by Michael WERTHEIMER. Opladen (Westdeutscher Verlag)

> WERTHEIMER, Max (1991a): Über Wahrheit. In: Max WERTHEIMER (1991); Original (1934): On truth. Social Research 1, 135-146.

> WERTHEIMER, Max (1991b): Einige Probleme in der Theorie der Ethik. In: Max WERTHEIMER (1991); Original (1935): Some problems in the theory of ethics. Social Research 2, 353-367.

> WERTHEIMER, Max (1991c): Eine Geschichte dreier Tage. In: Max WERTHEIMER (1991); Original (1940).: A story of three days. In: R. N. ANSHEN (Ed.): Freedom: Its meaning. New York (Harcourt, Brace), 55-569.

> WERTHEIMER, Max (1991d): Zum Demokratiebegriff. In: Max WERTHEIMER (1991); Original (1937): On the concept of democracy. In: M. ASCOLI; F. LEHMANN (Eds.): Political and economic democracy. New York, 271-283.

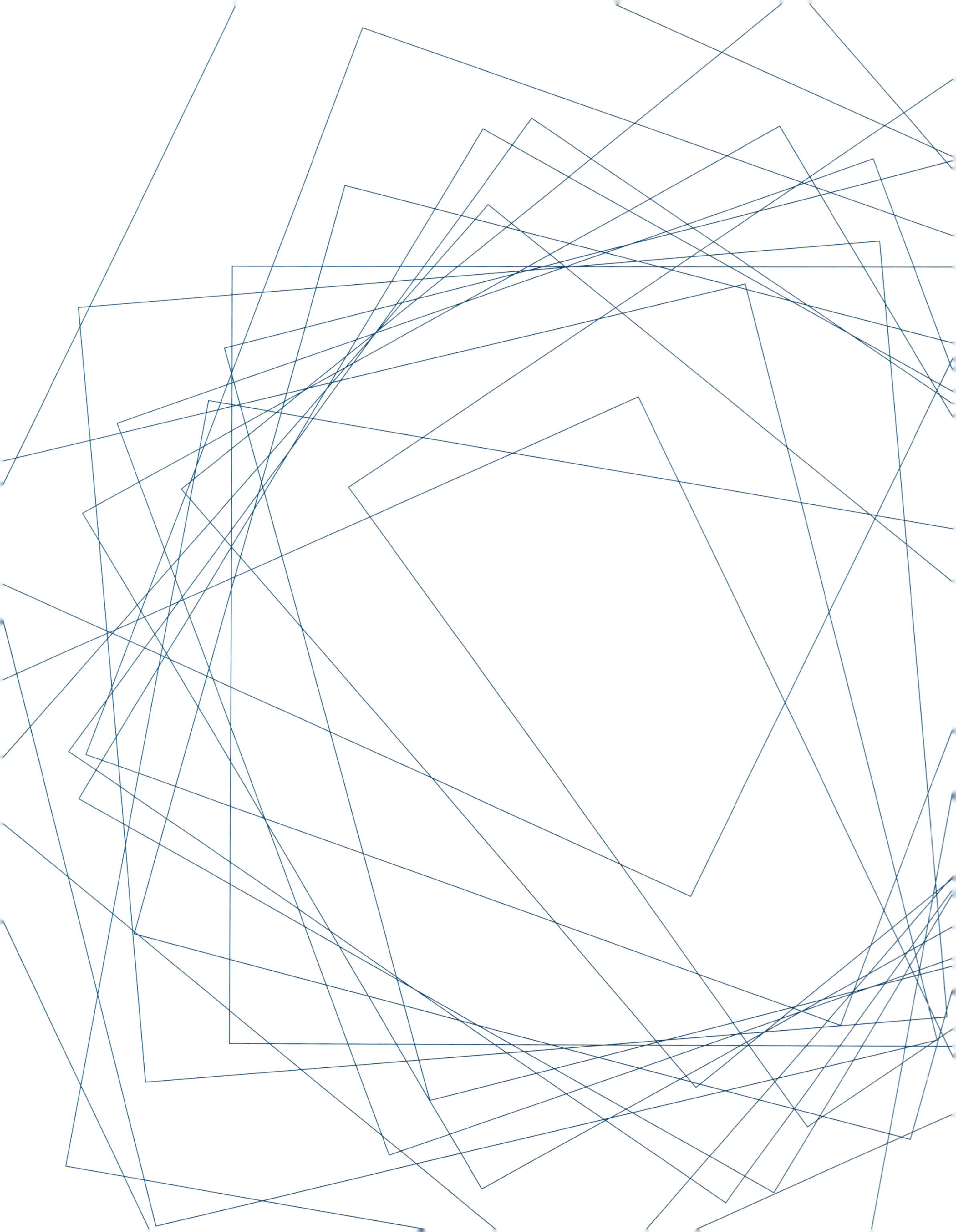

Stadterfahrung(en)

Ben Rodenhäuser, Zukunftsforscher

Wer nach der schönen Stadt fragt, sieht sich mit einem mächtigen Bild konfrontiert. Was sehen wir vor unserem inneren Auge? Wir sehen wohl, das vermute ich und stelle es zumindest bei mir selbst fest, eine kompakte Stadt mit einer klaren Kante, die historische europäische Stadt, dicht, auf ein Zentrum hin angelegt, mit für alle zugänglichen öffentlichen Räumen und Grünflächen, die zum Verweilen einladen. Wir sehen freundliche Straßencafés und Altstadtfassaden, belebte Fußgängerzonen und betriebsame Marktplätze. Wir sehen eine saubere, sichere Stadt, in der Recht und Ordnung herrschen.

Mit einem Wort: Wir sehen einen idealisierten Stadttypus, den es in dieser reinen Form vermutlich nie gegeben hat. Wir sehen etwas, was dem „Mythos der Alten Stadt", um eine Formulierung von Tom Sieverts aufzugreifen, stark ähnelt. Wir sehen, so Sieverts, ein „geliebtes Bild, das wir im Boom des Städtetourismus immer wieder aufsuchen", das aktiv zu reproduzieren gleichwohl heute, so Sieverts, „zum Scheitern verurteilt" ist.

Unsere Bilder von der schönen Stadt, zu dieser Vermutung gibt Sieverts Feststellung Anlass, sind nicht mehr im Einklang mit der Art und Weise, wie wir heute in Städten leben. Dieser Vermutung möchte ich im Folgenden nachgehen und dabei von der Frage ausgehen: Was heißt es eigentlich in einer Stadt zu leben, eine Stadt als Stadt zu erfahren?

Eine erste Antwort gibt die Stadtsoziologie. Die Stadt ist, nach einer Formulierung Richard Sennetts, „eine menschliche Ansiedlung, in der die Wahrscheinlichkeit besteht, dass Menschen sich als Fremde begegnen." Armin Nassehi geht noch ein Stück weiter, wenn er sagt, „urbane Sozialformen" seien „konstitutiv darauf angewiesen, dass sich hier Menschen als Fremde begegnen

Experiencing a City

Ben Rodenhäuser, Futurist Researcher

If we deliberate on the subject of a beautiful city, we find ourselves confronted with a huge mental picture. What is it we see in our mind's eye? I reckon we see a clearly defined compact town, the historic European town seething with life, structurally straining towards a town centre, with open spaces and green areas for public use which invite us to linger for a while. We see friendly street cafés and the façades of the old part of the town, busy pedestrian zones and bustling market places. We see a clean, safe city in which there is law and order.

In a nutshell: we see an idealised type of city, the likes of which have probably never existed. We see something which strongly resembles the "myth of the old city" – to use one of Tom Sieverts's sayings. We see, says Sieverts, a "beloved image which we repeatedly visit during the boom of city tourism", the active reproduction of which, according to Sieverts, "would be doomed to failure".

Sieverts gives reason to believe that our idea of a beautiful city has nothing to do with the way in which we live in our cities these days. I would like to go into this a little more deeply in the following, beginning with the question: what is it actually like to live in a city, to experience a city as the city it is?

Urban sociology provides the first answer. The city is, according to a phrase by Richard Sennett, "a settlement of human beings in which people are relative strangers to each other." Armin Nassehi goes a step further when he says: "Urban social forms" are "essentially dependant on people being strangers to each other and being sure that they remain so."

According to Nassehi, "all you have to do is imagine that you were personally acquainted with the bus driver who takes you

und dass sie sich darauf verlassen können, Fremde unter Fremden bleiben zu können".

„Man muss sich nur vorstellen", so Nassehi, „man müsste den Busfahrer persönlich kennen, der uns in die Stadt fährt, man wäre dem Notarzt bekannt, der uns vielleicht nach einem Unfall abholen wird, der Müllmann müsste sich uns persönlich vorstellen, wenn er die Tonne leert".

Urbanität ist die Erfahrung von Fremdsein und Fremdbleiben.

Pointiert lässt sich also sagen: Urbanität ist die Erfahrung von Fremdsein und Fremdbleiben. Diese Beobachtung kann vieles von dem, was städtisches Leben auszeichnet, erklären. Sie erklärt zum Beispiel, warum wir uns als Städter bestimmte, sehr bemerkenswerte Sozialtechniken angeeignet haben – warum wir so versiert darin sind, unser städtisches Gegenüber auf engstem Raum nicht zu bemerken oder gekonnt zu ignorieren. Warum wir uns so gut darauf verstehen, im städtischen Treiben distanziert miteinander umzugehen. Warum uns die Blasiertheit, von der Georg Simmel gesprochen hat, so sehr in Fleisch und Blut übergegangen ist.

Raumverhältnis
Als Ort der Fremdheit ist die Stadt ein Produkt der Moderne. Ihr Gegenstück bildet die dörfliche Erfahrungswelt, in der uns der Andere nicht als Fremder, sondern als Nachbar begegnet, der uns immer schon vertraut ist. Aus dieser Welt tritt der Städter historisch heraus, mit dieser Welt bricht er – und deshalb sind die Stadt und das Städtische so eng mit der Heraufkunft der Moderne verbunden. In der Stadt entsteht eine Gesellschaft, die bewusst mit Traditionen und traditionellen Sozialformen bricht – und dieser

into town, that the doctor on emergency call were a friend and took you home after your accident, or that the dustman chatted to you each time he came to collect the dustbin."

We could, on the other hand, say in a more pointed way: urbanization is the experience of being and staying a stranger. To a certain degree this observation can explain much of what urban life is. It explains, for example, why we townspeople have acquired certain very strange social techniques – why we are so well versed in not recognising our next-door neighbour at close quarters, or even in ignoring him completely; why we have learnt to be so distant to each other in the hubbub of town life; why our blasé attitude, as Georg Simmel put it, has become second nature to us.

The relativity of space
As a place of reservedness, the city is a product of modern thinking. Its opposite is the village world of familiarity in which the other person does not face us as a stranger, but as a neighbour whose little ways are familiar. It is out of this type of world that the townsman has evolved through time, it is this country world he has broken away from – and that is why the city, with its urban way of life, is so closely knit to the rise of the modern age. Society has established itself in the city which has consciously broken with traditions and traditionally social forms – and this break has only been able to happen under urban conditions which allow for foreignness and in so doing restrict the possibilities of social control.

Urbanization is the experience of being and staying a stranger.

The modern age has, however, not only broken with old traditions, has not only rid itself of old institutions, but has also created new ones. The city once formed a stable casing

Bruch konnte sich wohl nur unter den Bedingungen der Stadt vollziehen, die Fremdheit ermöglicht und dadurch die Möglichkeiten sozialer Kontrolle einschränkt.

Die Moderne hat allerdings nicht nur mit dem Alten gebrochen, sie hat nicht nur alte Institutionen abgeschafft, sondern sie hat auch neue geschaffen. Die Stadt bildete ein stabiles Gehäuse, in dessen Rahmen sich modernes Leben entfalten konnte und sollte. Heute macht jedoch diese bürgerliche oder „organisierte" Moderne einer beweglicheren, instabilen und heterogeneren Ausprägung von Modernität Platz, einer „flüchtigen", oder „flüssigen Moderne", wie Soziologen sie genannt haben.

Viele zeitgenössische Beobachter nehmen einen Bruch in der Moderne, wenn nicht sogar einen Bruch mit der Moderne wahr, der ausgelöst wird etwa durch das Aufbrechen familiärer Bindungen, eine zunehmende Vielfalt von Lebensformen, die Auflösung bürgerlicher Ideale und eine übersteigerte Beschleunigung des Lebens. So und ähnlich lauten die Befunde, die in einer Vielzahl von Zeitdiagnosen formuliert werden.

Diese Entwicklungen betreffen auch die Stadt und verändern das Bild des Städtischen. Insbesondere wandelt sich aufgrund veränderter Lebensmuster unser Verhältnis zum Raum. Die Tatsache, dass wir in der Wahl unserer Lebens- und Alltagsorte immer ungebundener, immer mobiler sind, führt zu einem neuen Umgang mit der physischen Welt, zu neuen Bewegungsmustern und Alltagsroutinen.

In ihrer Analyse eines Stadtentwicklungsprojektes in der Tübinger Südstadt hat die Soziologin Katharina Manderscheid diese Veränderungen herausgearbeitet und klar benannt, dass „die der städtebaulichen Konzeption (des Projektes Südstadt) unterliegende Annahme, die Menschen würden in dem Quartier, in dem ihre Wohnung liegt, (auch) leben, (heute) problematisch geworden ist".

within the framework of which modern life was able and was urged to unfold its wings. These days, however, the middle-class or "organised" modern age makes way for a more mobile, unstable and heterogeneous expression of modernity – a "fleeting" or "liquid modern age", as sociologists have called it.

Many contemporary observers are conscious of a break in modern age, if not even of a break with the modern age, which is created by severing family ties, by an increase in the varieties of lifestyle, by casting aside bourgeois ideals and by a vast increase in the speed of life. Such and similar are the results which have been formulated in a multitude of diagnoses of our time.

These developments also apply to the city and change the picture of urban life, and our relationship to open spaces changes on account of a changed pattern of living. The fact that we are more fancy-free and mobile when it comes to choosing where we live and what we do daily leads to a new way of handling the physical world, leads to new patterns of movement and daily routine.

In her analysis of a town development project in the south of Tübingen, the sociologist, Katharina Manderscheid, elaborated on and clearly analysed the changes of this kind as being based on "the presumption underlying any town planning conception that people would live in the area in which they had built their houses", a presumption which has now become problematic.

Why so? These days we do not live in unquestionably familiar surroundings, but construct our own world in widely branching, socially open structures in which that which is near can be far away and that which is far away can be near – a development that can only be described as a transition from containerised surroundings, which shut us in, to a network of spaces, which we only acquire after having passed through different phases of our lives. Studies

Woran liegt das? Wir sind heute nicht mehr von einem fraglos gegebenen, uns vertrauten Nahraum umgeben, sondern erschließen uns die Welt in weit verzweigten sozialräumlichen Strukturen, in denen das Nahe fern und das Ferne nah sein kann – eine Entwicklung, die sich als Übergang vom Containerraum, der uns umschließt, zum Netzwerkraum, den wir erst durch unsere Lebensvollzüge erzeugen, beschreiben lässt. Studien, die sich mit dem Raumverhältnis von Kindern und Jugendlichen beschäftigen, illustrieren diesen Befund eindrucksvoll.

Kinder kennen heute – so berichtet die Raumsoziologin Martina Löw – einzelne Räume, die „über die Stadt verteilt liegen". Sie lernen die eigene Wohnung kennen, den Kindergarten, später die Schule, die Musikschule, den Sportverein oder auch profane, „unkindliche" Orte wie den Supermarkt. Auch Orte, die jenseits der Stadt liegen, spielen eine Rolle, etwa Urlaubsorte oder der Ort, an dem die Großeltern leben. Kinder erfahren also Raum als „aus einzelnen separaten Stücken bestehend, die wie Inseln in einem größeren Gesamtraum verstreut sind, der als ganzer bedeutungslos und weitgehend unerkannt bleibt. (…) Eltern transportieren die Kinder von einer Insel zur anderen. (…) Das eigene Wohnumfeld jedoch bleibt vielen Kindern fremd."
Das Raumverhältnis, das hier beschrieben wird, wird Ihnen möglicherweise vertraut erscheinen und das hat einen einfachen Grund: Es beschreibt nicht nur, wie Kinder sich auf Räume beziehen, sondern wie wir alle – oder jedenfalls viele von uns – in Räumen leben. Die kindliche Situation, in der Raum als Inselraum erfahren wird, wird im weiteren Lebensverlauf vielfach reproduziert. Es ist die Situation des Pendlers, des Berufsmobilen, es ist die Erfahrung, die wir in einer Fernbeziehung machen.

Die Erfahrung, die hier als kindliche Erfahrung beschrieben wird, ist eine Grunderfahrung von Menschen, die zu Beginn des 21. Jahrhunderts, am Übergang zur Spätmoderne leben, in einer Welt, geprägt von steigender Mobilität, von

which are concerned with the relationship of the amount of space children and youngsters enjoy illustrate these findings quite impressively.

According to the space sociologist Martina Löw, the children of today are familiar with places which "are spread all over the city". They get to know their own home, the nursery school, the junior school, the music school, the sports club, or even mundane, "unchildly" places such as the supermarket. Even places which lie outside the city play a role in their lives, such as holiday resorts, or the place where their grandparents live. Children experience space as "being a conglomeration of individually separate pieces strewn around like islands in a larger, more general space which means nothing to them and remains, for the main part, quite unknown to them. (…) Parents transport their children from one island to the next. (…) The area in which the children live, however, remains quite unfamiliar to many of them."

You yourself will probably recognise the relativity of space as it is being described here and there is quite a simple reason for this: it not only describes how children relate to the space around them, but also the way in which we all – or, at least, many of us – live in the space around us. The children's situation, in which space is experienced as "island space", is often re-lived later in life by the commuter, by those who travel in their jobs, or by those who uphold distant relationships.

The experience described here as being that of a child's is a basic experience of all of us who are living now at the beginning of the 21st century, who are experiencing the transition into late modernity in a world moulded by increasing mobility, by globalisation, by increasing influence from the media, by families and friends who are strewn to all corners of the earth.

Social space and immediate nearness become so incongruous that we no longer feel at home in one spatially named place, but in a "third place" which only takes shape in our heads.

Globalisierung, von zunehmender Mediatisierung, von in alle Winde verstreuten Familien- und Freundeskreisen.

Sozialraum und unmittelbarer Nahraum werden inkongruent, so dass wir nicht mehr an einem räumlich benennbaren Ort zuhause sind, sondern an einem „dritten Ort", der nur in unserem Kopf Gestalt annimmt.

Schönheit

Was bedeutet dieses veränderte Raumverhältnis für unsere Art, in Städten zu leben? Drei Konsequenzen möchte ich nennen und dabei die Frage diskutieren, was diese für die Schönheit von Städten bedeuten könnten.

1. Wie die Institutionen der Moderne hat sich die Stadt verflüssigt. Mit Blick auf die europäische Stadt lässt sich die Diagnose sogar wortwörtlich nehmen: Die Stadt als Gehäuse der Moderne ist längst aufgeweicht und ins Umland hinein geschmolzen. Schon dieser Sachverhalt zwingt uns, die Frage nach der schönen Stadt neu zu überdenken. Kann die „Unstadt" (Rem Kohlhaas), der suburbane Speckgürtel, überhaupt schön sein?

Viele würden diese Frage verneinen und doch ist die Kultivierung dessen, was Tom Sieverts die Zwischenstadt genannt hat, „zwischen Ort und Welt, zwischen Raum und Zeit, zwischen Stadt und Land", eines der großen Stadtverschönerungsprojekte, das uns unsere Zeit aufgibt. Wir können nicht alle in der schönen europäischen Stadt leben, deren Bild sich so nachhaltig in unsere Köpfe eingebrannt hat. Wir müssen uns deshalb fragen, wie wir Schönheit dort entstehen lassen können, wo der Blick des Ästheten sich verzweifelt abwendet.

Sieverts entwickelt in diesem Zusammenhang Ansätze zu einer Ästhetik des Verborgenen. Das Anästhetische, das „normalerweise nicht bewusst Wahrgenommene", muss beim Versuch, die Zwischenstadt zu qualifizieren, in den Mittelpunkt treten. Sieverts schreibt: „Die Sensibilisierung

Beauty

What does this difference in spatial relativity mean in respect to our way of living in cities? I would like to name three consequences and to discuss the question of what this could mean in connection with the beauty of cities.

Firstly: in the same way as the institutions of modern age have liquefied, so have cities. On looking at the European city, we can take this diagnosis literally: the city as a housing for modernity softened down a long while ago and has melted into the surrounding countryside. This alone forces us to reconsider the question of the beautiful city. Is it possible for the "non-city" (Rem Kohlhaas), the greasy belt of suburbia, to be beautiful at all?
Many people would negate this question, but the cultivation of that which Tom Sieverts called the zwischenstadt – "between a place name and the world, between space and time, between the city and the countryside" – is one of the great town beautifying projects which our era has put to us. We cannot all live in the beautiful European city whose image is so infinitely branded into our heads. We must therefore ask ourselves how we can create beauty where the aesthete turns his head away in despair.

In this connection, Sieverts develops an introduction to hidden aesthetics. The normally imperceptible, the "normally not consciously recognisable", must come to be the centre of attention when attempting to qualify the zwischenstadt. Sieverts writes: "The ability to appreciate the small joys of the past which can be compressed into becoming a rich environment (…) changes the cultural and aesthetic evaluation of the zwischenstadt" and brings to light new attempts at dealing with suburban life.

The key to cultivating the zwischenstadt lies therefore in the hands of its users – a thought I will come back to shortly.

Secondly: the housing schemes of suburbanization seem only to be symptoms of a more subtle development. As

Wir müssen uns deshalb fragen, wie wir Schönheit dort entstehen lassen können, wo der Blick des Ästheten sich verzweifelt abwendet.

für die Spuren des gelebten Lebens im Kleinen, die sich zu einem reichen Milieu verdichten können, (…) verändert die kulturelle und ästhetische Bewertung der Zwischenstadt" und bringt Ansätze zu einem anderen Umgang mit dem Suburbanen zutage.

Der Schlüssel zur Kultivierung der Zwischenstadt liegt also bei ihren Nutzern – ein Gedanke, auf den ich gleich zurückkommen werde.

2. Das Siedlungsmuster der Suburbanisierung ist wohl nur ein Symptom einer tiefer gehenden Entwicklung. Wir leben als Städter nicht mehr nur unter fremden Menschen, sondern an fremden Orten, sind permanent konfrontiert mit Orten, die uns fremd sind und fremd bleiben. Unsere Gesellschaft perfektioniert auf bemerkenswerte Weise den Umgang mit fremden Orten, so, wie der Städter den Umgang mit fremden Menschen perfektioniert hat.

Der fremde Ort funktioniert als fremder Ort, er bleibt fremd und lässt sich doch in unserem Sinne nutzen. Im Supermarkt, im Hochgeschwindigkeitszug, auf der Straße oder im Hotelzimmer verfolgen wir bestimmte Ziele – Einkaufen, ans Ziel kommen, Ausruhen. Wir erwarten Standardisierung und Effizienz, sichergestellt z. B. durch „Gebrauchsanweisungen" für Orte, durch Preisschilder im Supermarkt, durch Durchsagen und Faltblätter im Zug, durch Leitsysteme im Verkehr. Mit anderen Worten:

townspeople, we no longer just live with strangers, but we live in foreign places; we are continually being confronted with places which are and remain strange to us. In an amazing way, our society has improved its treatment of unfamiliar places to perfection, just in the same way as townspeople have become perfect in their treatment of outsiders.

We must therefore ask ourselves how we can create beauty where the aesthete turns his head away in despair.

The unfamiliar place functions as an unfamiliar place, it stays unfamiliar and lets itself be handled the way we want to handle it. At the supermarket, in the high-speed train, on the road or in the hotel room we have certain aims – shopping, arriving at our destination, relaxing. We expect high standards and efficiency, guaranteed, for example, in "instructions for use" for towns, on price tickets in the supermarket, over the tannoy, on pamphlets, by traffic control systems. In other words: we expect the place not to impede our actions and to be easy to deal with, even if it is strange to us. Such "non-places" extend no invitation to relax there, however. They remain unapproachable and create a standardised feeling for spaces and places. Thereby one cannot ignore the fact that such places afford us just exactly what we expect of them: orientation with minimal disturbance potential. The quality of life, however, can hardly be imparted by such transit lounges of late modernism.

I come to my third and final point, which I would like to handle in more detail. Our altered relationship to open spaces does not only lead to specialising space functionally, but makes space ambiguous and thereby "open". In the same

Wir erwarten, dass uns der Ort nicht in die Quere kommt und dass wir ihn nutzen können, obwohl er uns fremd ist.

Zum Verweilen laden solche „Nicht-Orte" allerdings nicht ein. Sie bleiben letztlich unzugänglich und erzeugen eine standardisierte Raumerfahrung. Nicht zu übersehen ist dabei aber auch, dass diese Orte uns genau das geben, was wir von ihnen erwarten: Orientierung bei minimiertem Störungspotenzial. Lebensqualität allerdings können solche Transiträume der Spätmoderne kaum vermitteln.

3. Ich komme zum dritten Punkt, den ich abschließend am Ausführlichsten behandeln möchte. Unser verändertes Raumverhältnis führt nicht nur zu einer funktionalen Spezialisierung von Räumen, sondern macht den Raum auch vieldeutig und dadurch „offen". In dem Maße, in dem individuelle Sozialräume auseinander treten und ihre Zentren inkongruenter werden, wird der Raum vieldeutiger: Mein aus Inseln bestehender Stadtraum sieht nicht so aus wie deiner.

Das führt dazu, dass Orte auf konkurrierende, komplementäre oder schlicht verschiedene Weise genutzt werden. Der eine liest die eigene Stadt als deutsche Stadt, für den anderen ist sie die Hälfte eines Lebens, dessen andere Hälfte auf einem anderen Kontinent liegt. Das Wohnquartier ist für den einen Heimat und Lebensraum, für den anderen nicht mehr als der Ort, an dem sich eine gelegentliche Schlafstätte befindet. Die Tankstelle dient der Versorgung mit Kraftstoffen, für manche aber auch als Cliquentreffpunkt.

Das führt auch dazu, dass unklare, unordentliche Orte entstehen, die an den Schnittflächen verschiedener Nutzungen liegen, deren Funktion nicht geklärt ist, die als Negativräume des Städtischen wirken: Peripherien, Brachflächen, Leerstände, die zunächst als bloße Abfallprodukte erscheinen.

way as single social spaces spread out and their centres become more incongruous, so urban space becomes more meaningful – my city space consisting of islands does not look the same as yours.

This leads to places being used competitively, complementarily, or just differently. To one person, the town one lives in is a German town, to another it is half his life, the other half of which can be found on another continent. Living quarters are home and lebensraum to one person, to another no more than the place he sleeps in. A petrol station supplies one person with petrol, another person with a meeting-place for his bunch of friends.

This can lead to the development of undefined, untidy places which are used for a variety of reasons, whose function has not been agreed upon, which give the impression of being negative spaces: peripheries, fallow land, unused plots which appear to be waste products of planning.

The Ruhr District, in which this conference is taking place, is a good example of this phenomenon of multipurpose and, at first sight, ugly spaces. "My tea-room," writes planner Benjamin Davy of the Ruhr District, "my tea-room is your blind spot, your wasteland is our animal cemetery."

What makes a beautiful place beautiful is, under these circumstances, quite confusing, a fact that can be observed quite well in the Ruhr District. The Ruhrschnellweg, i.e. the arterial motorway which runs through the towns of the Ruhr District and which, in the course of its few dozen kilometres, brings to light everything in the Ruhr District which makes the Ruhr District so ugly, is now being turned into an art project called "The Beauty of a Main Road". Anyone who cannot afford to go away for the weekend to be far from the madding crowd, can now relax in front of a garage in the Ruhr District. This just goes to show how flourishing industrial culture can re-evaluate obvious ugliness and life-degradation and make it into a thing of beauty, something which a few

Das Ruhrgebiet, Ort dieser Tagung, ist ein gutes Beispiel für dieses Phänomen mehrdeutiger und auf den ersten Blick hässlicher Räume: „Meine Teestube", schreibt der Raumplaner Benjamin Davy über das Ruhrgebiet, „meine Teestube ist dein blinder Fleck, eure Restfläche ist unser Tierfriedhof."

Was einen schönen Ort ausmacht, wird unter diesen Bedingungen notwendigerweise diffus, etwas, das sich gerade im Ruhrgebiet gut beobachten lässt. Die Stadtautobahn des Ruhrgebiets, der Ruhrschnellweg, der alles, was das Ruhrgebiet so hässlich macht, auf wenigen Dutzend Kilometern erfahrbar werden lässt, wird heute unter dem Motto „Die Schönheit der großen Straße" zum Kunstprojekt gemacht. Wer sich kein Wochenendrefugium leisten kann, macht es sich im Ruhrgebiet vor einer Garage bequem. Wie tiefgreifend das vordergründig Hässliche und nicht Lebenswerte zu etwas Schönem umgewertet werden kann, zeigt die erblühende Industriekultur, die noch vor wenigen Dekaden als undenkbar empfunden worden wäre.

Das veränderte Raumverhältnis der Spätmoderne führt also zu einem Entstehen von Möglichkeitsräumen, deren Schönheit, sprichwörtlich, im Auge des Betrachters liegt. In den Modellentwürfen der europäischen Stadt kommen diese Möglichkeitsräume nicht vor und doch braucht die spätmoderne Stadt sie wie die Luft zum Atmen.

Die Schönheit der real existierenden Städte ist damit eine Schönheit, die sich nicht mehr ohne weiteres erschließt und als gesellschaftlich geteiltes Gut nicht mehr ohne weiteres vorausgesetzt werden kann. Dabei ist auch festzuhalten, dass die Schönheit von Städten heute nur noch interkulturell gedacht werden kann: „Deine Teestube" ist ein Ort, den ich vielleicht noch nie betreten habe und niemals betreten werde. Trotzdem gehört dieser Ort zur Wirklichkeit unserer Städte und macht ihre Schönheit aus.

decades ago would have been deemed inconceivable. The new phase of late modern space relativity leads to the development of "possibility spaces", the beauty of which literally lies in the eye of the beholder. In the models built of the European town, these possibility spaces are not included, even though the late modern town needs them as much as it needs the air in which to breathe.

The beauty of physically existing cities is therefore a form of beauty which does not develop straight away and which cannot be assumed automatically to be socially shared property.

Thereby it can be ascertained that the beauty of today's cities can only be thought of as intercultural: "Your tea-room" is a place which I have probably never been into and probably never will. All the same, this place is part of the reality of our towns and is part of their make-up.

As already discussed, individual realms of experience cannot be compared with physical space and they stretch themselves in network fashion far beyond the edges of the city. What any single place in this network represents is up to any individual whose task it is to lend it importance enough to be decided on. This also means: we only learn what makes a city beautiful when we have got to know the scope of its possibilities and discovered how its citizens make use of it.

To what extent the expression of beauty is of a social nature – and not just derived from a universally accepted principal of order and harmony – can also be easily understood in the Ruhr District. The development of ambiguous "possibility spaces" means therefore gaining and losing beauty at the same time. As described, the shared experience of beauty fades away. The gain lies in the broadness and openness which is offered to the individual by late-modern realms of possibilities, whose beauty we create, so to speak, as "tracks in the domains of possibility".

Individuelle Erfahrungsräume lassen sich, wie eben skizziert, nicht mehr mit physischen Räumen zur Deckung bringen, erstrecken sich netzwerkartig über Städte hinweg. Was ein einzelner Ort in diesem Geflecht bedeutet, bleibt dem Einzelnen überlassen, der ihm Bedeutung verleiht und verleihen muss. Das bedeutet auch: Was eine Stadt schön macht, lernen wir erst, wenn wir ihre Möglichkeitsräume kennenlernen und lernen, wie Menschen diese Stadt nutzen.

In welchem Maße der Schönheitsbegriff also eine soziale Natur hat – und sich eben nicht nur aus universal gültigen Prinzipien der Ordnung und Harmonie ableiten lässt – auch diese Erfahrung lässt sich im Ruhrgebiet gut nachvollziehen. Das Entstehen von vieldeutigen Möglichkeitsräumen bedeutet deshalb einen Gewinn und einen Verlust an Schönheit zugleich. Verloren geht, wie beschrieben, die geteilte Erfahrung von Schönheit. Der Gewinn liegt in der Weite und Offenheit, die spätmoderne Erfahrungsräume dem Einzelnen bieten, weil sie Möglichkeitsräume sind, deren Schönheit wir selbst, sozusagen als „Trampelpfade im Möglichkeitsraum", erzeugen.

Schönheit liegt im Auge des Betrachters.

Gestaltung
Dass unter diesen Bedingungen die Sehnsucht nach der „klassisch schönen" Stadt, nach dem eingangs erwähnten „Mythos der Alten Stadt" wächst, ist nicht überraschend: Es ist die Sehnsucht nach dem gemeinsam als schön Empfundenen, nach dem fraglos, selbstverständlich Schönen, die hier zum Ausdruck kommt. Dieses fraglos Schöne lässt sich heute jedoch nur noch als historischer Fluchtpunkt identifizieren, nicht mehr als geteilte Wirklichkeit im individuellen Lebensalltag. Die planerische und gestalterische Aufgabe besteht dann darin, in einem gemeinsamen Lernprozess auszuhandeln, was schön ist

Beauty is in the eye of the beholder.

Design
It is not surprising that under the aforementioned circumstances people yearn more and more for a "classically beautiful" city of the sort referred to above as the "myth of the old city". It is the yearning for something that is generally sensed to be beautiful which is expressed here. This unquestionable beauty, however, can these days only be identified as an historical vanishing point and no longer as shared reality in anyone's everyday life. The planning and structural task then consists of negotiating what is actually beautiful and what may be considered as such in a mutual learning process: "My tea-room is your blind spot, your wasteland is our animal cemetery". If you plan my city, one could add, then you need to know what I consider beautiful.

The diagnosis that beauty is something which needs to be negotiated means more than just arguing over the meaning of the word. It means that beauty and the quality of living are something which today can only be developed by taking numerous opinions into consideration and which actually lie at the point of intersection of divers fields of experience – at least, this is the case if we have urban daily life and its beauty in mind and not urban place-making with its representative, touristic or purely commercial aims.

The diagnosis also means that shared history as I mentioned at the beginning, that shared history which nowadays could bring with it a shared impression of beauty, cannot be taken for granted, but must first of all, and even then only fragmentarily, be created. In order to come to a very simple conclusion of my talk, let me quote: "Beauty is in the eye of the beholder." Whoever takes on the task of beautifying a city would be advised to learn to look with the eyes of many such beholders.

und als schön gelten darf: „Meine Teestube ist dein blinder Fleck, eure Restfläche ist unser Tierfriedhof". Wenn du meine Stadt planst, so ließe sich ergänzen, solltest du wissen, was für mich schön ist.

Diese Diagnose, dass Schönheit etwas ist, was der Verhandlung bedarf, meint mehr, als dass sich über Geschmack streiten lässt. Sie meint, dass Schönheit und Lebensqualität etwas sind, was heute nur noch aus der Partizipation vieler Meinungen entwickelt werden kann und an der Schnittstelle unterschiedlichster Erfahrungsräume liegt – jedenfalls, wenn wir den städtischen Alltag und seine Schönheit im Blick haben und nicht das städtebauliche Placemaking mit repräsentativen, touristischen oder rein kommerziellen Zwecken.

Die Diagnose meint auch, dass die geteilte Geschichte, die ich eingangs erwähnt habe, die geteilte Geschichte, die einen geteilten Schönheitsbegriff mit sich bringen könnte, heute nicht mehr als gegeben angenommen werden kann, sondern erst, und auch dann nur fragmentarisch, hergestellt werden muss. So dass ich am Ende meines Vortrags zu einem sehr einfachen Schluss komme: Schönheit liegt im Auge des Betrachters. Wer als Planer vor der Aufgabe steht, eine Stadt zu verschönern, sollte mit den Augen vieler solcher Betrachter sehen lernen.

Diskussionsbeiträge

Frau Bremer

Die Frage geht an Herrn Przuntek: Kann man neurologisch begründen, warum Architekten oder Architekturgeschulte, d.h. Stadtplaner und Architekten, andere Bauwerke schön finden als der normale durchschnittliche Stadtbewohner? Wir wissen ja, dass die Architekten und Stadtplaner manchmal ganz verrückte Sachen wunderschön finden und die anderen Leute fassen sich an den Kopf, warum man jetzt beispielsweise Bilbao schön finden soll oder warum man so eine Zechenbrache schön finden soll. Warum beschäftigen sich, um das noch zu erweitern, Künstler heute so selten mit dem Schönen? Kann man das neurologisch irgendwo im Kopf festmachen oder kann man das möglicherweise mit Ihren Dopaminen behandeln?

Horst Przuntek

Behandeln können Sie es auch, aber das hätte auch Nebenwirkungen. Die Frage ist doch, warum gibt es Menschen, die etwas schöner empfinden als andere Leute. Frau Bremer geht davon aus, dass das bestimmte Berufsgruppen, besonders die Architekten sind. Ich versuche es mal einfach zu erklären: Es gibt, komplizierte und weniger komplizierte Sehsysteme bei den einzelnen Menschen. Das basiert zum einen auf einem Seh-Training, zum anderen ist aber auch eine genetische Selektion. Auch wenn die Genetiker noch nicht so weit sind können wir sagen, dass aufgrund genetischer Prädetermination manche Menschen besser, genauer und gezielter wahrnehmen als die anderen. Das hängt mit der Erregbarkeit der Sinne zusammen.

Die Erregbarkeit des gleichen Menschen ist in unterschiedlichen Regionen der Welt unterschiedlich. Wenn Sie z. B. in ein warmes Land gehen, in dem es sehr viel helles Licht und viele verschiedene Farben gibt, dann sind die Trans-mitter wesentlich mehr angeregt in ihrer Aktivität. Sie haben in einer Gegend, in der es viel Licht gibt, eine wesentlich höhere Fähigkeit, Kontraste zu empfinden, als dort, wo es ständig dunkel ist. Damit haben sie auch die Möglichkeit zu einer höheren Differenzierung des Kontrastempfindens: Die Wahrnehmung des Schönen gehört auch dazu. Sie haben dann vereinfacht gesagt – die Bindung an das dopaminale System oder an das endorphine System – um nur drei von vielen hundert Überträgerstoffen. Das heißt, es gibt von neurologischer Seite aus die Begründbarkeit, warum Architekten – zumindest aber die guten Architekten – ein besseres Formempfinden haben, als andere Menschen.

N.N.

Ich möchte diese Ausführungen nur ergänzen: Ich weiß aus meinem eigenen Fach, dass es so etwas wie ein Wunsch-Sehen gibt, das möglicherweise mit einer bestimmten Ideologie in einer Fachrichtung verbunden ist. Das könnte auch noch ein weiterer Grund sein, dass man etwas bestimmtes überwiegend gut findet. So gibt es dann auch Architekten, die etwas nicht gut finden, weil sie in der Minderheit sind und das andere nicht gut finden können.

Herr Stojan

Eine wichtige Frage, die uns heute Nachmittag schon beschäftigt hat und sicherlich auch noch weiter beschäftigen

wird, ist die Frage, ob eine schöne Stadt denn überhaupt planbar ist. In dem Vortrag von Herrn Werner wurde mit dem Zitat von Krakauer noch einmal das in meinen Augen baugeschichtliche Vorurteil belebt, dass die historischen Städte gewachsen und nicht geplant sind, dass also die hässlichen Städte die bewusst geformten Städte sind, die schönen Städte aber die absichtslos gewordenen. Das ist in meinen Augen ein altes Vorurteil, dass der Klaus Humpert aus Freiburg mit seinen städtebaulichen und wissenschaftlichen Forschungen und Erkenntnissen widerlegt hat. Nach den Erkenntnissen von Humpert ist es ja sehr wohl möglich, die schöne Stadt auch neu zu planen.

Frank Werner

Das haben sie missverstanden. Krakauer ist ein expressionistischer Schriftsteller gewesen, also kein Wissenschaftler, der einfach ein Bild aus seinem Fenster beschrieben hat und gesagt hat, dass ihn nicht nur die Baedeker-Sternchen-Stadt interessiert, die natürlich immer die geplante Stadt ist, sondern, dass es auch immer zum Schönen und Geplanten – natürlich muss man das Schöne planen, das ist doch klar, das ist doch selbstverständlich – ein Widerlager gibt, das Widerlager der Abseiten der Stadt, des nicht so Schönen, des Ordinären, des Generellen, des Alltäglichen. Es gibt Untersuchungen in Hülle und Fülle darüber: Wenn Sie ausschließlich die ultraschön geplante Stadt hätten und nichts anderes, dann würde diese schöne Stadt natürlich in sich abstumpfen und man wüsste die schöne Stadt nicht mehr richtig zu schätzen. Das richtet sich allerdings selbstverständlich nicht gegen die Planbarkeit des Schönen, des Regelmäßigen, des Gleichmäßigen.

Horst Przuntek

Zur Planbarkeit der schönen Stadt möchte ich noch etwas sagen: Als Neurologe glaube ich, dass eine schöne Stadt planbar ist, wenn man sich an die Regeln der Gestaltpsychologie und des Schönheitsempfindens wirklich hält. Ich glaube unbedingt, dass man mit den modernen Mitteln der Architektur die schönste Stadt, die man sich vorstellen kann, planen kann, wenn man die Nachbardisziplinen mit einschaltet. Es ist natürlich wahr, dass es irgendwo die Eckpunkte des Hässlichen geben muss, sonst würde man den Kontrast nicht sehen können, dass dort tatsächlich etwas Schönes entstanden ist.

Dann möchte ich zur Schönheit weiterhin darauf eingehen, dass es das absolute Schöne gibt. Das kommt in der Mythologie von Adonis zum Ausdruck. Adonis ist der Inbegriff der Schönheit. Aber Adonis war auch gleichzeitig dumm und schwach. Das war sein Nachteil. Aphrodite war wunderschön, aber sie war auch sehr intelligent. Sie war schön, intelligent und schnell. Das heißt, es sind nicht

nur die Attribute des reinen Schönen, sondern auch die Zusatzattribute, die unbedingt zu einer schönen Stadt gehören.

Herr von der Mühlen
Wenn ich Sie richtig verstanden habe, dann haben Sie, Herr Dr. Walter, und Sie, Herr Professor Przuntek, im Prinzip zwei konträre Eckpunkte vertreten. Der Neurologe hat gesagt, es gibt das absolut Schöne, das ist auch absolut und nicht relativ. Und der Gestaltpsychologe hat im Prinzip, wenn ich Sie richtig verstanden habe, gesagt, Schönheit und Schönheitsempfinden ist letztlich auch ein soziales Konstrukt, weil zu der äußeren physikalischen Welt immer auch ihre Wahrnehmung gehöre und die schule sich immer auch am sozialen Prozess. Ich will nicht verhehlen, dass ich aufgrund meiner Sozialisation der zweiten Meinung eher zuneige. Was ich besonders spannend finde, ist die Frage, was das eigentlich für die Politik und für die Planung heißt. Das eine heißt nämlich, ich muss jemanden bereit machen, das Wahre und Schöne zu erkennen. Das andere heißt, es entwickelt sich aus einem ideologie-kritischen Zugang zu dem, was als Schön deklariert wird, was dann auch etwas im Zweifelsfalle Dekonstruktives oder Entblätterndes – also eher etwas substantiell Kritisches gegenüber dem Schönen – beinhaltet. Insofern ist die Frage: sind das zwei Positionen, die sich konträr gegenüber stehen? Oder gibt es eine Vermittlungsebene, nach der auch der Kollege Stojan eben gefragt hat. Lässt sich Schönheit planen – allgemein, oder immer nur als Teil eines sozialen Diskurses?

Horst Przuntek
Ich glaube nicht, dass wir uns absolut konträr gegenüber stehen, sondern, dass wir keine Differenz in der Betrachtung des Schönen haben, wenn wir beide von der Evolution des Schönen sprechen. Wenn Sie weiterhin die Entwicklung des menschlichen Gehirns ansehen und das Gehirn eines Menschen der Jetztzeit vergleichen mit dem eines Menschen, der vor 40.000 Jahren gelebt hat, dann müssen wir annehmen, dass unser Gehirn neuronal wesentlich anders verknüpft ist, als das des Menschen vor 40.000 Jahren. Einerseits nimmt der heutige Mensch wesentlich mehr und wesentlich schneller Informationen auf. Er hat darüber hinaus die Möglichkeit, Vergleiche über die ganze Erde anzustellen. Daraus ergibt sich, dass das Schönheitsideal des Menschen global gesehen sich mehr und mehr ähnelt. Das heißt, wir kommen dem Bild der absoluten Schönheit von Jahrhundert zu Jahrhundert näher.

Das von Ihnen angesprochene, der Sozialisation angepasste Schönheitsideal dürfte sich kontinuierlich mehr verlieren und zur Entwicklung einer absoluten Schönheit führen, von der ich glaube, dass es sie gibt.

Wir haben gerade in der jüngsten Vergangenheit lernen müssen, dass es sozialisationsgebundene Schönheitsvorstellungen gab. Ich darf Sie in diesem Zusammenhang an den Zuckerbäckerstil des Sozialismus erinnern, der sowohl in Moskau, als auch in Bukarest mit den dortigen Prachtbauten seinen Höhepunkt erreichte. Auch der Baustil der Nationalsozialisten, der sich aus einer männerbündischen Bewegung ergab und die Emanzipationsbewegung völlig außer Acht ließ, kam zu der Meinung, dass die Bauwerke einem Schönheitsideal entsprächen. Wir,

die wir inzwischen über den Dingen stehen, wissen, dass nur im idealtypischen Zusammenwirken von Mann und Frau, wobei beide Geschlechter gleichberechtigt sind, sich wahre Kultur und damit auch wahre Schönheit entwickeln kann. Deshalb glaube ich, dass heute die Zeit ist, die dem absoluten Schönheitsideal näher kommen kann, als alle Zeiten zuvor.

Zum Abschluss darf ich vielleicht noch ein Beispiel bringen: wenn wir die Gesichter von Frauen betrachten und wir entscheiden sollen, welches Gesicht aus welcher Sozialisationsebene das Schönste sei, kommen wir zu dem Schluss, dass, wenn wir alle Gesichter übereinander legen und daraus ein sog. Mittelwertsgesicht produzieren, dieses von der Beurteilung dessen, was absolut schön sei, als das Schönste zu erkennen, von einem hohen Ausbildungsgrad und einer hohen Erfahrung in Bezug auf die Schönheit abhängt. Wir können doch nicht annehmen, dass Leute, die nie über die Schönheit nachgedacht haben und vergleichend tätig gewesen sind, in der Lage sind, absolute Schönheit zu beurteilen. Wer dies behauptet, müsste auch zugeben, dass Hilfsschüler die Relativitätstheorie von Einstein zu verstehen in der Lage seien.

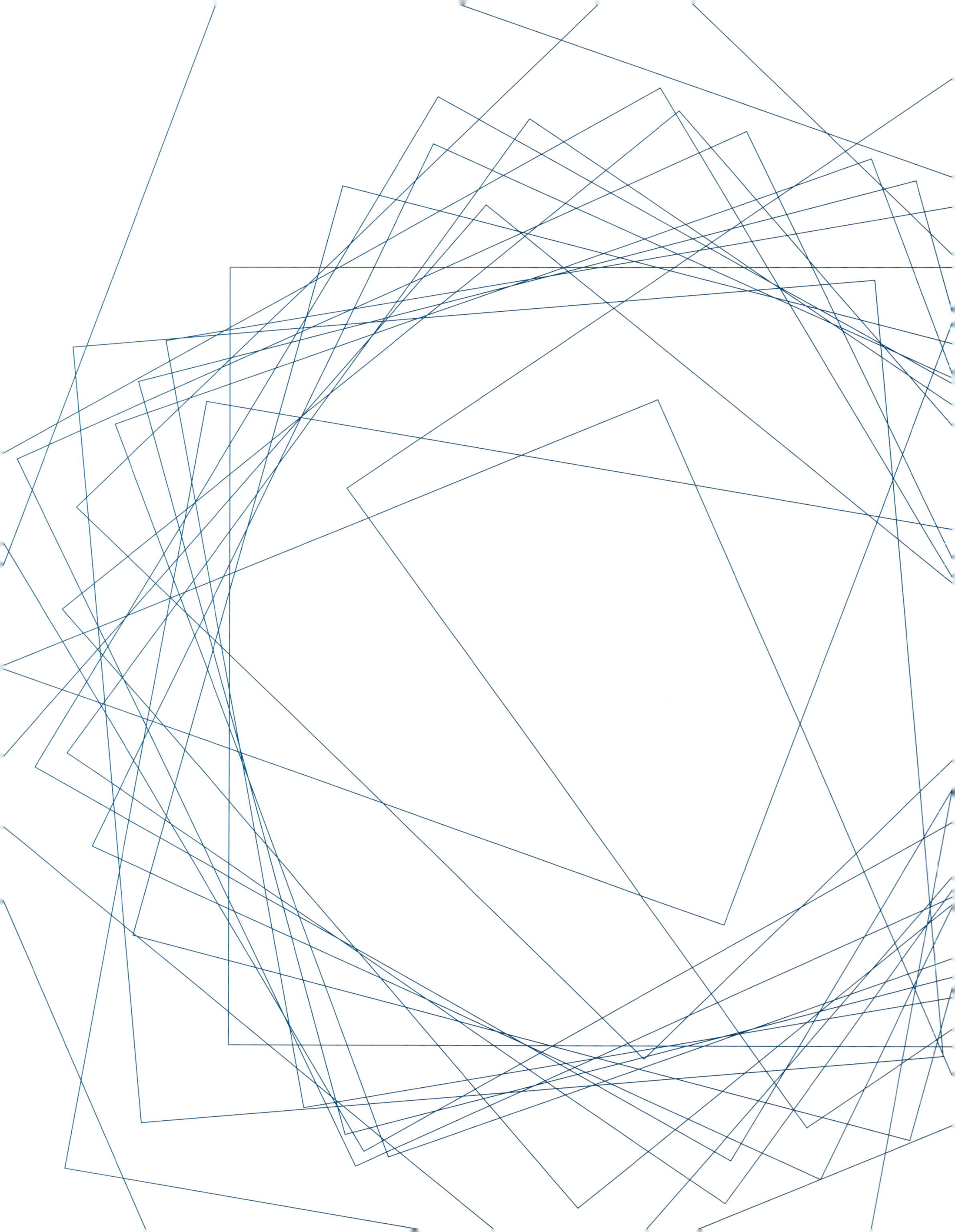

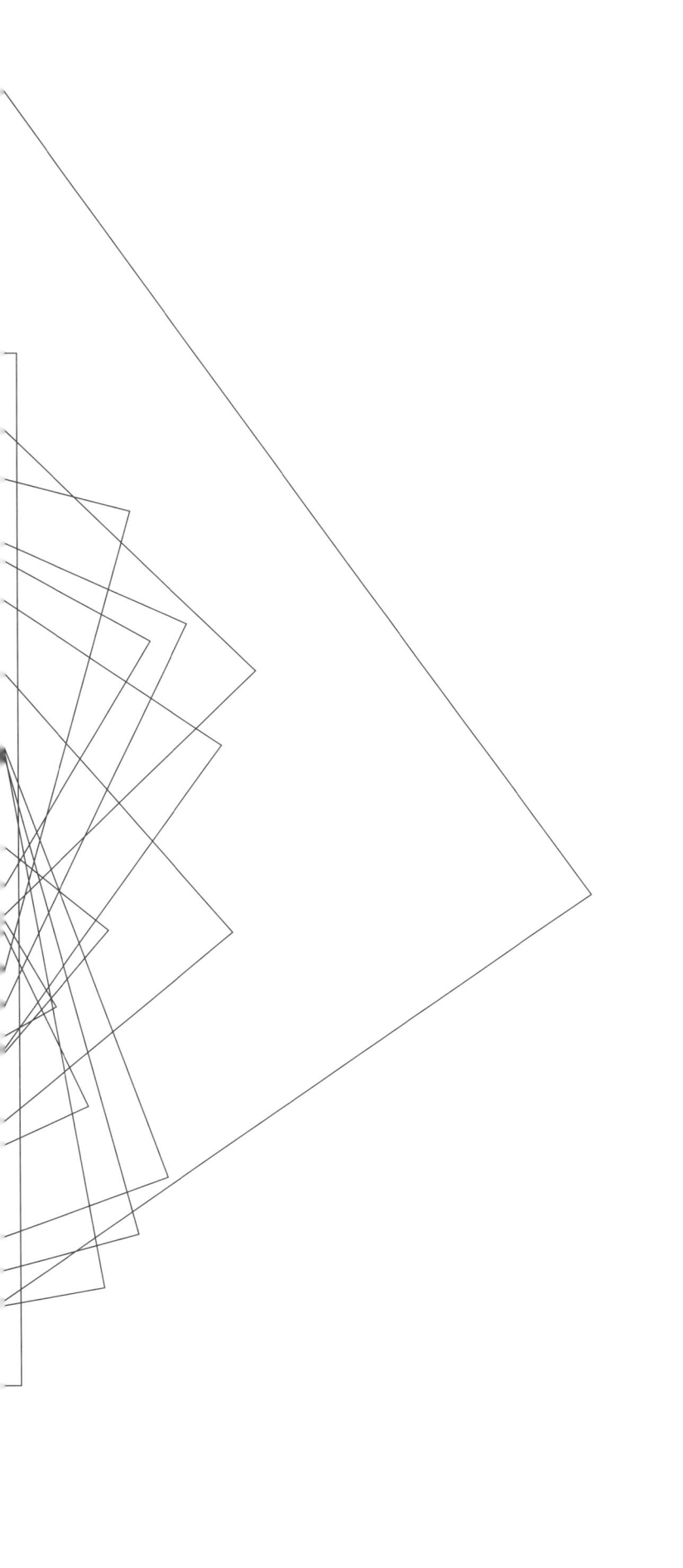

Fachgespräch:
Gibt es die schöne Stadt?

Birger Priddat, Philosoph und Ökonom
Hans Stimmann, Stadtplaner
Ulrike Rose, Kulturmanagerin, Moderatorin

Reinhard Jammers

Ich darf Ihnen zunächst die Fachleute vorstellen: auf der einen Seite der Praktiker mit jahrzehntelanger Erfahrung als Stadtplaner, Herrn Professor Dr. Hans Stimmann, auf der anderen Seite Herrn Professor Dr. Birger Priddat, Ökonom und Philosoph, seit Anbeginn ein Begleiter unserer Aktivitäten, seit wenigen Wochen Präsident der privaten Universität Witten-Herdecke. Das Gespräch wird moderiert von Frau Ulrike Rose, Diplom-Kauffrau und Leiterin des Europäischen Hauses der Stadtkultur e.V. in Gelsenkirchen.

Statement

Hans Stimmann

Die schöne Stadt? Ich bin gebürtiger Lübecker. Deren Konsens lautet bei allen sonstigen Unterschieden: Lübeck ist eine schöne Stadt! Berlin, wo ich mit einer fünfjährigen Unterbrechung seit 1971 lebe, ist – genauer sollte man seit einigen Jahren sagen, war – das genaue Gegenteil.

Der Nachkriegskonsens lautete bis weit in die 80er Jahre: nieder mit der Schönheit der Stadt. Man – das war ein kulturpolitisches Bündnis aus Politik, Planung und Architektur – riss in Ost und West ab, was abreißbar war: Schlösser, Kirchen, Klöster, Geschäftshäuser, Warenhäuser, Bahnhöfe, Wohnhäuser, Villen, sogar die beiden mittelalterlichen Gründungskerne einschließlich des mittelalterlichen Stadtgrundrisses. Die Abteilung Baukunst der Akademie der Künste (West) unterstützte diesen Prozess theoretisch und ihre Mitglieder praktisch. Entsprechend verhielt sich die Sache in Ost-Berlin. Das Ergebnis: Wo sich über 700 Jahre die Heiliggeiststraße

Discussion Amongst Experts
Is there such a thing as a beautiful city?

Birger Priddat, Philosopher and Economist
Hans Stimmann, Town Planner
Ulrike Rose, Cultural Manager, Presenter

Reinhard Jammers

May I first of all introduce the experts: on the one hand the active town planner with decades of experience, Dr. Hans Stimmann, and on the other hand Professor Dr. Birger Priddat, economist and philosopher, who has accompanied our activities since the beginning and who became President of the private Witten-Herdecke University a few weeks ago. The interview will be presented by Ulrike Rose, who is Executive Director of the European House of City Culture (*das Europäische Haus der Stadtkultur e.V.*) in Gelsenkirchen.

Introduction

Hans Stimmann

A beautiful town? I was born in Lübeck. Most people, however different their opinion on other matters may be, agree: Lübeck is a beautiful town! Berlin, where I have been living since 1971 with the exception of a five-year interruption, is – or, more precisely, as has been deemed for the last few years, was – the exact opposite.

After the last World War and up until around the mid-eighties the general consensus was: Down with urban beauty! One – i.e. a culturally political alliance of politicians, town planners and architects – tore down everything that could be torn down in the east and the west of the city: palaces, churches, monasteries, office blocks, department stores, railway stations, houses, villas and even the two mediaeval floor plans, including the original mediaeval foundation core of the town. The department of architecture of the *Akademie der Künste (West)* (Academy of the Arts, West) supported this process in theory as did its members in practice. East Berlin acted accordingly. The outcome: there, where Heilig-

befand, steht heute in einer Grünanlage das Denkmal von Marx und Engels als Ausdruck der kompletten Verstaatlichung des städtischen Zentrums.

Planung und Politik konnten sich durchsetzen, weil so etwas wie ein Immobilienkapital auch im Westen Berlins bis 1989 nicht existierte, weil die Hauseigentümer schwach waren und weil es einen kleinbürgerlichen, manchmal proletarischen, oft auch parteioffiziellen Hass auf das Alte, die alte Stadt, die dichte, gemischt genutzte Stadt gab.

Da ein großer Teil des Bürgertums vertrieben, geflohen oder ermordet worden war, war es als soziale Schicht und kulturpolitische Macht nur noch sehr schwach und so nicht in der Lage, nennenswerten Widerstand zu leisten. Ausnahmen, wie der Kampf um das Charlottenburger Schloss oder die Kaiser-Wilhelm-Gedächtniskirche, bestätigen nur die Regel. Besonders die linken Parteien (SPD, KPD, später SED) reduzierten Berlin auf die Haupteigenschaft der krankmachenden „Mietskasernen-Stadt" und auf die Stadt der Fabriken. Schönheit der Straßen, Plätze, Parkanlagen und der großen Vielfalt bürgerlichen Wohnens existierte im Bewusstsein der regierenden Linksparteien nicht. Man träumte frei nach Friedrich Engels den Traum des späten 19. Jahrhunderts von der Lösung der „Wohnungsfrage", der Dynamik des Autoverkehrs,

geist Street (Holy Spirit Street) had existed for 700 years, now stands a Marx and Engels monument in the middle of a park as the expression of complete state control of the town centre.

Planning and politics won through, because a) anything resembling property wealth did not exist up until 1989, not even in West Berlin, b) because house owners were weak and c) because there was a narrow-minded, sometimes proletarian, even often party-political hatred of anything old – the old town, the crowded town, the town of mixed usage.

Because a great deal of the bourgeoisie had been driven out, had fled or been murdered, those left were only very weak as a social and culturally political section of the population and were in no position to offer any notable resistance. Exceptions, such as the struggle over the Charlottenburg Palace or the Kaiser Wilhelm Memorial Church, proved the rule. The left-wing parties (SPD, KPS, later SED) reduced Berlin's main characteristic to that of an illness-inducing "tenement house" town or of a factory town. The beauty of streets, open spaces or parks and the great diversity of urban living did not exist in the awareness of the ruling left-wing parties. Based on Friedrich Engels, one dreamt the dream of the late 19th century, the dream of a solution to the housing problem, of the dynamics of traffic, of light, air and sunshine, of a town having left its dark past history far behind it, a

von Licht, Luft und Sonne, von einer Stadt jenseits der dunklen Vorgeschichte mit privaten Bodenspekulanten und Hauseigentümern.

Nur so ist es erklärbar, dass das Berliner Stadtschloss und mit ihm die gesamte Altstadt, aber auch die Villenareale des alten Westens, die gutbürgerlichen Wohnviertel wie das alte Hansaviertel, abgerissen werden konnten. Die Ersetzung der existierenden Stadt mit traditionellen mittelalterlichen, barocken oder gründerzeitlichen Stadtmustern durch eine vermeintlich schönere, modernere, größere wurde mehrfach geprobt. Gleich nach 1946 begann dieser Prozess mit dem Kollektiv-Plan, etwas später 1958 mit dem Hauptstadtwettbewerb (West) und dem Pendant in Ost-Berlin und schließlich mit den Planungen der DDR, die Teilstadt Ost zur Hauptstadt der DDR auszubauen.

Das Ergebnis geriet mindestens im Westen zum Mythos, der fast surrealistischen Schönheit in der Form ihrer Zerstörung: das Fragment, z. B. des Anhalter Bahnhofes, die freigelegten Brandwände durch breite Autoschneisen in Ost und West, produzierte innerstädtische Peripherie (Urania, Molkenmarkt, Leipziger Straße) und natürlich die sagenhaften Mauerareale/Stadtbrachen am Lehrter Bahnhof, am Platz der Republik, am Potsdamer Platz und auf dem Gleisdreieck etc.. Im Ostteil begeisterte man sich an der Schönheit der Magistralen, an den neuen Aufmarschplätzen vor dem Palast der Republik und an der industriellen Ästhetik der Vorfertigung. Dann fiel unerwartet die Mauer.

Nach dem Fall der Mauer begann das Gegenprogramm allmählich Fuß zu fassen. Aus der geteilten Stadt der freigelegten Fragmente ohne Erinnerung sollte wieder eine schöne Stadt in der Tradition und nach den Regeln des bewährten Städtebaus werden, die mindestens in den Stadtgrundrissen der Innenstadt ihre nahezu ausgelöschte Geschichte wiederfindet. Das Leitbild hieß und

town with private land speculation and house owners. Only this can explain why the Berlin City Palace and with it the whole of the old town centre, the villa estates of the old western part of the city, and the solid middle-class residential areas such as the old Hansa quarter were able to be pulled down. There have been numerous attempts at replacing the existing town and its traditional, mediaeval, baroque or industrial elements with supposedly more beautiful, more modern, larger edifices. Directly after 1946, that process of collective planning began, then somewhat later, in 1958, the capital city competition (west) and its counterpart in East Berlin, and last, but not least, the plans of the GDR to expand the eastern part of the city and make it their capital.

At least in the west of the city the result turned out to be a myth of almost surrealistic beauty in the form of its destruction: e. g. the fragments of Anhalt railway station, the replacement of uncovered firewalls by wide car lanes in east and west, a churned-out inner-urban ring-road (Urania, Molkenmarkt, Leipziger Straße) and, of course, the legendary urban wasteland along the Wall at Lehrter railway station, Platz der Republik, Potsdamer Platz and Gleisdreick (the railway triangle). In the eastern part of the city, the beauty of the Magistralen, of the new square built for military ceremonies in front of the Palace of the Republic, and the beauty of the industrial aesthetics of pre-fabrication filled the masses with enthusiasm. And then, without warning, the Wall came down!

After the Wall had come down, the counter-programme gradually gained a foothold. Out of the divided city of uncovered fragments with their forgotten past was to evolve a beautiful city in the tradition of and according to the rules of proven town planning which was, at least in the ground plans of the city centre, to rediscover its almost extinguished history. The motto was and still is "back to the tradition of the European town" with a clear division between its public streets, open spaces and parks and its private houses. For the structure of public spaces this meant: a simple, linear

heißt „zurück zur Tradition der europäischen Stadt" mit eindeutiger Trennung zwischen öffentlichen Straßen, Plätzen und Parkanlagen und den privaten Häusern. Für die Gestaltung der öffentlichen Räume bedeutete dies: einfache lineare Profile mit Bürgersteig und Fahrbahn, ohne Aufpflasterungen, Fußgängerzonen etc.. Auch für den Bau der Häuser galten einfache Regeln: Traufhöhe, Firsthöhe, Bauen entlang der Straße und, wenn irgend möglich, Nutzungsmischung (Wohnanteil) und kleinteilige Bebauung.

Für das Bild, besser die Gestalt der Stadt, für ihre Schönheit spielen die Struktur der Stadt und natürlich die Fassaden an der Schnittstelle zwischen Privatheit und Öffentlichkeit eine entscheidende Rolle. Sie erzählen etwas vom Reichtum der Hauseigentümer und Bewohner, von den lokalen Traditionen, von der Art zu wohnen und zu arbeiten, von den Baustoffen der Region, der Kunst der Architekten und Handwerker etc.. Vor dem Hintergrund der oben angedeuteten Nachkriegstradition konnte es nicht ausbleiben, dass sich in Berlin mit der programmatischen Wiederaufnahme europäischer Städtebautradition sofort eine leidenschaftliche Fassadendebatte entfaltete. Hauptstreitpunkt war und ist die Modernität der Häuser und des dabei verwendeten Fassadenmaterials: Glas = modern oder Stein = gleich unmodern, rückwärtsgewandt. Hauptschlachtfelder waren Anfang der 90er Jahre der Potsdamer Platz, die Friedrichstraße, der Pariser Platz (der einzige Platz, der mit einer Gestaltungssatzung realisiert wurde) und die Bauten für das Parlament und die Regierung.

Das Kriterium Schönheit und gar Schönheit der Stadträume spielte bei den Polemiken kaum eine Rolle. Man redete über Modernität, Transparenz, Demokratie, manchmal über Energieeigenschaften der Gebäude etc.. Die Verweigerung des Interesses an Schönheit war so etwas wie der Teil einer Schutzhaut zur Abwehr nicht verarbeiteter schwerer Verletzungen durch Krieg, Mauerbau und die dramatischen Bedeutungsverluste als Bankenzentrale,

profile with pavements and roads, with no fancy paving, no pedestrian zones, etc. Simple rules were also applied to building houses: the height of the guttering, the height of the ridge tiles, building along the length of the street and, if at all possible, mixed usage (in residential areas) and smallholdings.

The gestalt or structure of the town and, of course, the façades on the intersection between privacy and public life play an important role when considering the image, or rather the design, of a town and its good looks. They tell something of the wealth of its house owners and citizens, of local traditions, of the art of living and working, of the building materials of the region, of the artistic disposition of its architects and craftsmen, etc. Against the background of the aforementioned post-war tradition it was, of course, unavoidable that, in the face of the programmatic resurrection of European town planning tradition, a fierce façade-debate unfolded. The main point of contention was and is the modernity of the houses and of the materials used in building their façades: glass = modern, or stone = old-fashioned, backward. At the beginning of the nineties, the main conflicts were over Potsdamer Platz, Friedrichstraße, Pariser Platz (the only square which was designed according to construction laws) and the Parliament and Government buildings.

The criterion of 'beauty' and even the beauty of urban spaces is of almost no importance in polemics. Modernity, transparency, democracy, sometimes even the energy consumption of the buildings etc. are often discussed. The objection to the interest in beauty was something like a part of the protective covering used to overcome unhealed war wounds, the building of the Wall and the dramatic loss of importance of Germany's central banks, industrial metropolis and capital city.

Since the Wall was torn down, a new-found wide interest in the beauty of the city and its architecture has been awakened,

Industriemetropole und Hauptstadt Deutschlands. Seit dem Fall der Mauer gibt es gleichwohl ein neu erwachtes breites Interesse an der Schönheit der Stadt und ihrer Architektur. Getragen vor allem von den Neu-Berlinern. Sie begeistern sich nicht zuerst für die Möglichkeit, in weniger als 3 Minuten auf 2 x 3 Spuren mit dem Pkw durch die Berliner Altstadt zu fahren oder an den Spontanvegetationsflächen auf dem Südgelände oder dem Gleisdreieckvorbei, und finden sich wieder am reurbanisierten Pariser Platz, Unter den Linden, am Potsdamer Platz, in der Friedrichstraße, am Hackeschen Markt, in der Spandauer Vorstadt oder am Prenzlauer Berg und neuerdings auch in den Stadthäusern auf dem Friedrichswerder. Hier entstehen auf historischem Boden der ersten Stadterweiterung (1658) keine Wohnmaschinen, sondern wieder individuelle Häuser auf eigenem Grundstück. Der Stadtbürger kehrt zurück. Die Architektur spiegelt den Zeitgeist und ist sehr individuell, weil die Stadt dem Bürger keine Vorschriften darüber macht, was Schönheit ist. Sie begnügt sich mit der Definition der öffentlichen Räume, baut die Straßen und den kleinen Park. Ich weiß, die Vielfalt der Einzelarchitekturen vermag die am Siedlungsbau der Moderne geschulte Architekturkritik nicht zufriedenzustellen. Das Projekt steht jedoch für den Abschied von den gescheiterten Utopien der Moderne, eine neue schöne Stadt, ihre Architektur und gleichzeitig die Gesellschaft neu zu erfinden. Der Weg zu einer neuen nicht verordneten Konvention ist offensichtlich lang und beschwerlich.Ob das neue Quartier im Zentrum Berlins an dieser Stelle dazu beiträgt, aus Berlin eine schönere Stadt zu machen, lasse ich getrost die Zukunft entscheiden. Selbst darüber, was hässlich ist, sind wir uns bekanntlich nicht einig. Wie schwer ist es erst, sich über Schönheit der Architektur zu verständigen. Ein Fortschritt ist es jedoch, dass wir uns endlich wieder über Schönheit und Hässlichkeit der Stadt und ihrer Architektur streiten. Allerdings muss man Schönheit wollen und selbst Maßstäbe haben, damit es zu einem Streit kommt. Bei diesem Streit geht es nur scheinbar um oberflächliche Aspekte

especially by the Neo-Berliners. They are not so much excited by the possibility of reaching 2 x 3 new motorway lanes by car in less than 3 minutes and gnawing their way through Old Berlin, or to the spontaneous areas of vegetation in the south, or to Gleisdreieck, but by finding themselves at re-urbanised Pariser Platz, Unter den Linden, at Potsdamer Platz, in Friedrichstraße, at Hackeschen Markt, in the suburbs of Spandau or at Penzlauer Berg and, of late, in the town houses of Friedrichswerder. Here, on the historic grounds of the first city extension (1658), not housing machinery but individual houses are being built on their own piece of land. The city dweller is returning. The architecture mirrors the zeitgeist and is very individual, because the town is not laying down the law to its citizens of what beauty is all about. It is content with the definition of open spaces and with building streets and small parks. I know that the diversity of some of the structures is not pleasing or satisfying to the eye of schooled architectural criticism. The project, however, stands for a farewell to the dilapidated Utopia of modernism, for a new, beautiful city, for its architecture and at the same time for the re-discovery of society. The path to a new, non-ordered convention is apparently long and arduous.

Whether the new quarter in the centre of Berlin contributes towards making Berlin a more beautiful city I will gladly leave the future to decide. We are not even in agreement on the meaning of "ugly", as we all know. How difficult it must be, then, to come to an agreement on the definition of architectural beauty! It is an accomplishment, however, that we are at last again able to argue about the beauty and the ugliness of a city and its architecture. Thereby, one must want beauty and have one's own standards in order to start an argument at all. And this argument is only apparently all about superficial aspects of life. It is about the city's self-awareness through its citizens and about the gestalt and thereby the identity of the city.

des Lebens. Es geht um die Selbstwahrnehmung der Stadt durch ihre Bürger und um die Gestalt und damit um die Identität der Stadt.

Gespräch

Ulrike Rose
Herr Professor Priddat, was ist für Sie eine schöne Stadt?

Birger Priddat
Den Ball nehme ich gerne auf. Betrachten wir doch einmal die Geschichte. Ökonomie und schöne Stadt. Das Modell der Stadt ist – jedenfalls für den zentraleuropäischen Raum – die Polis. Nennen wir dieses Grundmodell A. Dann ist da das imperiale Rom im Bild und die Athenische oder die Korinthische Polis. Oben auf dem Hügel stand der Tempel, aber wie die Stadt eigentlich aussah, weiß niemand. Ich spreche gar nicht einmal von der Architektur, sondern von der Ökonomie. Wer zahlt?

Zunächst ist die Stadt – und das ist das Urmodell Europas – die Stadt der Bürger. Das heißt: Bürger finanzieren öffentliche Güter. Es gibt keine öffentlichen Abgaben. Die Steuern, die es gab, reichten nicht aus, um irgendetwas zu finanzieren. Den Krieg vielleicht, den musste man finanzieren. Aber die Gebäude, die Straßen, die Häuser, selbst die öffentlichen Gebäude und die Denkmäler waren privat finanziert. Der Witz dahinter ist, dass die Tugend der Freigiebigkeit eine der höheren Tugenden war. Die Gerechtigkeit war die höchste, die Freigiebigkeit kam kurz danach. Und das bedeutete, dass ein Bürger umso ehrenvoller in der Stadt galt, je mehr er gab. Die Beschenkung von Freunden, die als arbeitslose Horden, die für den, der schenkte, politisch tätig waren, gehörte dazu. Er schenkte ihnen den Lebensunterhalt, aber auch die Stadt. Und das ist das Grundmodell der bürgerlichen Stadt, in der die Bürger, meist aristokratische Bürger, ihre Stadt, sagen wir einmal, strukturierten.

Discussion

Ulrike Rose
Professor Priddat, what is your idea of a beautiful city?

Birger Priddat
All right; I will catch the ball and continue to play it from here. Let us have a look at history. Economy and the beautiful city. The city is modelled on the polis – at least in the central European area. Let us call this Basic Model A. Then Imperial Rome comes into the picture and the Athenaeum or Corinthian polis. On top of the hill there was the temple, but what the city actually looked like no-one knows. I am not even talking about the architecture, but about the economy. Who pays?

Primarily the city is – and this is Europe's prime model – the city of its citizens. That means: citizens finance public commodities. There are no public dues. The taxes that existed didn't suffice to finance anything. War, perhaps, needed to be financed. But buildings, streets, houses, even public buildings and monuments were financed privately. The joke behind all this is that the virtue of munificence was one of the highest virtues. Justice was the highest, and munificence came shortly after.
And that meant that a citizen was regarded as the more honourable the more he gave. Giving gifts to hordes of unemployed friends to be politically active for him who gave was part of the routine. He gave them a means of subsistence – and consequently the city. And that is the basic model of the people's city, of how citizens, usually aristocrats, "structured" their city, as it were.

Basic model B is the Royal City. Here the citizens have no say, but only the one who rules, be he a tyrant, a dictator or a king. The ruler defines the architecture. The large buildings, mostly the castle, the supertemple, the granaries, civil servants' buildings, military buildings, the city wall, the gates and the defence constructions show the city's

Grundmodell B ist die königliche Stadt. Da haben die Bürger nichts zu gestalten, sondern nur der, der herrscht, sei es ein Tyrann, ein Diktator oder ein König. Der Herrschende definiert die Architektur. Die großen Gebäude, meist das Schloss, meist die Supertempel, die Kornspeicher, die Beamtenhäuser, die Militärgebäude, die Stadtmauer, die Tore, die Verteidigungsanlagen zeigen die Stärke der Stadt. So wird eine Machtarchitektur aufgebaut. Alle Bürger, die in dieser Stadt wohnen, bekommen zwei Dinge durch die Architektur gelehrt. Erstens: sie sind Untertanen. Und zweitens, sie sind aber dennoch selber Teil dieser Macht. Diese Dialektik, Teil einer Macht zu sein und gleichzeitig aber gezeigt zu bekommen, du bist es nicht, der die Macht hat, dieser Moment entscheidet und das ist der Unterschied zur Variante A.

Und jetzt kommt der Übergang zur Philosophie. Wir haben sozusagen die Differenz zwischen schön und gut. Wenn sie wollen, ist das die Differenz zwischen Platon und Aristoteles. Das Gute ist natürlich Eupraxis, also das, was auf das gute Leben hinweist, sodass möglicherweise das, was in einer Stadt schön ist, nicht das ästhetisch Schöne ist, sondern das Lebenswerte. Das ist der Punkt, an den ich kommen will: Das Lebenswerte bedeutet, dass die Schönheit einer Stadt nicht ein ästhetischer, architektonischer Begriff ist, sondern die Belebbarkeit und Lebhaftigkeit der Stadt bedeutet. Das Schöne ist das, worauf man stolz ist. Ich mache das Angebot, dass man sagt, durch diese Stadt gehe ich erhobenen Hauptes und ich weiß, ich bin der Bürger und ich bin es gern, weil – und dann kommen alle möglichen Gründe – weil sie so gut geführt ist, weil sie so tolle Straßen hat, weil ich darin gut lebe, etc.. Schnell kommt da eine Menge von Gründen zusammen, die nicht ästhetisch sind, die nicht rein architektonisch sind. Die Lebbarkeit der Stadt kommt aus der Gemeinschaftlichkeit – weiß der Teufel, wie die entsteht – und dem Bewusstsein der Bürger. Und darauf wollte ich hinweisen.

strength. In this way power-architecture is built. All the citizens who live in this city are taught two things through this type of architecture. First: they are subjects. And second: even so, they themselves are still part of this power. This dialectic, being part of the power but at the same time being shown that it is not you who holds the power, this moment determines, and that is the difference from variant A.

And now comes the crossover to philosophy. We have the difference between beautiful and good, so to say. If you wish, this is the difference between Plato and Aristotle. The good, of course, is Eupractice, that which refers to good life, so possibly that which is beautiful in a city isn't the aesthetically beautiful, but the worthwhile. This is the point I am getting at: the 'worthwhile' means that the beauty of a city is not an aesthetic, architectural notion, but its inhabitability and spiritedness. The beautiful is that in which one takes pride. I offer it to you that one says "I walk through this city with my head held high and I know I am a citizen and I enjoy being one, because..." – and then follow all sorts of reasons: because it is so well managed, because it has such amazing streets, because I live comfortably in it, etc.. Quickly a multitude of reasons arises which are not aesthetic, which are not purely architectural. The city's inhabitability emerges from joint participation – the devil only knows how it emerges – and its citizens' perception. And that was what I was getting at.

18 years ago, when I arrived in Witten from Hamburg for the first time, an elderly inhabitant of Witten said he would take me round the town. To my question, what was the most beautiful thing there, he responded that he had something to show me. So off we went, and suddenly he said: "Take a look! That's beau'iful, guv." We were standing in front of a chippy selling curried sausages. It was one of those old-fashioned ones, a small round thing which was built in the 50s. They sold fantastic chips and wonderful 'Currywurst' and he just said: "That's beau'iful, guv!"

That is what came into my head when you asked the pre-

Als ich vor 18 Jahren das erste Mal aus Hamburg kommend in Witten ankam, sagte ein älterer Wittener Bürger zu mir, ich zeige ihnen mal die Stadt. Auf meine Frage, was denn das schönste hier sei, antwortete er, da habe er etwas für mich. Dann sind wir dorthin gegangen und er sagte: „Gucken Sie mal hier, dat is schön". Wir standen vor einer Pommes-Bude. Aber so eine alte noch, eine kleine runde Sache, in den 50er Jahren gebaut. Da gab es wunderbare Pommes Frites und wunderbare Currywurst und er sagte „Dat ist schön".

Daran erinnerte ich mich bei Ihrer Eingangsfrage. Da kommt ein ganz anderes Moment in die Diskussion, das ich ein philosophisches Moment nennen will, nämlich die Erfahrung der Kindheit, gelebtes Leben, sich auskennen in der Stadt. Der Moment des Wiederbegegnens mit der Pommes-Bude, wo man auch gerne hingeht, weil man weiß, da bekommt man etwas Leckeres. Das ist so ein energetischer Kern der Stadt, der sozusagen aus der gelebten Erfahrung kommt. Das hat nichts mit Ästhetik zu tun. Aber dieses Moment „das ist schön!", das meint doch etwas. Das meint nämlich einen lebendigen Lebenszusammenhang, einen kleinen Lebensentwurf, der architektonisch gewissermaßen seine Verankerung bekommt. Da gehört natürlich mehr dazu als die Architektur. Dazu gehört die Erfahrung und die Beziehbarkeit der anderen Bürger. Das heißt, wenn er mit anderen darüber redet, wissen die auch, wovon er redet, weil sie die gleichen Erfahrungen haben. Dieses Moment, das macht die Stadt aus. Ich glaube, wir sind in unserer Auffassung nicht so unterschiedlich. Aber wir haben völlig verschiedene Herangehensweisen.

Ulrike Rose
Können wir uns auch da, wo es hässlich ist, wohlfühlen? Ich freue mich, dass wir hier über Schönheit diskutieren – aber warum reden wir nicht noch mehr über das Wahrnehmen? Herr Dr. Stimmann, geht es nicht viel mehr um das Schöne in der Wahrnehmung als um das Schöne in der Stadt?

liminary question. A completely different momentum comes into the debate, which I want to call a philosophical momentum, namely the experience of childhood, lived life, one's knowledge of the city. The moment of re-encounter with the chippy where one likes to go, because one knows one can get something delicious there. It is a sort of energetic core of the city which comes from lived experience, so to say. It has nothing to do with aesthetics. But this momentum "That's beau'iful, guv!", that means something. It has a lively connection to life, it is a little blueprint of life which, in a manner of speaking, attains an anchorage. Of course, it takes more than architecture. It takes other citizens' experience and empathy. That means, if he talks about it to others, they know what he is talking about, because they have the same experiences. That momentum, that's what makes a city. I believe we are not so different in our perception, but we have a completely different approach.

Ulrike Rose
Is it possible for us to feel comfortable even in an ugly place? I am delighted that we are discussing beauty – but shouldn't we really be talking much more about perception? Dr. Stimmann, is it here not more a matter of beauty in perception than of beauty in the city?

Hans Stimmann
The neurologist, Professor Przuntek, described just that.

Hans Stimmann

Der Neurologe Professor Przuntek hat es ja eben beschrieben. Auf Schönheit reagiert man emotional über die Augen, über das gespeicherte Wissen und über die Erinnerungen, die sich mit Schönheit bei Menschen, bei Tieren, bei Landschaften und auch bei der Stadt verbinden. Um Schönheit überhaupt erkennen zu können, braucht man natürlich auch das Hässliche. Sonst hätte man ja gar keine Kategorie für Harmonie und für wohlgefällige Ansicht. Aber ich wehre mich dagegen, dass man eine hässliche vollgesprühte Currywurstbude, die man gut kennt, weil man da Kumpels getroffen hat, zur Schönheit erklärt. Das ist ja eines der Themen in den 60er- und 70er Jahren, als in Berlin alle Welt die Fragmente fotografiert und gemalt und vielleicht auch darüber komponiert hat. Es war ein irrsinniger Reiz an diesen so realistischen Bildern, die man dort wahrgenommen hat. Aber das ist das Ergebnis eines Prozesses gewesen, Verabschiedung der Industriegesellschaft, usw., also die Geschichten, die sie alle kennen aus der Zeit der Teilung der Stadt. Und es ist kein Ziel von handelnden Architekten gewesen.

Ich sitze ja hier nicht als Interpretationskünstler für kaputte Städte, sondern als jemand der von der Stadt oder vom Land dafür bezahlt wurde, mit Architektur zu arbeiten. Wir können keine kaputte Currywurstbude entwerfen. Dann braucht man in der Tat Ziele, für die man sich dann selber fragen muss, ob man eine Vorstellung von Schönheit hat. Diese Vorstellung von Schönheit, die habe ich für mich erst einmal definiert. Wir konnten so gut arbeiten, weil es eben solche definierten Vorstellungen von Schönheit gab. Aber ich bin radikal dagegen, Schönheit zu ersetzen durch die soziale Erinnerung, durch Heimatgefühle und dergleichen mehr. Das ist ja oft genug auch während meiner Ausbildung und bis heute noch in Berlin geschehen. Wir haben eine eigene Verantwortung, schöne Städte und schöne Häuser zu bauen. Da gibt es ein breites Spektrum, was auch immer das sein mag, aber wir haben nicht die Aufgabe,

One reacts to beauty emotionally through one's eyes, by way of stored knowledge and memories which unite us with the beauty of people, animals, landscapes and towns, too. In order to recognise beauty at all you also need to recognise ugliness. Otherwise you would have no category for harmony or for pleasing opinions. But I completely refuse to declare an ugly, grease-stained currywurst stand as beautiful just because you often go there to meet your chums. That was one of the themes in the sixties and seventies, a time in which everyone took photos of the fragments and painted them and composed music about them. There was an enormous appeal for these pictures which showed reality as it was, as it had been experienced. But that was the result of a process, a farewell to industrial society, etc., a farewell to the stories which everyone remembered from the time of the division of the city. And it was not the aim of active architects.

I am not posing here as an interpreting artist for broken-down cities, but as someone who was paid by the city or by the state to work with architecture. We cannot design a broken-down currywurst stand. For that one needs aims about which one must ask oneself whether one has any idea of beauty at all. I defined this idea of beauty for myself first of all. We were able to work so well just because there were defined ideas of beauty. But I am radically against replacing beauty by social memories, by feelings of sentimentality for the past, etc. That happened often enough during my student's days and is still happening these days in Berlin. It is our responsibility to build beautiful towns and beautiful houses. There is a whole range of possibilities, whatever that may mean, but it is certainly not our duty to produce fragments for a currywurst stand to settle down in.

Ulrike Rose

Today we want to discover what we mean when we talk about a beautiful city. When we talk about beauty, when we talk about aesthetics, then it is mostly the visual aspect we mean. But aesthetics in the old meaning of the word means

Fragmente zu produzieren, in der sich zum Schluss eine Currywurstbude einnisten kann.

Ulrike Rose
Wir wollen heute herausfinden, was wir unter einer schönen Stadt verstehen. Wenn wir über Schönheit sprechen, wenn wir über Ästhetik sprechen, dann meinen wir meistens nur das Visuelle. Aber die Ästhetik im alten Sinne meint auch, dass wir über alle Sinne agieren und über alle Sinne wahrnehmen, so kommen Gefühl und Atmosphäre ins Spiel. Ich vermisse das Thema Schönheit in der Baukulturdiskussion, die ich seit längerem begleite. Dabei vermisse ich die Beschäftigung mit der Auswirkung auf den Menschen. In den USA gibt es schon seit langem Umweltpsychologen, bei uns gibt es nur wenige. Deswegen finde ich diesen Diskurs mit Neurologen, mit Psychologen und mit Philosophen so spannend.

Ich gebe jetzt die Frage an Herrn Priddat. Was macht eine schöne Stadt aus? Ist es die Gestalt, ist es die Funktion? Sie sprachen schon davon. Sind es die Menschen, ist es die Bildung der Menschen, ist es die Mischung, ist es das Grün, was ist es?

Birger Priddat
Ich bin da wahrscheinlich verbildet. Wenn man Philosoph ist, liest man natürlich alles mögliche Ältere und ist von der Renaissance angetan. Man schaut sich die Städte mit einem anderen, völlig belesenen Blick an und ist verdorben für eine objektive Betrachtung.

Vancouver zum Beispiel ist eine außerordentlich lebendige Stadt. Da ist zuallererst die architektonische Vielfalt, natürlich auch mit viel Wagnis und Experimenten, die über deutsche Baugenehmigungen erheblich hinausgehen. Weiterhin findet man dort in der Stadt eine ungeheure Lebendigkeit, auch eine Neigung zur Verschachteltheit, intelligente Verkehrslösungen, immer wieder Überraschungen und neue Perspektiven. Da gab es dann plötzlich

that we act with all our senses and perceive with all our senses, and then feeling and atmosphere come into the equation. In the same way I miss the subject of the beauty of building culture in the discussion, something which I have been working with for quite a while. In the USA they have had environmental psychologists for a long time, but here there are only a few. That is why I find this discourse with neurologists, psychologists and philosophers fascinating.

I will now put this question to Mr. Priddat. What constitutes a beautiful city? Is it the gestalt (or design), is it the function? You have already spoken about this. Is it the people, is it people's education, is it the mixture, is it the greenery – what is it?

Birger Priddat
I have probably been miseducated about this matter. As a philosopher, one naturally reads all sorts of ancient literature and is taken with the Renaissance. One looks at a city from a different, totally well-read point of view and is too tainted for objective observation.

Vancouver, for example, is a particularly vibrant city. First of all there is the architectural diversity showing a whole amount of courage and experiments which would overstep the German planning permission mark considerably. Furthermore, there is an extraordinary vibrancy in that city, also an inclination towards interlocking buildings, intelligent transport solutions, surprise after surprise and new perspectives. Then, suddenly, there was a moment when I thought that this has nothing to do with classical beauty, but it is here the city's vibrancy begins.

Of course, this is much easier to create than the chippy. I concede Mr. Stimmann's point. By this I don't want to prompt anyone to reconstruct deserted chippies from the 50s. After all, people have nothing else to look at if they live in Witten. But where are the models which give people a picture or a possibility to develop an attitude to such things? If one simply

einen Moment, in dem ich dachte, das hat mit der klassischen Schönheit nichts zu tun, aber hier beginnt die Lebendigkeit der Stadt.

Das ist natürlich viel gestaltbarer als die Pommes-Bude. Da gebe ich Herrn Stimmann natürlich recht. Ich will hier nicht irgendjemanden auffordern, verlassene Pommes-Buden der fünfziger Jahre zu rekonstruieren. Die Leute haben ja nichts anderes als solche Dinge zu sehen, wenn sie in Witten leben. Aber wo sind die Modelle, die den Leuten ein Bild oder eine Möglichkeit geben, erst einmal eine Haltung zu diesen Dingen zu entwickeln? Wenn man nur das kopiert, was da ist und was so hingeworfen ist, entsteht auch kein Begriff von Schönheit. Deshalb will ich diese Pommes-Frites-Kultur auch nicht verteidigen. Die ist da, die Leute haben ein starkes Empfinden und ersatzweise finden sie das schön. Das aber natürlich auch nur, weil das, was schön sein könnte, in ihrem Erfahrungs- und Lebenskreis so nicht vorkommt.

Hans Stimmann
Die Menschen definieren ihre Identität mit der jeweiligen Stadt meistens über das Zentrum. Die Stadt muss daher nicht an jedem Punkt gleich schön sein oder vielleicht überhaupt nicht an jedem Punkt schön sein. Aber das Zentrum ist der Ort, mit dem sich die Bürger in der Regel identifiziert haben, auch noch bis 1945, oder sagen wir

copies what is there and is thrown in front of you, no concept of beauty can evolve. That is why I don't want to defend this chippy culture. It's there; people have strong feelings and perhaps they find this beautiful as an alternative. This is only so, because that which could be beautiful doesn't exist in this way in their experience or environment.

Hans Stimmann
People usually define their identity with a town by its town centre. Each part of a town need therefore not be as beautiful as the other, nor, for that matter, beautiful at all. But the centre is the place with which Berlin's citizens usually identified themselves, even up until 1945 – or let us say up until 1943, before the city was destroyed. That is not so long ago. But Bochum and Dortmund were not completely destroyed and had really old town centres, and everyone knew where the centre was.

The whole of this destruction is a product of our search for a town which wanted to avoid the category 'beauty' and the category 'remembering'. It is one of the huge German specialities that we have been scared for a long time of remembering and have built a protective coat around us to cut out any possibility of remembering. That is why we have always only looked to the future and have built this ghastly new city. The old city had something to do with German fascism and with being scared of remembering

mal vorsichtshalber bis 1943, bevor die Städte zerstört waren. Das ist ja nicht so lange her und auch Bochum und Dortmund waren ja nicht komplett zerstört, sondern hatten richtig alte Stadtteile und jeder wusste, wo das Zentrum ist. Diese ganze Zerstörung ist ein Produkt unserer Suche nach einer Stadt, die die Kategorie Schönheit und die die Kategorie Erinnerung vermeiden wollte. Es ist ja eines der großen deutschen Besonderheiten, dass wir Angst hatten uns zu erinnern und einen Mantel gebaut haben, um jede Erinnerung auszuschalten. Deswegen haben wir immer nur noch nach vorne geguckt und auch im Zentrum der Stadt diese grauenhaften neuen Städte gebaut. Das Alte hatte ja etwas zu tun mit dem deutschen Faschismus und mit der Angst sich überhaupt zu erinnern. Da sind wir jetzt Gott sei Dank drüber weg.

Der Städtebau als Handwerk ist ja nicht ganz neu. In den besseren deutschen Städtebaulehrbüchern aus dem späten 19. Jahrhundert und frühen 20. Jahrhundert können Sie beispielsweise sehen, wie ein schöner Platz proportioniert sein soll, welche Dimension er haben soll, damit er überhaupt als Platz wahrgenommen werden kann. Das hängt zusammen mit der Bebauungshöhe und der Platzgröße; es gibt Proportionsregeln, die man beachten kann. Und das gilt auch für Straßen: Welche Straßenprofile empfindet man als angenehm, welche als unangenehm? Städtebau und Architektur sind ja zu 80 Prozent erst einmal technisches und handwerkliches Wissen. Das ist in Deutschland verloren gegangen, weil wir es ignoriert haben. Wir haben gesagt, wir brauchen das alles nicht, das ist alles von gestern, das ist entweder Faschismus, oder reaktionär. Gründerzeit, Kaiserzeit, weg mit dem ganzen Kram. Wenn sie sich ein altes Städtebaulehrbuch nehmen, können sie das heute eins zu eins wieder drucken, da steht alles drin, was man braucht. Das Entscheidende aber ist der Bürger, um Lebendigkeit wieder herzustellen. Nach 1945 wurde versucht, eine Stadt ohne Subjekte zu bauen. Da hat der Staat, vertreten durch gut meinende Bürgermeister, Baudezernenten, Regierungs-

at all. We have, thank Goodness, overcome this problem. Town planning as a handicraft is not very new. In the best of German textbooks on town planning dating back to the late 19th and the early 20th century you can, for example, see how an attractive urban space should be proportioned and what dimensions it should have to be recognized as an attractive urban space at all. This has to do with the height of its buildings and the size of the space; there are rules of proportion to be adhered to. The same applies to streets: which street profile is considered agreeable, which disagreeable?

Town planning and architecture are up to 80% a question of technique and craftsmanship. This has now been lost in Germany for the simple reason that we have ignored it. We said we did not need all that, it was all a thing of the past, that it was either fascism or reactionary. Industrial revolution, Kaiser epoch, away with all that junk. If you took an old town planning textbook to hand, you could print it again one to one; there is everything in it you need. But the citizens are what matters to restore liveliness. After 1945 there was an attempt at building a town with no subjects. The state, represented by well-meaning mayors, heads of building departments, chairmen of regional councils, etc. etc. tried to take the responsibility away from its citizens and built housing estates which were usually ugly. If we don't put the responsibility back into the hands of the citizens and expect them to take a part in town planning, then no one will manage to design beautiful urban spaces. Then there are, of course, the authoritative set-ups, but that has already been said. We saw this not only with the Nazis, but also with many others in the GDR. We must put the subject of beautiful cities back into the hands of the city and its citizens.

Ulrike Rose
We probably agree that basically the human being has a flair for beauty. We are now here in the Ruhr District, in the future Capital of Culture 2010. When the title was

4. Essener Forum Baukommunikation
Fachgespräch:
Gibt es die schöne Stadt?

präsidenten und so weiter, versucht, den Bürgern die Verantwortung abzunehmen und hat die meistens hässlichen Siedlungen gebaut. Wenn wir die Verantwortung nicht an die Bürger zurückgeben, ihnen also zumuten, sich am Stadtbau zu beteiligen, dann kriegt man auch keine schönen Plätze hin. Dann gibt es in der Tat autoritäre Kulissen, das ist ja auch schon gesagt worden. Nicht nur bei den Nazis, sondern auch bei vielen anderen und in der DDR ist das ja auch passiert. Man muss das Subjekt von schöner Stadt wieder in die Stadt zurückholen.

Ulrike Rose
Dass grundsätzlich der Mensch ein Gespür für Schönheit hat, da sind wir uns wahrscheinlich einig. Nun sind wir ja jetzt hier im Ruhrgebiet in der künftigen Kulturhauptstadt 2010. Als letztes Jahr der Titel vergeben wurde, hat eine Berliner Zeitung geschrieben, dass es doch erstaunlich sei, dass eine Region, die eigentlich für ihre Hässlichkeit bekannt ist, Kulturhauptstadt wird. Herr Priddat, Sie haben eben schon etwas gesagt über diese Frittenbuden-Besonderheit. Welche besonderen Schönheiten sehen Sie hier in dieser Region, die einmal hervorgehoben werden sollten?

Und im Anschluss, Herr Stimmann, diese Frage an Sie: Wir haben an vielen Orten nicht diesen historischen Grundriss, auf den wir zurückgreifen könnten. Sie haben gesagt, das es sehr hässlich gewesen ist, was ihnen heute auf dem Weg von Bochum nach Gelsenkirchen begegnet ist. Aber was würden Sie der Region empfehlen?

Birger Priddat
Ihre Frage ist nicht einfach. Man muss ja wieder über das Schöne reden, aber was ist das? Ich bin sehr angetan vom Ruhrgebiet. Ich würde aber vorsichtig sein, ob das mit der Schönheit zusammenhängt. Ich sehe diese lebendigen Stadtteilkulturen, in denen man gerne wohnen will. Also lautet meine Frage im Grunde, will ich da wohnen, will ich daran teilhaben? Und dann kommt es tatsächlich, und da gebe ich Herrn Stimmann völlig Recht, nicht auf

4. Essener Forum Baukommunikation
Discussion Amongst Experts
Is there such a thing as a beautiful city?

awarded last year, a Berlin newspaper wrote that it was rather surprising that a region which is primarily known for its ugliness should be proclaimed Capital of Culture. Mr. Priddat, you just said something about this chippy-distinctiveness. Which particular points of beauty do you see in this region which should be stressed to us?

And finally, Mr. Stimman, this next question to you: In many places we do not have this historical outline to fall back on. You said that what you encountered on your journey from Bochum to Gelsenkirchen was very ugly. But what would you suggest should be done to this area?

Birger Priddat
Your question is not easy. One has to talk about beauty again, but what is that? I am very much touched by the Ruhr District. But I would be careful in thinking that this has anything to do with beauty. I see these vibrant city cultures where one would gladly like to live. In that case my question would fundamentally be, do I want to live there, do I want to take part in this? And then – and here I totally concede Mr. Stimmann's point of view – it doesn't depend on the house, the individual houses.

The ensemble, meaning that which belongs together, the quarter, the borough, that is the important thing. The next borough is different again. Everything interrupts itself, and again and again there are boundaries and crossings. But where can you find any areas that have a coherence of greenery, of streets, of houses, of children? Are children present, do they liven the quarter up, or is it purely an old people's quarter? Such aspects play a part. There are wonderful corners everywhere which I can see and feel, and I don't want to mention any one of them in particular. There are so many corners of this kind from which vibrancy hails. It depends, of course, on who lives there, and on how attractive these places are. And we have to support what is there. We have to reach a point in which people – and especially those with children – who will make a quarter interesting move

das Haus, die einzelnen Häuser an. Das Ensemble, also das, was zusammengehört, das Quartier, das Viertel, das ist das Wichtige. Das nächste Viertel ist wieder anders. Alles unterbricht sich und immer wieder gibt es Grenzen und Übergänge. Aber wo gibt es Viertel, die in sich eine Stimmigkeit haben von Grün, von Straßen, von Häusern, von Kindern. Sind Kinder anwesend, machen sie das Viertel lebendig oder ist das ein reines Altenviertel, solche Aspekte spielen eine Rolle. Es gibt wunderbare Ecken, die ich, und da will ich Ihnen gar nichts Besonderes aufzählen, überall sehe und empfinde. Es sind in diesem Sinne so viele Ecken, von denen diese Lebendigkeit ausgeht. Das hängt natürlich davon ab, wer dort lebt und wie attraktiv diese Orte sind. Und dort müssen wir das, was vorhanden ist, unterstützen. Wir müssen erreichen, dass Leute – vor allem mit Kindern – dort hinziehen, die ein Viertel interessant machen. Schauen sie sich doch einmal ein Viertel an, in dem keine Kinder leben – Tristesse! Das Lebendige kommt durch die richtige Mischung der Generationen. Gehen Sie einmal mit dem demografischen Blick an die Quartiere. Ich glaube, das sind die Themen, die uns in Zukunft bewegen werden.

Ulrike Rose
Herr Stimmann, bei Ihnen ist es ja immer so, dass man über Glas und Stein diskutiert. Und wenn man jetzt Herrn Priddat hört, dann ist das Schönheit, was beispielsweise Kinder in ein Quartier bringen. Noch einmal zum Ruhrgebiet und die Fahrt, die Sie hinter sich haben. Eine Empfehlung an diese Region?

Hans Stimmann
Das wäre arrogant, wenn ich etwas über das Ruhrgebiet sagen würde. Ich kenne mich da ganz gut aus, meine Frau kommt aus dem Ruhrgebiet und ich bin in meinem Leben relativ oft hierher gefahren. Aber ich weiß aus Erfahrung, dass Leute, die mal kurz einfliegen und dann Patentrezepte haben, das Nervigste sind, was man erleben kann. Aber: Wenn Sie sagen, die Orte haben keine

there. Just look at a neighbourhood where there aren't any children – tristesse! Vibrancy comes through the right mixture of the generations. Approach the quarters from a demographic point of view. I believe these are the topics which will stir us in future.

Ulrike Rose
Mr. Stimmann, in your case it seems that our debates are always about glass and stone. And when we now listen to Mr. Priddat, then it is the children who bring beauty into a quarter. Now, back once more to the Ruhr District and the journey you have just completed. A recommendation to this region?

Hans Stimmann
It would be rather arrogant of me to say anything about the Ruhr District. I know the area well, my wife comes from here and I have been here relatively often during my life; but I also know from experience that people who just fly in and then make sweeping statements are the worst thing you could wish for. But when you say that the towns have no centre, then as a Lübecker I would like to remind you that Dortmund was on the list of Hanseatic cities. Take a map of the Ruhr District dating 1930 and see what towns looked like then. Each town had a structure, had industrial characteristics and, of course, had a town centre. In Berlin – I showed you the picture – we had an old Gothic town centre, the town hall, the town

Stadtkerne, dann will ich als Lübecker noch mal sagen, Dortmund war auf der Liste der Hansestädte. Nehmen Sie sich einen Plan vom Ruhrgebiet von 1930 und schauen Sie, wie die Städte ausgesehen haben. Alle Städte hatten eine Struktur, sie hatten Gründerzeitliches und sie hatten natürlich einen alten Kern. In Berlin war das unsere gotische Altstadt, das Rathaus, das Gründerzeitrathaus und die Autobahn. Wir sind die einzige Stadt, dafür gibt es auch in Dortmund und im Ruhrgebiet kein Beispiel, in der man in drei Minuten auf einer sechsspurigen Straße durch die Altstadt durchnageln kann. Das ist sozusagen der Höhepunkt der Ignoranz im Umgang mit Geschichte. Hier gibt es auch viele ignorante Beispiele, aber es gibt auch Potenziale in den alten Stadtkernen, mit denen man arbeiten kann.

Sie haben gefragt, was schön ist. Jeder, der halbwegs aufgeklärt ist, weiß, dass das Ruhrgebiet ein Paradies ist von gründerzeitlichen Industriearchitekturen bis in die frühe Moderne hinein, gründerzeitlichen Arbeitersiedlungen, gründerzeitlichen Villengebieten der reicheren Unternehmen. Es ist ja nicht so, dass die Gegend arm ist. Was ich problematisch finde an dem ganzen Projekt, wenn ich mir eine Kritik erlauben darf, ist sozusagen der Versuch, aus einer Region sehr unterschiedlicher Städte, die alle ihre eigene Identität und Geschichte haben, eine Kulturhauptstadt zu machen. Das kann nicht funktionieren. Das Ruhrgebiet ist die Beschreibung einer Industrieregion mit vielen unterschiedlichen Städten. Ich würde immer dazu raten, die Kerne des Ruhrgebiets oder die Städte stolzer zu machen, sie geschichtsbewusster zu machen. Zusammen ergeben sie dann irgendwann vielleicht auch wieder ein stolzes neues Ruhrgebiet. Aber zu glauben, das Ruhrgebiet könnte von externen Leuten als ein einheitliches Gebiet erlebt werden, das ist purer Aberglaube.

Ulrike Rose
Jetzt möchte ich an Sie beide abschließend noch eine

hall from the time of the industrial revolution and the motorway. We are the only town – and there is nothing like it in Dortmund or in the Ruhr District – in which you can be on a six-lane motorway within three minutes and gnaw your way through the old part of the city. That is, so to say, the epitome of ignorance when it comes to handling history. I could give you a few more examples of ignorance, but there is also a wide potential in the old town centres.

You asked what beautiful is. Anyone who is only halfway enlightened knows that the Ruhr District is a paradise of industrial architecture dating back from the time of rapid industrial growth up to early modernism – industrial workers' estates, industrial villa areas for the richer business class. It is not as if the area were poor. What I find problematic about the whole project, if you will allow me to criticize, is the attempt to proclaim one Capital of Culture out of a region of very differing cities which all have their own identity and history. That cannot function. The Ruhr District is the description of an industrial region with many different types of towns. I would always advise anyone to encourage the cores of the Ruhr District, the towns themselves, to develop more pride, to become more historically aware. Together they will then at some time in the future form a proud new Ruhr District. But to believe that the Ruhr District could be experienced by outsiders as a unified area is pure superstition.

kurze Frage stellen und bitte um eine ganz kurze Antwort: Was ist für Sie der schönste Ort? Herr Priddat?

Birger Priddat
Rom.

Ulrike Rose
Rom! …. Herr Stimmann?

Hans Stimmann
Diese Frage wird mir sehr oft gestellt. Ich finde, man muss Orte haben, die einem als Stadt gut gefallen. Mir gefällt Barcelona gut, mir gefällt natürlich meine Heimatstadt gut und viele andere Städte auch. Als Stadt, aber nicht der Punkt in der Stadt, sondern die Strukturen müssen stimmen.

Ulrike Rose
Sie haben jetzt beide mit einer Stadt geantwortet. Es hätte ja eigentlich auch nur ein geheimer Ort sein können, den wir vielleicht noch nicht kennen und von dem wir gern gewusst hätten…

Ulrike Rose
Now finally I would like to ask you both a short question and ask you for a very short answer. What in your mind is the most beautiful place? Mr. Pridatt?

Birger Priddat
Rome.

Ulrike Rose
Rome! …. Mr. Stimmann?

Hans Stimmann
That question is often put to me. I think one must know places which one enjoys as a town. I really like Barcelona; I really like my home town, of course, and many other towns besides. It is the town itself, the whole structure – and not only a part of it – which must be right.

Ulrike Rose
You both answered with the name of a city. It could actually just as well have been a secret location which we possibly haven't heard of yet or which we would like to hear more about…

The Beautiful City

Werner Sewing, Sociologist

Being a trained sociologist, I am now working as an architectural theoretician and historian. As such, you can imagine that I am about to handle more deeply the mire of relativity in which we have landed ourselves even though we existed quite happily up until now in the absolute beauty around us.

Just as Mr. Stimmann did, I will begin on a brief biographical note. I also come from an old Hanseatic town: the town is Bielefeld, which is not quite as well known as Lübeck. Bielefeld had an intact old town centre until the War, when it was badly damaged. I grew up in this town in the fifties. In the summer holidays I always went to Münsterland, the area my mother came from at the edge of the Ruhr District, north of the town of Lünen. You could look right over the river Lippe and on the other side you could see Dortmund-Brambauer. There, right in front of you, was the classic industrial landscape of the Ruhr District. In the foreground were the cows, white and brown, as was usual in Münsterland. Catholicism and superstition reigned and in the background the Ruhr District seethed. At night the sky was red, and there was always a hissing noise; the coking plants were in action all round the clock.

For me the fascination of the Ruhr District was a contrast to the idyll of Bielefeld. Bielefeld's old town area had not been particularly attractively rebuilt, but the structure of the old town was still recognisable. The Ruhr town of Lünen was rather more ugly and the crowning glory was Dortmund. But this town was fascinating to me. It was as ugly as sin and – as all my relations assured me – had always been ugly. To me the ugliness of this town was fascinating. A real town at long last. Interestingly enough, all my relatives who came from this area were a great deal more dynamic than my relatives in Bielefeld, and that led to my moving to Berlin – in those days also still an ugly city – at the age of 20 and only coming back to Bielefeld on rare occasions.

Mein Vorschlag für unsere Diskussion lautet daher, dass wir an die Stelle des Begriffs „Schönheit", der kein absoluter ist, sondern ein historisch relativer, erst einmal den Begriff „Identität" und „Charakter" setzen.

mischer als meine Bielefelder Verwandten, was dann auch dazu führte, dass ich mich mit Anfang 20 nach Berlin, damals auch noch eine hässliche Stadt, verabschiedet habe und jetzt nur noch relativ selten in Bielefeld bin.

Welchen Sinn haben solche biografischen Einführungen? Sie haben zunächst mal den Sinn, dass man die eigene, immer sehr subjektive Sensibilität für dieses Thema biografisch verankert. Das Thema „die schöne Stadt" war für mich als Kind ein touristisches Thema. Diese gab sie irgendwo im Süden z. B. Rothenburg ob der Tauber, das ich gar nicht kannte. Die meisten Städte in Nordrhein-Westfalen, die ich kannte, waren keine schönen Städte. Schweigen wir über hässliche Städte wie Köln, schweigen wir über Düsseldorf. Man sieht wenig Brauchbares aus architektonischer Sicht oder aus städteplanerischer Sicht. Und dennoch – und das ist das Interessante – all diese Städte haben eine ganz eigene Atmosphäre, einen ganz eigenen, reizvollen Charakter.

Mein Vorschlag für unsere Diskussion lautet daher, dass wir an die Stelle des Begriffs „Schönheit", der kein absoluter ist, sondern ein historisch relativer, erst einmal den Begriff „Identität" und „Charakter" setzen. Dann gewinnt das alte Ruhrgebiet mit seinen Zechen und Stahl-

What is the object of such biographical introductions? First of all it means that one's sensibility for a subject such as this is well anchored. "The Beautiful City" ("Beauty and the City") was for me as a child a touristic topic. It was only to be found somewhere in the south; it was a place like Rothenburg, which I had never seen. Most of the towns in North-Rhine-Westphalia that I knew were not beautiful, to say nothing of Cologne, or Düsseldorf. There is nothing of much use from an architectural point of view or from a town planning aspect to be seen there, but all the same – and this is interesting – all these towns have their own individual atmosphere and their own genuine and even charming character.

My suggestion is that in our discussion we replace the expression "Beauty", which is not absolute, but historically relative, by the expressions "Identity" and "Character".

My suggestion is that in our discussion we replace the expression "Beauty", which is not absolute, but historically relative, by the expressions "Identity" and "Character". If we do, then the old Ruhr District with its coal-mines and steel forges will, for me, take on a hugely strong identity, a hugely strong character. There is not much left of that today. To use the same metaphor: at night the sky is no longer red. It is a completely ordinary, average sky, the same as I could see over Lüneburg any night.

The Ruhr District has lost a great deal of its character; its identity is gradually fading away. The IBA-Emscher-Park is virtually a nostalgic event in which the corpses of the industrial era are being reanimated bit by bit, spotlighted

schmieden für mich eine ungeheuer starke Identität, einen starken Charakter. Davon ist heutzutage nicht mehr viel übrig geblieben. Um im Bild zu bleiben: nachts ist der Himmel nicht mehr rot. Es ist ein ganz banaler durchschnittlicher Himmel, den ich auch in Lüneburg haben könnte. Das Ruhrgebiet hat ganz erheblich an Charakteristika verloren, seine Identität verflüchtigt sich allmählich. Der IBA-Emscher-Park ist im Grunde eine Nostalgieveranstaltung, in der die Leichen des Industriezeitalters künstlich reanimiert werden, bunt angestrahlt und zum Rummelplatz geworden. Denn in der Tat: ohne das Leben der Industriegesellschaft machen die bloßen Relikte der Industriegesellschaft wenig Sinn. Das Ruhrgebiet befindet sich in einem Übergang. Und wenn das Ergebnis dieses Übergangs ist, dass das Ruhrgebiet eine Region des Wissens wird, dann unterscheidet diese sich nicht wesentlich von Heidelberg, Los Angeles, Montreal und natürlich auch nicht von Neu Delhi. Denn Regionen des Wissens werden in dieser zukünftigen Gesellschaft die einzigen Regionen sein, die noch überleben werden.

Welchen Sinn haben solche historischen Überlegungen? Herr Stimmann hat gesagt, es gibt zwei Begriffe, die für ihn wichtig sind: Schönheit und Geschichte. Ich nehme diese Formulierung ernst und das bedeutet, dass man Schönheit historisiert. Und damit hat Herr Stimmann, ohne es wahrscheinlich zu wollen, die Relativierung, die jetzt in den Schönheitsbegriff eintritt, „freigeschossen".

Wenn wir uns die Geschichte der Stadt anschauen, sollte eigentlich unsere historische Neugierde geweckt werden. Denn in der Tat, wenn wir nur wenige Jahrhunderte zurückblicken, stellen wir fest, dass wir in relativ kurzer Zeit völlig unterschiedliche Wahrnehmungen von Stadt rekonstruieren. Die Stadt Berlin hatte eine kurze Phase, in der sie als Spree-Athen galt. Das war ungefähr die Zeit der Klassik, die Zeit Schinkels. Bereits im Industriezeitalter wurde ein Großteil dieses Berlins wieder abgerissen. Das gotische Berlin, von dem Herr

in colour and made into a fairground. In actual fact, without the life of the once industrial community, the bare relics of their industrial society make little sense. The Ruhr District is in the process of transition and if the result of this transition is for the Ruhr District to become a region of knowledge, then it cannot be substantially distinguished from Heidelberg, Los Angeles, Montreal or, for that, New Delhi. For in this future society the regions of knowledge will be the only regions to survive.

What is the meaning of such historic reflections? Mr. Stimmann said that there are two expressions which are important to him: Beauty and History. I take this statement seriously, and that means that beauty is being historized. And with this, Mr. Stimmann – probably without realising it – has shot free the relativity which has crept into the expressions.

If we look at the history of the city, our curiosity for history cannot but be really awakened. For, in fact, if we look back over just a few centuries, then we discover that in a relatively short time we have construed a completely different understanding of what a city is. The city of Berlin had a short phase in which it was nick-named Spree-Athens. That was round about the time of the classics, the time of Schinkel. During the industrial era, a large part of this Berlin was pulled down. Gothic Berlin, which Herr Stimmann spoke of, ie. the tiny weeny old towns of Berlin and Kölln, had already been completely demolished, with only very few exceptions. The roads remained, but were widened bit by bit by means of setting houses further back from the road. In the 19th century there was as good as nothing left of historic Berlin except for a few relics. One of the areas left, the Krögel, was the last slum which survived until the War, and then it fell victim to the bombs.

The Berlin we all know is the Berlin which was created during the years of rapid industrial expansion in Germany. The absolutely largest part of Berlin, which had developed by the time First World War began, is the part whose main districts were spared – Prenzlauer Berg, Kreuzberg, Schöne-

sprach, also die kleine winzige Altstadt Berlin und Kölln, war bereits komplett mit ganz wenigen Ausnahmen abgerissen. Die Straßen blieben, nur wurden sie sukzessive verbreitert, indem man die Häuser zurücksetzte. Im 19. Jahrhundert war vom historischen Berlin so gut wie nichts mehr da außer einigen wenigen Relikten. Eines dieser Gebiete, der Krögel, war der letzte Slum, der noch bis zur Kriegszeit existierte und dann den Bomben zum Opfer fiel.

Das Berlin, das wir alle kennen, ist das Berlin der Gründerzeit. Der absolut größte Teil Berlins, der bis hin zum ersten Weltkrieg entstand, ist die Stadt, die auch den Krieg in wesentlichen Quartieren überstanden hatte – im Prenzlauer Berg, in Kreuzberg, in Schöneberg, in Charlottenburg, in den eher bürgerlichen Teilen in Wilmersdorf. Was weitestgehend zerstört war, war die historische Altstadt – nur, sie war zum Teil längst keine Altstadt mehr gewesen. Sie war kulturell soweit entwertet worden, dass das Bürgertum, von dem ja immer die Rede ist, diese Altstadt längst verlassen hatte. Diese Stadt war in keiner Weise mehr kompatibel mit den Wohnansprüchen des Bürgertums. Es war längst die Suburbia-Idee im deutschen Kaiserreich angekommen, die aus England kam und in Amerika Furore machte, und wer etwas auf sich hielt, lebte natürlich nicht mehr in der alten Stadt, sondern draußen in einer Villa und legte einen größeren Weg zur Arbeitsstätte in der Innenstadt zurück. Um 1900 war die alte europäische bürgerliche Stadt genau von denen verlassen worden, nach denen wir sie benennen, von den Bürgern.

Heute sind wir soweit, dass wir als Nostalgiker eine bürgerliche Stadt beschwören, die es im 19. Jahrhundert schon nicht mehr gab. Wir entdecken diese bürgerliche Stadt erst seit wenigen Jahrzehnten wieder, ungefähr beginnend mit der Postmoderne in den späten 1960er und 1970er Jahren. Ein Schlüsselwerk wurde bereits genannt: „Die Architektur der Stadt" von Aldo Rossi aus dem Jahr 1966. Es war ein sehr langsamer Wiederentdeckungsprozess der historischen Stadt, nachdem sie –

With our nostalgic, wistful affection we have now reached a point at which we conjure up a picture of a bourgeois city which no longer existed even in the 19th century.

berg, Charlottenburg, and the more bourgeois parts of Wilmersdorf. What was destroyed most was the historic old town – but that was no longer the real historic old town. It was culturally so degraded that the bourgeoisie, so often spoken about, had left it ages beforehand. This city was no longer in any way compatible with the standard of living desired by the bourgeoisie at that time. The idea of suburbia, which had come across from England and which had caused furore in America, had already settled comfortably into the German Empire, and anyone who thought anything of himself of course no longer lived in the old town, but outside the city in a villa and now had a long way to travel to reach his place of work. Around 1900, the old European bourgeois city had been deserted by just those people after whom it was named, i.e. by the bourgeoisie.

With our nostalgic, wistful affection we have now reached a point at which we conjure up a picture of a bourgeois city which no longer existed even in the 19th century. We have only been rediscovering these bourgeois cities for the last few decades, beginning with postmodernism in the late 1960s and 1970s. A key production has already been mentioned: "The Architecture of the City" by Aldo Rossi from the year 1966. Rediscovering the historic city was a very slow process and even then – under the many layers of time which lay above it – it was no longer the old city. This historic city had been given up completely long ago for demolition purposes.

wohlgemerkt mit den vielen Schichten, die sie dann schon angesetzt hatte – nicht mehr die alte Stadt war. Diese historische Stadt war lange Zeit komplett aufgegeben worden und zum Abriss freigegeben.

Die europäische Stadt, von der wir heute reden, ist zum Teil selbst das Ergebnis einer gigantischen historischen Zerstörung. Das Musterbeispiel ist die beliebteste Stadt überhaupt, Paris, wo Baron Haussmann quer durch die alte Stadt Schneisen und Sichtachsen schlug. Diese großen Boulevards, die sternförmig durch die Stadt verlaufen, scheren sich überhaupt nicht um die Struktur der alten Stadt. Und genau dieses Haussmannsche Paris ist eigentlich unser Idealbild der historischen Stadt. Das, was wir heute für die bürgerliche europäische Stadt halten, ist eine autoritär verordnete Stadt. In Berlin geschah etwas Ähnliches. Hier folgte man mit dem Hobrecht-Plan dem Pariser Modell.

Wir sollten heute nicht den Eindruck erwecken, als müssten wir gegen die Freveltaten der Moderne einen genuinen Zugang zur Geschichte wieder herstellen. Wir müssen nicht von einer bürgerlichen Stadt reden, die es lange nicht mehr gibt und wir sollten auch zur Kenntnis nehmen, dass die Bürger selber nie diesen pietätvollen Umgang mit ihrer eigenen Stadt gepflegt haben. Und das ist in der Tat das eigentlich Spannende an unserem Thema, das Erkennen der absoluten Historizität unserer Stadtgeschichte. Wir können in vielen Städten diese Schichten noch relativ gut ablesen.

Wer sich einmal in Ruhe in einer mittelalterlichen Stadt verlustiert und dann versucht, sogar Wochen darin zu verweilen, (wie ich es mal in Montpellier in Südfrankreich gemacht habe,) der bekommt Probleme. Unsere moderne Sensibilität ist nicht auf Häuser ausgerichtet, in denen es tagsüber kein Sonnenlicht gibt. Die Gassen sind dunkel. Und wenn man zwei Wochen lang in einem Zimmer aus dem späten 16. Jahrhundert gewohnt hat, das permanent

The European city which we are talking about now is partly the result of gigantic historic destruction. The master sample of this is Paris, the most beloved city of all, where Baron Haussmann hewed paths and free access to viewing things of beauty right through the middle of the old city. These large avenues, which run star-shaped through the city, care nothing about its old structure. And it is just this Haussmann Paris which is our ideal image of the historic city. That which we nowadays take to be typical of the bourgeois European city is an authoritatively orderly community. The same sort of thing happened in Berlin when the Paris model followed the Hobrecht Plan.

Today we should not give the impression that we want to rebuild a genuine approach to history by opposing the heinous deeds of modernity. We have no need to speak about a bourgeois city which has been non-existent for a long time, and we should also recognise that the citizens' treatment of their own city was never particularly pious. The really exciting thing about our topic is the recognition of the absolute historic value of city history. In many cities we can recognise and read into each of their strata relatively well.

Anyone who has had the time and money to amuse himself in a city dating back to the Middle Ages and has then tried to live there for a few weeks (as I once did in Montpellier in the south of France) will find himself in trouble. Our modern sensibility is not directed at houses in which there is no sunlight during the daytime. The narrow streets are dark. And if you try for just two weeks to live in a room dating back to the 16th century which is permanently dark, then you will get claustrophobia. All at once you can understand why the bourgeoisie of the 19th century left their old cities in a rush and preferred life in the country to the narrow streets and, into the bargain, the health hazards of uncomfortable city life. And, of course, any town planner in the 19th century took it for granted that this same old city was to be got rid of.

dunkel ist, dann bekommt man Beklemmungen. Wir können auf einmal nachvollziehen, warum das Bürgertum im 19. Jahrhundert fluchtartig aus der alten Stadt auszog und das Leben im Grünen dem engen und obendrein auch gesundheitlich nicht angenehmen Leben in der Stadt vorzog. Und natürlich war jeder Planer im 19. Jahrhundert ganz selbstverständlich von der Prämisse ausgegangen, dass diese alte Stadt weg muss.

Einige Monumente bleiben natürlich stehen – mehr noch, einige Monumente baut man sogar neu, wie z. B. den Kölner Dom. Ganz im Sinne der Gotik und wenn man genau hinschaut, merkt man, so richtig gotisch ist es zum Teil ja doch nicht. Das 19. Jahrhundert hatte kein richtiges Sensorium mehr für Gotik. Aber insgesamt war die Grundhaltung seinerzeit die Folgende: die Stadt dürfen wir weitestgehend abreißen, wir sollten nur ein paar Monumente erhalten. Und einige der Monumente, auch das entspricht unserer postmodernen Mentalität, dürfen wir auch *faken*. Wir tun so, als sei es alt. So gesehen ist die Berliner Schlossrekonstruktion durchaus eine Haltung des 19. Jahrhunderts. Der Rest der Stadt steht zur Disposition.

Und auch bei Aldo Rossi finden Sie diese Haltung. Aldo Rossi gehörte in den italienischen Diskussionen der 60er, 70er Jahre zu der Fraktion, die gnadenlos forderte, dass man große Teile der italienischen Städte abreißt, weil sie unhygienisch sind und von niemandem mehr geschätzt werden. Und Sie werden lesen, dass die Identität der Stadt nicht an der Stadt und ihrer Architektur hängt, an der Parzellenstruktur sehr wohl, aber nicht an der konkreten Architektur, sondern nur an den Monumenten. Die Monumente stehen für das Gedächtnis der Stadt. Und die Monumente müssen natürlich stehen bleiben.

Und dann muss man sich natürlich fragen, was es heißt, wenn wir tatsächlich verschiedene Sensibilitäten haben. Die Sensibilität des 19. Jahrhunderts ist wiederum eine

Some of the monuments of the time were naturally left standing – some monuments were even rebuilt as, for example, Cologne cathedral. If you look carefully, you can see that it is not completely Gothic in style. The 19th century had no feeling left for Gothic architecture. On the whole the general opinion of the time was as follows: the city can be demolished for the greater part, but we want to keep a few monuments. And – in accordance with our post-modern mentality – we are allowed to even fake some of them. "Let's just pretend it's old!" In this way, the reconstruction of the Berlin Palace is indeed a reflection of 19th century mentality. The rest of the town is at anyone's disposal.

Even Aldo Rossi was of this opinion. During the Italian Discussion of the sixties and seventies, Aldo Rossi was one of the protagonists who demanded unpityingly that large parts of the Italian cities be demolished because they were unhygienic and were no longer treasured by anyone. And you will read that a city's identity was not dependant on its city architecture but on the size of its plots of land, not on its specific architecture, but on its monuments. Monuments stand for a city's memories; and monuments must, of course, be left where they are.

And then, naturally, one must ask oneself what it means to have varying degrees of sensibility. The sensibility of the 19th century was completely different to that of modern man. When in around 1910 or 1920 people expressed the wish to have light, air and sunshine, then that was not a psychologically modern whim, which by now, thank Goodness, we have surmounted, but simply the articulation of a collective necessity to at last get away from dark streets. I have an interesting text here by one of the outstanding witnesses of the time, a witness who lived in an outspokenly luxurious villa in the Berlin district of Grunewald; he was boss of the AEG, Walter Rathenau, later Foreign Minister, murdered by right-wing radicals at the beginning of the twenties. Here is a text by Walter Rathenau dating back to the German Empire and it is about "The Most Beautiful Cities in the World". The title is

> We all love Venice again, we love cities dating back to the Middle Ages. Strangely enough, people still move away.

ironic. Rathenau means Berlin and he ascertains that Berlin is a horrible city in which one can see no light if one has asphalt under one's feet and a small, narrow strip of light over one's head. If one gave him the position of Mayor, then he would accept if he were also given the same competence as Nero had. Then he would discover the pyromaniac inside himself and would burn this city down and then rebuild it with wide roads. What Walter Rathenau writes is slightly ironic, but not really ironic. In actual fact, he states what the bourgeoisie, what the intellectuals of the German Empire, thought of Berlin – which was plain nothing. It was an immensely ugly city and really only fit for demolition.

What we cannot understand nowadays was at that time a completely normal reaction towards the historic city as it was. And if we now stopped incessantly moralising on history, then we would just accept the fact that we have 100 years of European city history behind us in which the old town, as it was in those days, was no longer appreciated. And then we need an exact explanation of why the great mistakes of Post War Modernism led to our suddenly rediscovering the old town at the end of the sixties and filling it up and overloading it with idealised objects of bourgeoisie, with open spaces, and with repossession by its citizens. In the end we have completely contrary opinions. Some claim that citizens should regain the right to plan their town as they wish, others maintain that citizens are not in a position to do so because there are too few elite endowed with appropriate aesthetic competence. The answer boils down to very radical

die alte Stadt wiederentdecken und sie aufladen und überfrachten mit Idyllisierungen von der bürgerlichen Stadt, vom öffentlichen Raum, von der Aneignung durch die Bürger. Am Ende stehen ganz konträre Positionen. Die eine besagt tatsächlich, dass man den Bürgern wieder das Recht geben sollte, die Stadt zu gestalten, und die andere besagt, dass die Bürger dazu nicht in der Lage sind, da nur ganz wenige Eliten ästhetisch kompetent sind. Es läuft auf sehr radikale Alternativen hinaus. Aber interessanterweise ist es dann im Ergebnis doch wieder die Liebe zur alten Stadt, die triumphiert.

Aus dieser Nostalgie heraus ist dann in der Tat der Abriss der Nachkriegsmoderne die Lösung, die im Augenblick flächendeckend propagiert wird. Gerade gibt es dazu einen neuen Sachverhalt aus Leipzig. Die großen Scheibenhochhäuser am Bahnhof, die ausgesprochen gut gelungen sind, werden jetzt durch eine relativ banale Blockschließung ersetzt, zumindest ist gestern das Wettbewerbsergebnis in der Frankfurter Allgemeinen so präsentiert worden. Heute ist man offensichtlich der Meinung, dass das Pathologische an der Baugeschichte die Moderne war. Manchmal assoziieren wir die Moderne sogar mit Göbbels und Hitler und dem Dritten Reich, eine in Berlin gern geübte Strategie. Und auf einmal ist die Moderne, in der wir aufgewachsen sind und die in der Tat so ihre Fehler hat, perforiert. Das eigentliche Übel dieser Welt, so die neue Lehre war, nicht mal der zweite Weltkrieg, es war nicht Hitler, es war nicht Stalin, nein, es war Gropius. Und irgendwo wird es dann natürlich absurd.

Wie sich auf einmal innerhalb kürzester Zeit die Paradigmen wandeln: Was früher unter Sensibilitätsgesichtspunkten negativ war, ist auf einmal positiv. Je enger und je dichter, desto besser, wir lieben alle wieder Venedig, wir lieben mittelalterliche Städte. Merkwürdigerweise ziehen die Bewohner dennoch weg, in Venedig wohnen nur noch 70.000 Einwohner. Es werden immer weniger. Wir kriegen die alten Städte tatsächlich nicht voll, es sei

alternatives. But interestingly enough it is the deep affection towards the old city which finally triumphs.

And thus, in the end, the demolition of Post War Modernism wins and is the solution which is generally propagated for nostalgic reasons. Just now Leipzig is moving in this direction. The new high-rise glass buildings near the station, which were a huge success, are now going to be replaced by banal blocks of multi-storey buildings – at least, this version of the result of a competition was presented in the Frankfurter Allgemeine newspaper yesterday. We are apparently now of the opinion that pathological aspects were now all the rage. Sometimes we associate modernism with Göbbels and Hitler and the Third Reich, a strategy which one likes to practise in Berlin. And suddenly the modernism in which we grew up and which certainly had its faults is perforated and we are suddenly given to believe that the actual evil of this world was not the Second World War, was not Hitler, was not Stalin – no it was Gropius. And then somehow things start to become absurd.

How paradigms change within a very short space of time! What was negative under the term known as "sensibility point of view" is now suddenly positive. The closer and more neatly compact the better; we all love Venice again, we love cities dating back to the Middle Ages. Strangely enough people still move away; in Venice there are only 70,000 inhabitants left, and day by day there are even less. We cannot fill the old towns any more unless we reduce their density to a large degree, or, as in Barcelona at present, remove a large amount of old town substance. Well, anyway, everyone loves old historic town areas again and we would like to have them back.

You will notice that I have avoided using the term "beautiful" too much; only once in the ironic text by Walter Rathenau did the term come about. The question of what the most beautiful is has not yet been answered. As a sociologist I cannot provide an answer. As an individual I must tell you privately that I have my own absolute understanding of the

denn, wir entkernen im großen Stil oder es wird, wie jetzt in Barcelona, eben doch sehr viel Altbausubstanz abgerissen. Trotzdem lieben auf einmal alle die alte Stadt und wir hätten Sie gerne wieder.

Sie merken, ich habe den Begriff Schönheit weitestgehend vermieden, nur einmal in dem ironischen Text von Walter Rathenau tauchte die Schönheit auf. Die Frage, was das Schönste ist, wurde bisher nicht beantwortet. Als Soziologe kann ich sie auch nicht beantworten. Persönlich, ganz privat, muss ich Ihnen allerdings sagen, dass ich für mich selber einen absoluten Schönheitsbegriff habe. Den würde ich individuell verteidigen. Nachdem ich eben den Begriff „absolute Schönheit" gehört habe, wage ich gar nicht mehr in den Spiegel zu sehen. Wer von absoluter Schönheit redet, redet nur von seiner eigenen.

In der Redaktion der Zeitschrift „Archplus" wurde früher mal der Begriff „Catherine-Deneuve-Architektur" verwendet: Er stand für: schön, aber langweilig. Nun kann man darüber streiten, ob Catherine Deneuve langweilig ist. Da ich sie nicht persönlich kenne, wage ich das nicht zu beurteilen. Doch „schön, aber langweilig" hat mich irgendwie beeindruckt. In der Tat, es gibt Schönheiten, die veranlassen einen zu gähnen, während es richtige Hässlichkeiten gibt, die man faszinierend findet. Es könnte also sein, dass die Schönheitsfrage ohnehin eine Sackgasse ist. Nicht nur, dass sie relativ ist, es gibt keinen objektiven Schönheitsbegriff.

Wenn heute jemand Schönheit allen Ernstes als Kampfbegriff verwendet in dem sicheren Bewusstsein, dass er weiß, was schön ist, und alles andere kann dann nur hässlich sein, dann ist er in dieser Gesellschaft vielleicht sogar sozial-darwinistisch sehr lebensfähig, er weiß sich durchzusetzen. Er ist aber garantiert nicht auf der Höhe des Pluralismus unserer Zeit. Wir leben mit einem Pluralismus, dem wir nicht mehr entweichen können. Es gibt verschiedene Ästhetiken, die sich sogar ausschließen. Man könnte Unmengen Lebensstilästhetiken vorführen, die

term "beautiful", and I would defend it, whatever the case. After having heard the term "absolute beauty" I now dare not look in the mirror! Anyone who speaks of absolute beauty only speaks of his own.

On the editorial staff of the magazine "Archplus" the term "Catherine-Deneuve-Architecture" was often used. It simply meant: "beautiful, but boring". Now, one can argue the toss whether Catherine Deneuve is boring or not. As I do not know her personally, I would not attempt to make any judgement on it; but the term "beautiful, but boring" somehow impressed me. And indeed, there are beauties who cause one to yawn, and again there is a kind of ugliness which is fascinating. Therefore it could be that the question of beauty is a dead-end subject anyway. Not only is beauty relative, but there is no objective understanding of the term.

And if anyone today uses the word "beautiful" in all honesty as a battle term in the safe belief that he knows what beautiful is and the other party can only be called ugly, then he is, in terms of social-Darwinism, probably very hardy and will always win through; but he is intellectually definitely not in line with our times. We live in a type of pluralistic society from which we can no longer escape. There are some aesthetes who even keep out of any discussion. One could mention a whole load of lifestyle aesthetes who disqualify each other and who, funnily enough, are still able to coexist. Interestingly enough it seems to be just this coexistence which makes a town interesting. Therefore it is likely that a city which is obliged to comply to a certain idea of beauty really is as boring as poor Catherine Deneuve, whilst a city which demonstrates a certain amount of plurality, including the ugliness which is part of its nature, is quite able to prove to be exciting. Under the aspect of beauty and character, ugliness is to a normal city what it is to the man in the street, for only the very few can be compared to Catherine Deneuve.

And that is why I believe that this discussion on beauty is a discussion which we all need, a discussion which sharpens

Und die lebendigsten Städte auf der Welt, das würde ich in der Tat sagen, sind nicht unbedingt die schönsten.

sich wechselseitig ausschließen und die dennoch irgendwie koexistieren. Und interessanterweise scheint es sogar diese Koexistenz zu sein, die Städte gerade interessant macht. Es könnte also sein, dass eine Stadt, die einem einheitlichen Schönheitsbegriff verpflichtet ist, tatsächlich wie die arme Catherine Deneuve langweilig ist. Während eine Stadt, die eine gewisse Pluralität aufweist, inklusive der dazugehörigen Hässlichkeit, eine spannende Stadt sein könnte. Unter dem Gesichtspunkt von Atmosphäre und Charakter gehört wahrscheinlich Hässlichkeit so zu einer normalen Stadt, wie es auch bei den meisten Menschen dazugehört, denn nur die wenigsten sind Catherine Deneuve.

Und von daher glaube ich tatsächlich, dass diese Diskussion über Schönheit sicherlich eine Diskussion ist, die wir brauchen und die unsere Sinne schärft. Wir können ohne den Schönheitsbegriff nicht leben und jeder von uns wird seine Schönheit definieren können und auch streitbar umsetzen. Ich plädiere daher nicht für eine Diskussion, die die Schönheit außen vor lässt. Wir sollten uns allerdings darüber im Klaren sein, dass wir in einer pluralen Gesellschaft leben, in der verschiedene Schönheitsbegriffe koexistieren. Von daher wird sich auch die Ästhetik der Stadt nicht mehr an einem Schönheitsbegriff orientieren können. Städte, die das tun, bezahlen dafür zum Teil einen sehr hohen Preis. Und die lebendigsten Städte auf der Welt, das würde ich in der Tat sagen, sind nicht unbedingt die schönsten. Und das ist wiederum eine frohe Botschaft für Gelsenkirchen. Da, in der Pluralität, hat auch Gelsenkirchen wieder eine Chance.

our senses. We cannot live without a feeling for beauty; each one of us is able to define his own sense of beauty and defend it. I, therefore, do not plead for a discussion which leaves beauty out. We should, however, make it clear to our-

And the most lively cities in the world, if I may say so, are not necessarily the most beautiful.

selves that we live in a pluralistic society in which different ideas of beauty coexist. That is why the aesthetic aspect of a city will no longer be able to align itself to one single aspect of beauty. Cities which do so will have to pay a very high price for it. And the most lively cities in the world, if I may say so, are not necessarily the most beautiful – and that, now, is very good news for Gelsenkirchen. There, in the middle of plurality, Gelsenkirchen also has a new lease of life.

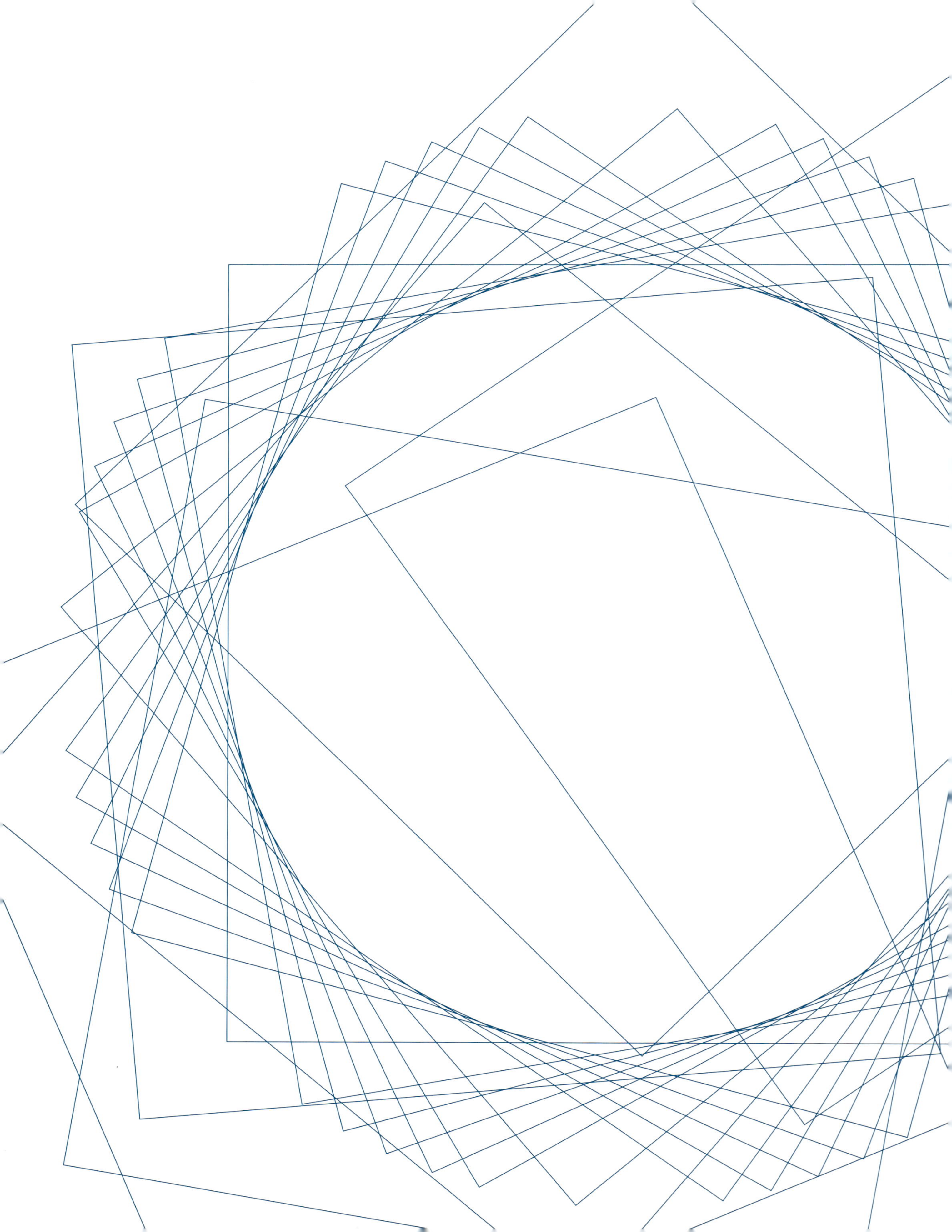

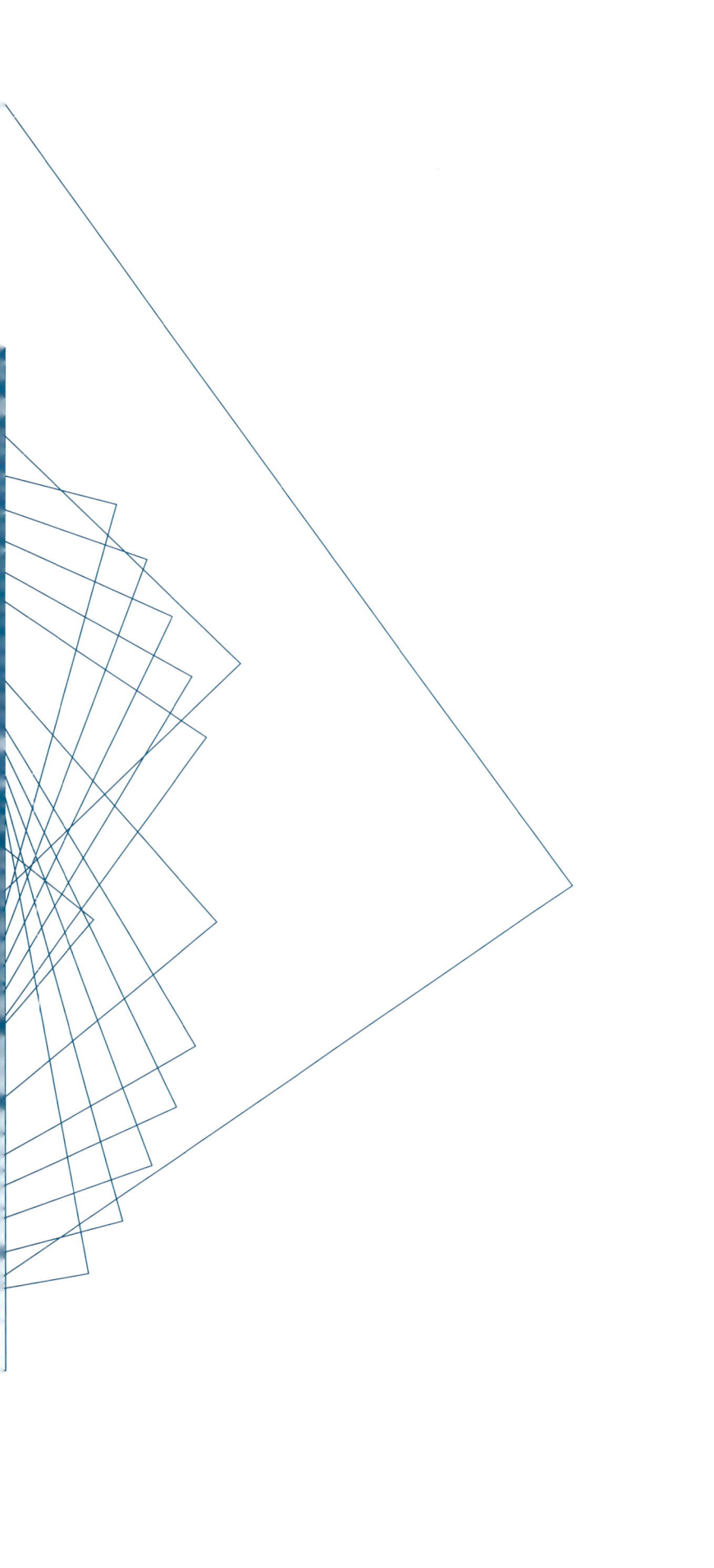

The New "Museum Folkwang" in Essen

Sabine Maria Schmidt, Art Historian

I can still hear the echo of the words spoken by Professor Sewing and Professor Dr. Stimann, who justifiably insist that in the Ruhr, more consideration has to be given to the beauty of its cities; thoughts that in my judgment could revolve more around a fundamental improvement to the quality of life and of residing in the Ruhr than visual beautification measures. Yet in my opinion, in this densely populated region there is a heterogeneous understanding of where the priorities are to be placed and what is considered beautiful.

What construction enterprises are regarded as important today? What visions characterize our cities, above all against the background of the increasing privatization of public spaces and institutions? Creating significant examples of architecture has always been an important concern. In the nineteenth century, the train station took center stage (an undertaking that has been completely neglected in the Ruhr). Later, it was the modern factory, the department store, the bank building, the museum, the soccer stadium. In the nineteen sixties, it was the high rises, and today, it seems to be the shopping-mall investor projects that make up the cityscape.

The Museum Folkwang is an outstanding contemporary example of how traditional and historical institutions to an enormous extent influence and can reactivate the identity and appeal of a city. The Museum Folkwang in Essen is an institution that can fall back on a long historical development yet at the same time embodies the self-conception of a vibrant museum that strives to continuously redefine and modify its tasks.

This includes reflecting on what a museum in a city should and can accomplish, because over the decades, its areas of responsibility have clearly shifted: expanding and maintaining collections, exhibition planning, communication and education, marketing, operating, logistics, continuous

In den 60er Jahren waren es die Hochhäuser und heute scheinen es die Investorenprojekte der „Shopping-Malls" zu sein, die das Stadtbild formen sollen.

Das Museum Folkwang ist ein aktuell herausragendes Beispiel dafür, wie traditionelle und historische Institutionen die Identität und die Aufmerksamkeit einer Stadt in enormen Maße mitprägen und reaktivieren können. Das Museum Folkwang in Essen ist eine Institution, die auf eine lange historische Entwicklung zurückgreifen kann, zugleich aber das Selbstverständnis eines lebendigen Museums zum Ausdruck bringt, das sich und seine Aufgaben immer wieder neu definieren und verändern möchte.

Dazu gehört eine grundsätzliche Reflektion darüber, was ein Museum in einer Stadt heute alles leisten soll und leisten kann. Denn die Aufgabengebiete haben sich im Laufe der Jahrzehnte deutlich verschoben: Sammlungserweiterung und -pflege, Ausstellungsplanung, Vermittlung und Bildung, Marketing, Betrieb, Logistik, kontinuierliches Investment (pekuniär und personell) und überregionale Wahrnehmung im öffentlichen Leben bilden nur einige aber elementare Aspekte. Sie definieren die Basisarbeit von Museen; alle Bereiche erlauben in ihrer Auffassung und Ausarbeitung ein unterschiedliches Verständnis. Der in der Aufmerksamkeitshierarchie übermächtige Event-Kulturbegriff, die pekuniäre Schere zwischen öffentlichen und privaten finanziellen Ressourcen führen momentan dazu, dass die Aufmerksamkeit und das Bekenntnis für diese Kernaufgaben in den Museen selbst, in der Politik und in den öffentlichen Medien vernachlässigt werden könnte. Diese Kernaktivitäten sind oft längerdauernd und weniger spektakulär, erfolgen im Hintergrund und nicht auf einer Bühne. Die Konzepte und zukünftigen Ziele des Museum Folkwang möchten daher neben einem starken Ausstellungsprogramm gerade dieses Bekenntnis zur traditionellen Museumsarbeit verstärkt und in langfristiger Nachhaltigkeit formulieren und dieses auch in einer neuen Architektur formuliert wissen.

investment both in terms of money and staff, and nationwide perception in public life are only a few of the elementary aspects. They define the museum's groundwork; all areas allow a different understanding of their conception and elaboration. The cultural concept of the event, which has become prepotent in the hierarchy of attention, and the cleft between public and private financial resources has led to the neglect of the commitment to these core responsibilities in museums themselves, in policymaking, and in the media. These core activities are frequently long-term and not very spectacular; they take place in the background and not on a stage. In addition to a sound exhibition program, the Museum Folkwang's concepts and goals shall therefore more strongly embrace this commitment to traditional museum work and sustainably frame it in the long term within a new architecture.

Accordingly, the construction project made extreme demands in terms of aesthetic, spatial, and functional quality. The urbanistic situation had to be taken into account, as did the economic concept and plan during the construction phase and later operation. The new building was meant to make its location on the busy Bismarkstrasse an outstanding artistic, urban, and social center of attraction. To the north, the Museum Folkwang borders on the Kulturwissenschaftliches Institut (KWI), one of the most distinguished research institutes in North Rhine-Westphalia. Together, both institutes

Die Bauaufgabe stellte demnach höchste Anforderungen an die ästhetische, räumliche und funktionale Qualität, an die Berücksichtigung der städtebaulichen Situation, sowie an die wirtschaftliche Konzeption und Planung bei Erstellung und Betrieb. Der Neubau soll den Standort an der vielbefahrenen Bismarckstraße zu einem herausragenden künstlerischen, urbanen und gesellschaftlichen Anziehungspunkt der Stadt machen. Im Norden grenzt das Museum Folkwang an das Kulturwissenschaftliche Institut (KWI), eines der bedeutendsten Forschungsinstitute Nordrhein-Westfalens. Gemeinsam können beide Institute zukünftig einen kreativen Campus bilden, auf dem Kunst und Wissenschaft sich austauschen.

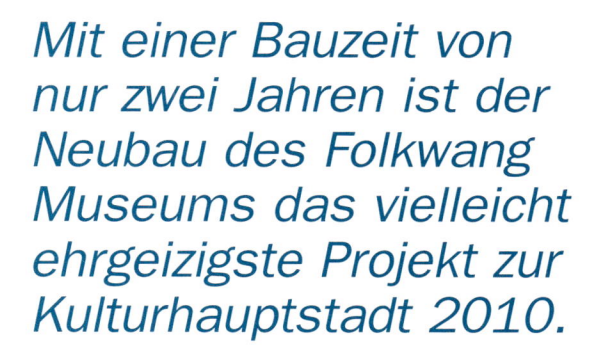

Mit einer Bauzeit von nur zwei Jahren ist der Neubau des Folkwang Museums das vielleicht ehrgeizigste Projekt zur Kulturhauptstadt 2010.

Im August 2006 gab Prof. Dr. h.c. mult. Berthold Beitz, Kuratoriumsvorsitzender der Alfried Krupp von Bohlen und Halbach-Stiftung, bekannt, dass die Stiftung als alleinige Förderin die Mittel für den Neubau des Museum Folkwang, 55 Mio. Euro, zur Verfügung stellt. Die Stadt Essen lobte darauf einen internationalen Architektenwettbewerb aus, an dem nach vorgeschaltetem offenem Bewerbungswettbewerb zwölf Architektenbüros aus dem In- und Ausland teilnahmen.

In der Sitzung vom 13. März 2007 entschied sich die Jury, wie viele von ihnen wissen werden, für den überarbeiteten Entwurf von David Chipperfield Architects, Berlin/ London. Mit einer Bauzeit von nur zwei Jahren ist der Neubau des

can in future constitute a creative campus on which art and science interact.

In August 2006, the honorary doctor Professor Berthold Beitz, the chairman of the board of trustees of the Alfred Krupp von Bohlen and Halbach Foundation, announced that as the sole patron, the foundation was making fifty-five million euros available for the construction of the new Museum Folkwang. Following a period of open bidding, the City of Essen called for competitive bids from twelve national and international architectural offices.

As many of you already know, at its meeting on March 13, 2007, the jury decided in favor of the revised design by David Chipperfield Architects, Berlin and London. With a construction period of only two years, the new Folkwang museum is probably the most ambitious of Essen's projects within the scope of the 2010 European Capital of Culture. According to David Chipperfield's plans, the new structure will extend the old landmarked building from 1960, which will continue to house the Museum Folkwang's unique art collection. With its collection of 340,000 posters, the largest of its kind in the world, the Deutsches Plakatmuseum (German Poster Museum) will be at home in the new building, as will the distinguished Fotografische Sammlung (Photographic Collection).

Folkwang Museums das vielleicht ehrgeizigste Projekt zur Kulturhauptstadt 2010. Das nach den Plänen von David Chipperfield entstehende Bauwerk ergänzt den denkmalgeschützten Altbau von 1960, der auch in Zukunft die einzigartige Kunstsammlung des Museum Folkwang beherbergt. Auch das Deutsche Plakat Museum mit seiner weltweit größten Sammlung von 340.000 Plakaten und die bedeutende Fotografische Sammlung finden im Neubau eine Heimat.

Das gesamte Ensemble aus sechs Baukörpern, vier Innenhöfen, Gärten und Wandelhallen, öffnet sich mit einem neuen urbanen Auftritt zur Bismarckstraße und zu den großen Kultureinrichtungen rund um die Folkwangbrücke. Der Baubeginn fand im Herbst 2007 statt, die Eröffnung ist für den Beginn des Jahres 2010 geplant. Die gesamte Fläche umfasst ca. 12.200 Quadratmeter Nutzfläche. Dazu gehören ein großer Eingang mit Foyer, Restaurant, Buchladen, Projektraum und ein Multifunktionsraum, Räume für Wechselausstellungen, Räume der Sammlungen Malerei und Skulptur sowie Kunstgewerbe, Ausstellungsräume der fotografischen Sammlung, der grafischen Sammlung und des Deutschen Plakat Museums, Räume für Depots, für Werkstätten und eine Tiefgarage.

Natürlich gehe auch ich als Kunsthistorikerin davon aus, dass ein einziges Gebäude eine Stadt in keiner Weise schöner machen kann; ebenso wenig wie ein solitäres Werk der bildenden Kunst ausreicht, um eine Architektur zu verschönern. Beide können sich – wenn sie gut sind – aber ergänzen und gegenseitig aufladen. Das Museum kann infizierend wirken, in dem es ästhetische und qualitative Ansprüche vorlebt, die auch für andere Lebensbereiche eingefordert werden könnten.

Einen Aspekt möchte ich ansprechen, da er von einem Vorredner angesprochen wurde:
Brauchen wir ein spektakuläreres Gebäude, das einen „Bilbao-Effekt" auslösen könnte – einen vielzitierten

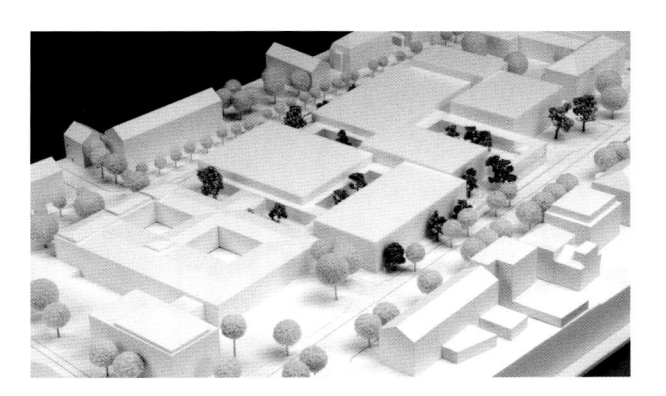

The overall ensemble consisting of six structures, four inner courtyards, gardens, and foyers opens up to Bismarkstrasse and the cultural institutions around the Folkwang Bridge. Construction commenced in the autumn of 2007. The opening is planned for early 2010. The total area measures about 12,200 square meters, which includes a large entrance with a foyer; a restaurant, a bookstore, and project and multipurpose rooms; spaces for temporary exhibitions and for collections of painting and sculpture as well as applied art; exhibition spaces for the Fotografische Sammlung, the Grafische Sammlung, and the Deutsches Plakatmuseum; and spaces for repositories, workshops, and an underground garage.

As an art historian, I of course know that a single building can hardly make a city more attractive; neither can a solitary piece of visual art beautify a building. However, if they are both exceptional, they can enhance and charge each other. The museum can become contagious by exemplifying aesthetic and qualitative demands that can be sought for other areas of life.

Different examples in Europe and America have shown that a new museum building can bring about an enormous advance in urban development. However, the impact of this advance cannot be precisely calculated and differs from city to city. The same applies, by the way, to the success of

4. Essener Forum Baukommunikation
Das neue Museum Folkwang in Essen
Sabine Maria Schmidt

Effekt, der übrigens immer ein berühmter Sonderfall geblieben ist? Haben zahlreiche waghalsige und spektakuläre Architekturen nicht zu einer ungewöhnlichen Verschiebung ihrer Funktion geführt, ja ihren Auftrag gar vergessen?

Was ein Museum allerdings allein nicht leisten kann, ist eine grundsätzliche Verbesserung der städtebaulichen Infrastruktur.

Dass ein Museumsneubau einen enormen Schub für die Stadtentwicklung bewirken kann, haben verschiedene internationale Beispiele in Europa und Amerika gezeigt. Dieser Schub ist in seinem Auswirkungen aber nie genau kalkulierbar und fällt in jeder Stadt unterschiedlich aus; ebenso wie der Erfolg von Großausstellungen übrigens. Natürlich wäre es schön, solche Auswirkungen und Effekte auch mit dem Neubau in Essen träumen zu können. So könnten die Viertel um das Museum zu bunten Szene-Vierteln werden.

Was ein Museum allerdings allein nicht leisten kann, ist eine grundsätzliche Verbesserung der städtebaulichen Infrastruktur und eine für die Stadtbewohner verbesserte Verkehrplanung.
Das Museum liegt nicht gerade an einer Belle Avenue in der Stadt. Mit dieser Schwierigkeit werden sich das Museum, die Stadt und auch die Besucher auseinandersetzen müssen. Beide Institute (Museum und KWI) haben der vierspurig befahrenen Straße bislang den Rücken gekehrt. Chipperfield setzt den Eingang des Museums nun an die Bismarckstraße und führt den Fußweg nicht mehr vorbei, um den Block herum, in eine beruhigte Ver-

4. Essener Forum Baukommunikation
The New "Museum Folkwang" in Essen
Sabine Maria Schmidt

large-scale exhibitions. It would be nice, of course, to be able to dream of the new museum having a similar impact. The quarters adjacent to it could become popular meeting places.

What a museum cannot achieve, however, is a fundamental improvement to the urban building infrastructure and better traffic planning for residents of the city. The museum is not exactly located on one of Essen's most attractive streets. This difficulty will have to be dealt with by the museum, the city, and visitors to the museum. Until now, both institutes (the museum and the KWI) had turned their backs to the four-lane street. Chipperfield has now placed the museum entrance facing Bismarckstrasse, and the sidewalk no longer leads past it and around the block to a traffic-reduced zone. He has put the building and its primary side back on the main artery road and gives it a face one has to confront. In addition, he creates a very open zone that leads up to the building complex, which generously branches out. What you see here is the large foyer that is accessed via a stairway.

A single building can hardly make a city more attractive; neither can a solitary piece of visual art beautify a building. However, if they are both exceptional, they can enhance and charge each other.

A historical aerial photograph from 1960 shows the old building, a classic example of successful modernism. It is a joy to be able to work in this open architecture with its

kehrszone. Er setzt das Gebäude und seine Hauptansichtsseite wieder an die Hauptverkehrsstraße und gibt dem Gebäude ein Gesicht, dem man sich stellen muss. Zudem schafft er eine sehr offene Zone, die hinaufführt in den Gebäudekomplex, der sich großzügig aufteilt. Sie sehen hier die große Eingangshalle, die über eine Treppe bezogen wird.

Eine historische Luftbildaufnahme von 1960 zeigt den Altbau; ein gelungenes Musterbeispiel des Modernismus. Es ist eine Freude, in dieser offenen Architektur mit ihrer klaren Raumgliederung, ihren Proportionen, dem Wechsel von geschlossenen Wänden und Glaswänden, arbeiten zu können. Chipperfield greift in seinem Grundriss nicht nur die ästhetische Struktur, sondern auch eine historische Struktur auf, indem er den Altbau zum Ausgangspunkt seiner Grundrisskonzeption macht, so vor allem in dem Einbezug der Innenhöfe.

Ein heutiger Museumsbau muss, wie wir gelernt haben, viele weitere Funktionen bieten. Zu Beginn der 80er Jahre waren Cafés in den Museen noch eine absolute Ausnahme. Heute sind gute Restaurants und Cafés selbstverständlich, ebenso wie ein Museumsshop, ein Restaurant und Veranstaltungsräume. All dieses wird es in entsprechendem Maße geben, dabei sollen alle Einrichtungen dazu dienen, dass sich die Besucher möglichst gerne und lange, gar mit Muße und Zeit, in dem Museum aufhalten können.

Momentan ist bei vielen Entwürfen zu Museumsbauten und ihrer Erweiterung wieder eine starke Tendenz zur Reduktion oder zu minimalistischen Ansätzen zu beobachten, die eine Mischfunktion zwischen den neuen und eben auch den alten, nämlich den zu verteidigenden klassischen Anforderungen an das Museum möglich machen. Ziel der Arbeit im Museum ist ja, die ästhetische Erfahrung des Betrachters mit dem Kunstwerk zu ermöglichen bzw. ein ästhetisches Erlebnis überhaupt zu schaffen. Das ist aber nur möglich, wenn ich mich vorher auf unterschiedlichen

clear spatial structuring, its proportions, the transition from closed to glass walls. In his floor plan, Chipperfield not only takes up the aesthetic structure, but also a historic structure by making the old building the starting point of his concept, which above all holds true for the inclusion of the inner courtyards.

As we have learned, a contemporary museum building has to incorporate a variety of functions. In the early eighties, a museum café was an absolute exception. Today, restaurants and cafés are a matter of course, as are museum shops and function rooms. The new museum will include all of these. The facilities will on the whole enable visitors to linger there at their leisure and for as long as they please.

At the moment, we are observing a strong trend toward reduction or minimalist approaches in many of the designs for museum buildings and their extensions that enable merging new functions with old ones, that is to say, defend the classic demands on a museum. The goal of a museum's work is to make it possible for the viewer to aesthetically experience a work of art or to even make this possible in the first place. However, this is only possible if I can approach the work of art on different levels, examine it, even throw myself into it. Aesthetic experiences are only possible if the appropriate general conditions have been created and the individual confronts them. These are often subtle and quiet.

Das neue Museum Folkwang in Essen
Maria Sibylle Schmidt

Ästhetische Erlebnisse sind nur möglich, wenn hierfür angemessene Rahmenbedingungen geschaffen werden und sich der einzelne dieser Erfahrung stellt.

Ebenen an das Kunstwerk annähern kann, mich mit ihm beschäftigen kann, gar an ihm abarbeiten muss. Ästhetische Erlebnisse sind nur möglich, wenn hierfür angemessene Rahmenbedingungen geschaffen werden und sich der einzelne dieser Erfahrung stellt. Und sie sind oft subtil und leise.

In Essen haben sich die Bauherren für einen international renommierten Architekten entschieden, der auf Erfahrung mit Museumsbauten zurückgreifen kann und aus einer deutlich formulierten Zeitgenossenschaft heraus moderne Architektur mit historischen Strukturen verknüpft. Chipperfields Entwurf sucht Offenheit und Klarheit und möchte die Kunst für die Bürger so attraktiv und zugänglich machen, wie möglich. Seine Architektur möchte dienen und nicht zuletzt mittels seiner klaren Baukörper und gläsernen Materialien aufleuchten.

Angesichts der zunehmenden Privatisierung der Stadträume und der Priorität von Investmentprojekten, die an Gewinnmaximierung orientiert sein müssen, könnte sich das Museum als einer der letzten öffentlichen und sozialen Plätze unserer Städte weiterentwickeln.

The New "Museum Folkwang" in Essen
Sabine Maria Schmidt

In Essen, the principals made a decision to engage an internationally renowned architect who can fall back on his experience with building museums and who links modern architecture with clearly formulated historical structures. Chipperfield's design seeks openness and clarity and to make art as attractive and accessible as possible to the public. His architecture is meant to be conducive and to stand out due to its clear structures and glass materials.

Aesthetic experiences are only possible if the appropriate general conditions have been created and the individual confronts them.

In view of the increasing privatization of urban spaces and the priority given to investment projects oriented toward maximizing profits, the museum could continue developing into one of the last public and social places in our cities.

Ästhetik aus Sicht des Ingenieurs

Karsten Ulrich Tichelmann, Bauingenieur

Ingenieuren traut man oft nicht zu über Ästhetik und „Schönheit" zu sprechen. Dabei hat man maßgeblich mit naturwissenschaftlichen Grundlagen zu tun, nicht explizit mit „Schönheit" in dem heute oft verwendeten Sinne – jedoch mit einer klassischeren Schönheit, deren Sicht dabei an feste Axiome gebunden scheint. Und doch, erkennt man die Prinzipien, die hinter den Disziplinen der Naturwissenschaften liegen, so verbirgt sich im Besonderen hier eine unnachahmliche Schönheit, deren Einzigartigkeit von Menschenwerk nie erreicht worden ist, allenfalls und rein subjektiv in der immateriellen Kunst, der Musik oder Literatur.

Heute haben wir zum Thema „Schönheit" auch die Sicht der Neurologie gehört. Eine Form der Zustimmung, Schönheit erzeugt einen angenehmen Zustand der dem Glücksempfinden verwand ist. Ihnen ist dabei auf den Folien sicherlich auch der Begriff der „Parkinsonschen Krankheit" aufgefallen – diese erkrankten Menschen empfinden durch diese Form der Krankheit weniger Freude als ein gesunder Mensch. Mein Vater ist in relativ jungem Alter, mit 36 Jahren, an Parkinson erkrankt. Für ihn ist Schönheit etwas ganz anderes als für uns, für die meisten, weil er sich schwer tut, überhaupt Schönheit im dem uns verwandten Sinne zu erkennen und zu empfinden. Wenn er heute noch etwas sehr schön findet, dann sind das Momente „klassischer Schönheit", wie beispielsweise ein sternenklarer Himmel. In solchen Nächten weiß ich, dass ich ihm die größte Freude machen kann, wenn ich ihn unter den Arm nehme und ihn nach draußen führe. Dies sind eigenartige differente Momente der Schönheit in jeder Hinsicht – für ihn, für mich, zwischen Vater und Sohn.

Naturphänomene – Klassische Schönheit?

Wenn es eine klassische und so etwas wie eine absolute Schönheit geben mag, dann auch sicher in naturwissen-

Aesthetics, as seen by an Engineer

Karsten Ulrich Tichelmann, Civil Engineer

Usually civil engineers are not credited with being able to speak about aesthetics and "beauty", because they do not deal explicitly with "beauty" in the way it is often meant these days, but rather more with the basics of natural science, a type of classic beauty which seems to be tied up to solid axioms. But there again, when the principles which lie behind the disciplines of natural science are recognized, inimitable beauty can be found hidden away there, the uniqueness of which has never been attained by human activity – or perhaps only and then completely subjectively in immaterial art, music or literature.

Today we heard the viewpoint of a neurologist on the subject of beauty. As a form of affirmation, beauty creates an agreeable mood which is related to the sense of happiness. You of course noticed the expression "Parkinson's disease" on the folios – on account of their illness, people inflicted with this disease are not able to sense joy to the same extent as a healthy person can. My father took ill with Parkinson's at the relatively young age of 36. For him, beauty is something quite different from what it is to the majority of us, because he finds it difficult to recognize and sense beauty as we know it. If he finds something beautiful, then it is usually the moments of "classic beauty", as, for instance, a star-lit sky. On clear nights I know that I can give him the greatest of pleasure if I take his arm and lead him outside. These are strange, differing moments of beauty in every sense of the word – for him, for me, between father and son.

Natural Phenomena – Classic Beauty?

Should there really be some sort of classic or absolute beauty, then surely it is to be found in scientific phenomena and principles. Heraclitus of Ephesus wrote: "Beauty and matter are not immanent in human nature. We can only find beauty in our natural surroundings, but the human being, imperfect as he is, will never be able to produce beauty in matter." This

1

schaftlichen Phänomenen und Prinzipien. Heraklit von Ephesus schrieb: „Schönheit und Materie ist den Menschen beides nicht eigen. Wir können Schönheit nur in der Natur finden, aber der Mensch, da er immer unvollkommen ist, wird in Materie nie Schönheit erzeugen können." Man muss das nicht absolut sehen, aber es soll einleiten, dass Naturwissenschaftlern und Ingenieuren oft ein anderer Zugang möglich ist, den Aspekt der Schönheit zu entdecken, nämlich in sehr klaren naturwissenschaftlichen Prinzipien. (Abbildung 1)

Nur die schöne Stadt oder deren Gegenteil ist materiell und real. Und auch hierzu haben Ingenieure einen Beitrag geleitet... oftmals einen kurzsichtigen, einen funktionalen, oft einen erschreckend mangelhaften und armseligen. An einigen guten Beispielen klammern wir uns fest und zeigen diese stolz herum. Doch diese sind die minorativen Ausnahmen einer zur Üblichkeit gewordenen Regel.

Jetzt habe ich das Problem, ein Mittler zwischen zwei Welten zu sein. Ich habe in Darmstadt an der Technischen Universität Bauingenieure im Bereich des Leichtbaus ausgebildet und versucht, ihnen auch Gestaltungsprinzipien zu lehren. Ich war oft frustriert, weil „Gestaltung" im Sinne des anglistischen Designs oft ein ungeliebtes und unverstandenes Thema war. Dann habe ich nach Bochum gewechselt, fühle mich dort sehr wohl, habe aber dort die

is not to be seen as an absolute statement, but it does lead to the fact that natural scientists and civil engineers often have a different approach to discovering the aspect of beauty, i.e. through very clear scientific principles. (Illustration 1)

Only a beautiful city or its opposite is material and real. And here, too, engineers have played their part ... a contribution which is often short-sighted and functional, often alarmingly unsatisfactory and pitiful. We hang on for dear life to some good examples and proudly show them around. However, these are the minor exceptions to a now customary rule.

Now I have the problem of being an intermediary between two worlds. I used to lecture to civil engineers at the Technical University of Darmstadt on the subject of light-weight construction, and I also tried to teach them the principles of gestalt. I was often frustrated, because "Gestalt" in the sense of Anglistic design was an often unpopular and misunderstood theme. Then I moved to Bochum and I love living there, but my duty now is to lecture to architects on the basics of engineering science and load-bearing structures, subjects which are equally unloved. Appreciating aesthetics in natural energies and therefore in stress-optimized structures is a complex intellectual process and less comprehensible than designing a fastidious room or discovering the beauty there is in surfaces and light.

Even though aesthetic verdicts stem from subjective sources, they still have a right to general legitimacy – whoever judges the beauty of an object expects everyone else to be in agreement with his verdict. Architectural beauty – if, indeed, there is such a thing at all – always claims subjectivism and temporary generality.

What we see in this picture (Illustration 2) is not a town, but the well-known, beautiful part of a town which is characterized by one of its engineering constructions. It is a historic bridge which was built across the river Seine in Ronchand for quite functional purposes and demonstrates how an example of

107

2

Aufgabe, Architekten die Grundlagen der Ingenieurwissenschaften und der Tragwerksplanung zu lehren, was mindestens genauso ungeliebt ist. Das Verständnis, Ästhetik in natürlichen Kräften und damit in kraftoptimierten Strukturen zu entdecken, ist ein komplexer intellektueller Prozess und schwerer erfahrbar, als einen anspruchsvollen Raum zu entwerfen und die Schönheit in Oberflächen und Licht zu entdecken.

Ästhetische Urteile sind zwar subjektiven Ursprungs, sie haben jedoch Anspruch auf Allgemeingültigkeit – wer über die Schönheit eines Gegenstandes urteilt, behauptet zugleich, ein Urteil zu fällen, dem auch andere zustimmen müssten. Architektonische Schönheit – wenn es so etwas überhaupt gibt – trägt immer den Anspruch subjektiver und temporärer Allgemeinheit in sich.

Was wir hier auf diesem Bild sehen (Abbildung 2), ist keine Stadt, es ist ein bedeutender und schöner Ort in einer Stadt, der maßgebend durch ein Ingenieurbauwerk geprägt wird. Es ist eine historische Brücke, die aus rein funktionalen Gesichtspunkten in Ronchand an der Seine entstanden ist. Es ist ein Beispiel, dass Ingenieurbaukunst eine ganz bedeutende Rolle beim „markieren" von besonderen und „schönen" Orten zukommt. Ein vergleichbares Bauwerk einer anderen Epoche, auch eine Brücke, die zu den maßgebenden Assoziationselementen gehört, wenn wir von

3

civil engineering can take on an important role when it comes to "marking" a particularly "beautiful" spot. In the other illustration you can see a construction from a completely different time in history – also a bridge – which is one of the most famous and influential elements of association when we speak of San Francisco. Next to the aesthetics of the stress-optimized construction, its paint is quite significant – and completely functional, because it is nothing other than a simple anti-rust agent! (Illustration 3)

Towers play a similar role – those engineering constructions which can also substantially shape the image and sometimes the development of a town. On the one hand we have Pisa's historic example, and on the other a younger one in Paris. Both engineering constructions have become landmarks of a city and were developed by people who had a naturally deep understanding not only of structure, strength and aesthetics, but also of architecture and town planning.

For us as civil engineers, this means that bouts of energy often bring forth representative structures. (Illustration 4) We can see that shape and physical impact have to be kept in balance, otherwise we would have no static system left, only a dynamic one. Even though dynamic systems can also be aesthetic, they do not usually fulfil their function, at least not as building constructions. We often talk about the sort of stress and impacts which we are sensitive to, be they the

San Francisco sprechen. Bei der Golden Gate Brücke ist neben der Ästhetik der kraftoptimierten Struktur auch das Thema der Farbe sehr bedeutsam – rein funktional, denn sie ist nichts anderes als ein Rostschutzmittel.
(Abbildung 3)

Das Gleiche gilt für Türme. Auch dort gibt es Ingenieurbauwerke, die maßgeblich das Image und einen Teil der Entwicklung einer Stadt prägen. Auf der einen Seite das historische Beispiel in Pisa und ein jüngeres aus Paris, der Eiffelturm. Beide Ingenieurbauwerke sind zu Wahrzeichen einer Stadt geworden, von Menschen entwickelt, die ein hohes Maß an Verständnis von Struktur, von Kräften, von Ästhetik, aber auch von Architektur und Städtebau in sich integriert haben.

Für uns als bauende Ingenieure bedeutet das, dass oftmals maßgebliche Strukturen aus Kraftflüssen heraus entstehen. (Abbildung 4) Man sieht, dass Form und äußere Einwirkung im Gleichgewicht stehen müssen, sonst haben wir kein statisches System mehr, sondern ein dynamisches System. Diese dynamischen Systeme können zwar ebenfalls ästhetisch sein, sie erfüllen aber in der Regel nicht ihre Funktion, zumindest nicht als Bauwerke. Häufig sprechen wir über Kräfte und Einwirkungen, die einen in der Wahrnehmung selbst zugänglich sind, seien es Windbewegungen oder Erosionserscheinungen. Wie wir hier sehen, sind die Prinzipien, die dahinter stecken, für das gesunde menschliche Empfinden ästhetisch. Wir empfinden darin ein großes Maß an Harmonie, Faszination und Schönheit.

Das Gleiche gilt auch für technische Gebilde, die aus rein funktionalen Gründen eines Optimierungsprozesses heraus entstanden sind. (Abbildung 5+6) Vor allem dann, wenn man versucht, Windkräfte einzusetzen, um beispielsweise ein Segelschiff zu bewegen. Es sind sehr ästhetische Objekte, die den Reibungswiderstand des Wassers und gleichzeitig den Vor- trieb der Windkraft perfekt in Einklang bringen

4   Strukturen aus dem Spiel der Kräfte von Wind und Wasser
    Structures caused by the play of the forces of wind and water

movement of wind or signs of erosion. As we have seen, healthy human feelings find the principles behind them very pleasant. They make us sense a large degree of harmony, fascination and beauty.

We can say the same for technical constructions which have developed on the purely functional basis of an optimising process – as, for example, a yacht which needs the force of the elements to sail it. (Illustration 5 + 6) Those objects which rely on the frictional resistance of the water and the propulsion of the wind to harmonize to perfection are very aesthetic in themselves. Aeroplanes, too, have always been fascinating con-traptions which excite human feelings – aesthetics and the beauty of modern planes as well as of "historic building constructions of the air" can fill us with wonder and joy.

(Illustration 7) But now I would like to show you an example of how aesthetics and beauty can be seen in objects which have little to do with natural science. The beautiful female foot you can see in this picture has nothing to do with energy flow. And yet we still feel the presence of beauty in it. We acknowledge the fact, of course, that the issue of function and the issue of aesthetics can be, and are allowed to be, completely contrary to each other.

5

6

müssen. Auch Flugzeuge sind seit je her faszinierende Gebilde, die uns Menschen begeistern – modernen Flugzeugen ebenso wie den „historischen Bauwerken" der Luft können wir ein hohes Maß an Ästhetik und Schönheit abgewinnen.

(Abbildung 7) Damit möchte ich auch ein Beispiel zeigen, dass Ästhetik und Schönheit ebenso in Dingen fern von Naturwissenschaft zu sehen ist. Dieser wunderschöne Frauenfuß, den Sie hier sehen, hat nichts mit einem idealen Kraftfluss zu tun. Und trotzdem empfinden wir die Präsens von Schönheit. Wir erkennen aber auch, dass das Thema der Funktion und das der Ästhetik im Widerspruch zueinander stehen können und dürfen.

Das Gleiche gilt auch für die Architektur. Es gibt viele hervorragende Beispiele, die man als Ingenieur eher als Problembewältigung bezeichnen müsste, nämlich, eine freie subjektive Form in etwas Baufähiges zu überführen. Das ist ein Prozess, den wir als Herausforderung empfinden, die uns besondere Freude macht. Hier beispielsweise sehen Sie einen Bau, bei dem man sich schon am Anfang des Wettbewerbs nicht sicher war, ob dieses Bauvorhaben wirklich baubar ist. Das Gleiche gibt es bei Ingenieurbauwerken, die man nicht für realistisch hält, weil das Spiel der Kräfte im subjektiven Empfinden in das Absurde zugespitzt wurde.

The same applies to architecture. There are many fine examples which an engineer would probably prefer to describe as surmounting problems, that is to say, transforming a liberal, subjective form into something that can be built. That is a process which we feel to be a challenge, something which gives us special joy. Here, for instance, we can see a building; at the beginning of the competition we were not even sure whether the whole building project would really be able to materialize. Other civil engineering projects which are not regarded as being realistic can cause the same sort of apprehension merely because the subjective play of the forces has been taken to extremes.

I am reminded here of a saying: "the sciences of art and engineering are as different as a trip and a journey. The reason for the trip lies in the route taken, the reason for the journey lies in the destination."

As engineers, we are faced with this aspect at an early stage – we have to solve the "destination", the task which lies ahead – sometimes too quickly. Sometimes there are quite singular solutions, sometimes quite complex ones. Of course, engineers also endeavour to be creative, insofar as the individual has the right talent to be. Perhaps the word "engineer" has been taken from the word "ingenious", or even "chef de genie", i.e. somebody who does especially brilliant and especially good things. Wherever we can see role models, we can also

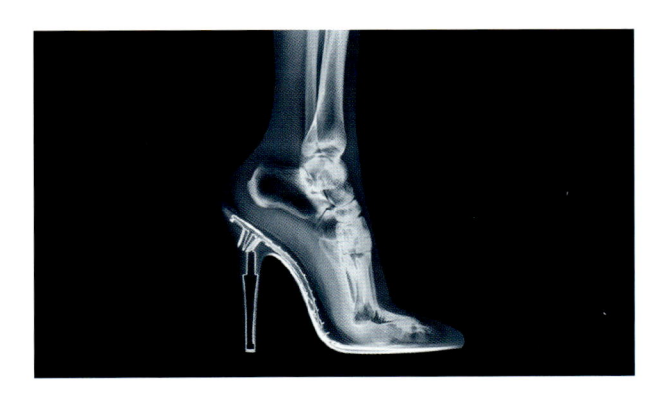

7

Hierzu fällt mir ein treffendes Zitat ein: „Die Kunstwissenschaft und die Ingenieurwissenschaften unterscheiden sich voneinander wie eine Spazierfahrt und eine Reise. Der Zweck der Spazierfahrt liegt im Weg, der Zweck der Reise im Ziel".

Und darauf werden wir als Ingenieure früh vorbereitet, dieses Ziel, diese Aufgabe, die vor uns liegt, zu lösen – manchmal zu früh. Oft sind das rein singuläre Lösungswege und manchmal sind es plurale Lösungswege. Ingenieure lieben die Pluralität. Natürlich versuchen auch Ingenieure kreativ zu sein, soweit das Individuum diese Veranlagung inne hat. Und vielleicht hat sich auch daher der Begriff Ingenieur aus dem Begriff „Ingenius" abgeleitet, oder „Chef de Genie", also jemand, der besonders geistreiche, besonders gute Dinge tut. Überall, wo wir heute Vorbilder sehen, gibt es in weiten Teilen aber auch das Gegenteil. Viele unserer Bauwerke sind Dinosaurier und Ungeheuer, die, im Sinne einer stupiden Handwerksarbeit entstanden sind. Ich habe Ihnen dazu ein paar Beispiele mitgebracht.

Wenn ich als Ingenieur mit Schönheit und Ästhetik im Stadtraum umgehe, habe ich oft drei differente Aufgaben zu lösen. Die erste Aufgabe liegt darin, dass wir eine Idee, ein Modell eines Gebäudes so realisieren sollen, dass das Modell und das Endergebnis, also das gebaute Objekt in

find exactly the opposite. A great many of our buildings are dinosaurs and monstrosities which are the product of some moronic tradesman's work. I have brought you a few examples.

When dealing with urban beauty and aesthetics as a civil engineer, I often have three differing problems to solve. The first entails converting an idea, a model, into a building so that in the end the finished building and the model are congruent. As an engineer, one faces the problem that no supporting framework should be apparent, only windows and a widely spanned ceiling construction. Minimising the so-called restrictive "supports" is then a special challenge, for the energies which flow when modelling a concept must also permit the model in question to be "buildable".

The second problem, which to my way of thinking encourages aesthetics in the sense of holistic thinking and planning, is to transfer the principles of nature, i.e. the mechanisms and structures which have developed in the course of evolution, into the building itself. These are highly aesthetic. The structures which have succumbed to external stress and strain and have developed on account of it, are of highly aesthetic nature. Now, for obvious reasons, I have chosen an example of our work which suggests itself in this part of the world – the *Landesvertretung* (State Representation) of North Rhine Westphalia in Berlin. It is a concept we developed with Karl-Heinz Petzinka and which, to this day, is still often not understood.

(Illustration 8) Here you can see a photo of the model we entered into the competition. The photo demonstrates most beautifully the play of forces and illustrates the fascination of choosing material which applies external stress and strain to a system and then minimises them whilst at the same time increasing their efficiency until a minimum of material is able to support a maximum of stress. At the end of this process, one realizes that this structure is not new. The principle behind it is nothing other than that of a catenary, that which in Gothic times was considered to be an ideal arch, the parabola.

ihrer Erscheinung kongruent sind. Als Ingenieur steht man vor dem Problem, dass es so gut wie keine tragenden Strukturen geben darf, man sieht nur Fenster und weit gespannte offene Deckenkonstruktionen. Die Minimierung des als Restriktion empfundene „Tragwerk" ist dann eine besondere Herausforderung, die Kräfte so spielen und fließen zu lassen, dass ein solcher Entwurf baubar wird.

Die zweite Aufgabe, die aus meiner persönlichen Sicht Ästhetik, im Sinne von ganzheitlichem Denken und Planen fördert, ist, die Prinzipien der Natur, also die Mechanismen und Strukturen, die sich evolutionär entwickelt haben, in Gebäude zu übertragen. Dies sind hochästhetische Strukturen, die sich dem Spiel der äußeren Beanspruchungen unterordnen und sich daraus entwickelt haben. Nun habe ich ein Beispiel unserer Arbeit gewählt, das dem Land Nordrhein-Westfalen sehr nahe liegt – die Landesvertretung des Landes Nordrhein-Westfalen in Berlin. Ein Entwurf, den wir zusammen mit Karl-Heinz Petzinka entwickelt haben und der bis heute oft nicht verstanden wurde.

(Abbildung 8) Man sieht hier das Modellfoto des Wettbewerbsbeitrags. Das Bild zeigt sehr schön das Spiel der Kräfte, die Faszination, ein Material zu wählen, äußere Kräfte auf dieses System einzusetzen und so zu reduzieren und die Effizienz zu steigern, bis man zu einem Minimum an Materialeinsatz und zu einem Maximum an Beanspruchbarkeit gelangt. Am Ende dieses Prozesses erkennt man, dass diese Struktur nicht neu ist. Das Prinzip, das dahinter steckt, ist nichts anderes, als eine Kettenlinie. Das, was in der Gotik als idealer Bogen erkannt wurde, die Parabelform.

Ein Schnitt durch die große Kuppel des Mailänder Doms zeigt diese ideale Kettenlinie. Und dort, wo die Kräfte aus der idealen Kettenlinie abweichen, benötigte man Masse. In diesem Fall muss man mit schweren monolithischen Natursteinen Reibung erzeugen, damit die Horizontalkräfte nicht zum Ausgleiten an genau diesen Schnitt-

8

A section through the large cupola of Milan Cathedral demonstrates an ideal catenary. At the point where the forces deviate from the catenary, bulk is called for. In such a case it is necessary to develop friction by using heavy monolithic natural stone to prevent the horizontal energies from sliding away from just this section – the point at which the ideal flow of energy and the constructed, enforced flow of energy interact.

The third problem is to develop a load-bearing framework that remains hidden to the eye. This is only possible when bulk is reduced and the strategies of the optimized flow of energy are efficiently increased. In the example shown here, in which a bridge construction was integrated later, you can hardly see the thin suspension cables which divert the stress upwards as soon as the load exceeds a critical weight and threatens to bend the very filigreed rods.

These three examples are meant to show you how differently engineers can deal with beauty and aesthetics. We do not plan whole towns, but our engineering constructions are all part of urban structures.

Engineering science is turning its attention more and more to bionics. I have brought an example of an optimization task with me – (Illustration 9) the photo of a jellyfish, which we unbiasedly consider to be aesthetic, showing all the optimizing energy between external forces and the creature's

punkt führen – dort, wo sich der ideale Kraftfluss und der gebaute, aufgezwungene Kraftfluss von einander ablösen.

Die dritte Aufgabe liegt darin, ein Tragwerk zu entwickeln, das man nicht sehen darf. Das wird ermöglicht, wenn man Masse reduziert und die Strategien des optimierten Kraftflusses effizient steigert. Bei einer nachträglich in den Bestand integrierten Brückenkonstruktion erkennt man kaum die dünnen Seile mit den Federelementen, die, sobald die Last eine kritische Größe übersteigt und die unter Druck belasteten sehr filigranen Stäbe ausknicken wollen, die Last nach oben anziehen.

Diese drei Beispiele sollen zeigen, wie unterschiedlich die Wege sind, als Ingenieure mit gebauter Schönheit und Ästhetik umzugehen. Wir planen keine Städte, aber Ingenieurbauwerke sind Bestandteile von städtischen Strukturen.

In den Ingenieurwissenschaften wenden wir zunehmend den Blick hin zur Bionik. Ich habe Ihnen ein Beispiel eines Optimierungsproblems mitgebracht. (Abbildung 9) Eine Qualle, die wir ganz unbefangen als ästhetisch empfinden, mit ihrer Optimierung zwischen den äußeren Kräften und den Funktionen, zwischen Nahrungsaufnahme und Fortbewegung. Für mich ist Effizienz und Effektivität vor allem durch Sparsamkeit der Mittel, also die Ressourceneinsparung beim Finden optimaler Strukturen, auch ein Aspekt von Schönheit, wenn auch ein sehr sublimer. Ein ähnliches Prinzip, angewandt bei einem Aussichtsturm auf einem Golfplatz, der so gut wie kaum wahrnehmbar sein soll, zeigt eine Tensegrity-Struktur, bei der jeder Druckstab nur mit Zugseilen abgehängt wird, um auch in einem rein technischen Gebilde mit entsprechender Wirksamkeit einen Platz zu definieren. Es wird eine Struktur erlebbar gemacht, die man dort nicht erwartet und die begeistern soll.

9

functions, between ingestion and forward motion. Efficiency and effectivity, especially by being thrifty with the material used and economizing on resources whilst looking for optimal structures, is also an aspect of beauty, even if a very sublime one. A similar principle, which was used to build an observation tower on a golf links and which was supposed to be hardly visible, shows a Tensegrity structure in which every strut is suspended solely on pulleys to define an area within a solely technical framework with appertaining effectivity. Thus a structure is made experienceable in a place where it was not expected to be and the function of which was to give pleasure to others.

The question arises: what if we did not orient ourselves towards nature, but nature towards us and our productions? Would they still be found to be aesthetic? If we take a look into the realm of residential construction, the reinforced concrete ceilings are usually 16, 18, or 20 cm thick. They weigh between 450 and 600 kg/m2 in order to support a traffic load of 150kg/m2. That is absurd. We are using components which weigh four times as much as the weight they need to support. The situation is even more drastic in the case of some motorway bridges. A support factor of 1 to 10 is being created. This measurement could be an indicator helping us to comprehend how beauty is defined, not purely on formal grounds, but also on technological grounds and on the precept: "Be thrifty with the use of material".

Es stellt sich die Frage, was wäre, wenn wir uns nicht an der Natur orientieren würden, sondern die Natur an uns Menschen, an unseren Werken. Würden wir sie dann immer noch als ästhetisch empfinden? Wenn wir uns heute im Bereich des Wohnungsbaus umschauen und dort Stahlbetondecken betrachten, dann sind diese meist 16, 18 oder 20 cm dick. Sie haben damit ein Eigengewicht zwischen 450 und 600 kg/m^2 um letztlich 150 kg/m^2 an Verkehrslasten aufzunehmen. Das ist absurd. Wir bauen Bauteile, die viermal so viel wiegen, wie die Last, die sie nur aufnehmen müssen. Bei vielen Autobahnbrücken ist das Verhältnis noch drastischer. Da erzeugen wir einen Lastfaktor von 1 zu 10. Dieses Maß kann ein Indikator sein, der uns hilft, zu verstehen, wie wir aus nicht nur rein formalen Gründen, sondern auch aus technologischen Gründen und dem Gebot der „Sparsamkeit der Mittel", Schönheit definieren können.

„Wir bauen nicht für die Ewigkeit, wir bauen für die Zukunft." Dies ist ein Zitat und Leitgedanke eines meiner ersten Bücher, das ich als „Entwicklungswandel Bauen" veröffentlicht habe. Es ging um die Frage, wie sich das Bauen aus technologischer Sicht entwickeln kann und welchen Beitrag diese Betrachtungen in ästhetischer und architektonischer Sicht leisten können. Ein Faktor ist sicherlich, dass wir verstehen müssen, dass Bauwerke auch ein Spiegel unseres Selbst sind, nämlich dessen, was wir heute denken können und was uns wichtig ist – oder eben nicht. Da wir wohl niemals vollkommen sind, werden auch unsere Bauwerke nicht vollkommen sein können. (Abbildung 10)

Ein gutes Beispiel ist „Dead City" von Norbert Czarny. Die Vision einer Stadt, eine Utopie, eine erblühende Stadt, ursprünglich aus einer Struktur entstanden, die sehr wirtschaftlich und architektonisch anspruchsvoll war. Diese Stadt hat er im Zeitraffer über hundert Jahre altern lassen und zeigt uns das Ergebnis.

10 Wenn sich die Natur an uns orientieren würde…
If nature took after us . . . !

"We are not building for eternity, we are building for the future." This is a saying and a central theme in one of the first books I published which I called *Entwicklungswandel Bauen* (transitions in construction work). It deals with the question of how buildings develop technologically and asks what contribution changes make from an aesthetic and architectural point of view. One certain factor is that we must comprehend that building constructions are a mirror of ourselves, i.e. of what we think and what is important to us now – or not! And as we are never perfect ourselves, we cannot expect our buildings to be. (Illustration 10)

A good example is "Dead City" by Norbert Czarny. The vision of a town, a Utopia, a blossoming town, originally developed out of a structure which was very economically and architecturally fastidious. Czarny let this town age by a hundred years in a time lapse and showed us the result.

I would like to add a finishing thought to the far too short and far too unfinished details I have presented to you – it is based on the notion that we are today producing the "Dead Cities" of tomorrow.

I really believe that beauty needs time to develop. The artificial new towns – even if they are built on the strength of our present understanding and are aesthetically planned –

Aus den viel zu knappen und unvollständigen Ansätzen, die ich Ihnen vorstellen konnte habe ich eine Schlussthese vorbereitet – aus der Skepsis heraus, dass wir heute bereits die „Dead Cities" von morgen produzieren.

Ich glaube fest daran, dass Schönheit Zeit braucht in der Entwicklung. Die künstlichen Retortenstädte, und wenn sie aus unserem heutigen Verständnis heraus noch so ästhetisch geplant werden, werden nicht funktionieren. Schönheit muss wachsen und Schönheit ist immer ein unvollkommener Aspekt unserer Zeit. Und so darf Schönheit auch vergänglich sein. Wir müssen den Mut haben, das, was wir heute als schön empfinden, morgen wieder zu verwerfen. Schönheit braucht eine Identität und Schönheit braucht Charakter, der die Menschen widerspiegelt, die an diesem Ort gelebt und gearbeitet haben. In diesem Sinne bedanke ich mich für Ihre Aufmerksamkeit und wünsche uns allen einen starken Charakter.

Literatur/Literature

> Ulrich Renz: Schönheit: Eine Wissenschaft für sich
> Die Geschichte der Schönheit, herausgegeben von Umberto Eco:
>   History of Beauty, Edited by Umberto Eco
> Cathrin Gutwald und Raimar Zons:
>   Die Macht der Schönheit in Kulturwissenschaft und Philosophie
> Willi Maslankowski: Platon. Vom Gerechten, Guten und Schönen:
>   Das Ewige als Maßstab für das Vergängliche
> Ralph Waldo Emerson: Von der Schönheit des Guten

will not function. Beauty must develop, and beauty has always been an imperfect aspect of our times. Thus beauty is also allowed to be a passing phase. We must have the courage to be able to discard tomorrow what we accept as being beautiful today. Beauty needs an identity and beauty needs a characteristic which reflects the human beings who have lived and worked in this place. And with this in mind, I thank you for listening and wish us all strength of character.

Eine Schöne Stadt – was ist das?

Karl-Heinz Cox, Architekt

Meine Damen und Herren, Sie haben heute bereits vieles gehört und auch viele Bilder gesehen.
Ich werde keine Bilder zeigen.
Bildern kann man nicht unbedingt trauen, sie setzen sich fest und machen manchmal ein falsches Bild. Und bei dem heutigen Thema bin ich der Meinung, mit Fotos, mit Bildern, ist die Schönheit einer Stadt nicht darzustellen. Sie ist mehr hinter dem Bild, und ich habe immer Angst, dass man zu schnell das Bild als Rezept nimmt, als gutes oder schlechtes, sich daran festsieht, festbeißt, und sofort mit Detaildiskussionen beginnt.

Ich komme vom linksrheinischen Niederrhein aus einem Ort mit 5.000 Seelen – heute sagt man Einwohner. Über den Umweg meiner Studien in Bonn, München, Hannover bin ich ins Ruhrgebiet gekommen, denn ein linksrheinischer Niederrheiner geht nicht gerne direkt nach Osten über den Rhein. Als ich meine Freunde eingeladen habe, sie sollten mich mal im Ruhrgebiet in Recklinghausen besuchen, wo ich zuerst für knapp drei Jahre als Leiter des städtischen Planungsamtes begonnen habe, meinten sie, ich solle lieber zu ihnen kommen, das sei näher. Das heißt also, mental war und ist das Ruhrgebiet sehr weit weg. Und auch einige, die ich heute hier gehört und erlebt habe, bemühten sich sehr liebevoll,
das Ruhrgebiet dann trotzdem noch ein wenig nett darzustellen. Aber insgesamt haben doch alle noch ein sehr unsicheres und beklemmendes oder auch skeptisches Gefühl, wenn sie über das Ruhrgebiet sprechen.
„Au, schön hier!" sagte unsere Tochter, sie war knapp ein Jahre alt, als sie mit uns nach einer Fahrt im Schneetreiben von Hannover nach Garmisch dort ins Zimmer unserer Privatpension kam. „Au, schön hier!" Wir haben nie gewusst, warum sie das gesagt hat. Sie konnte doch nicht über das Design des Zimmers urteilen. Sie fühlte sich einfach wohl, sie sah, dass sie auch ein eigenes

A Beautiful City – What's that?

Karl-Heinz Cox, Architect

Ladies and Gentlemen,
Today you have already been listening to a number of people and have seen quite a few pictures.
I am not going to show you any pictures.
You cannot always really trust them; they tend to stick in your mind and risk putting you in the wrong picture. In view of our topic, I am not convinced that photos and illustrations can really reflect the beauty of a town. The beauty tends to lie behind the picture, and I am worried that a picture could too hurriedly turn into a good or bad recipe, something which holds your gaze, which you get bogged down in, and which consequently starts an immediate detailed discussion.

I was born in a small town of 5,000 souls – or inhabitants, as we now say – situated on the left bank of the Rhine. Due to studying in Bonn, Munich and Hanover, I arrived in the Ruhr District by a round-about route, for everyone knows that anyone born on the left bank of the Rhine does *not* like to travel due eastwards over the Rhine. When I invited my friends to come and visit me in Recklinghausen in the Ruhr District where I spent just under three years as head of the council's town planning department, they said it would be much better for *me* to come and visit *them* as the Ruhr District was far too far away! That goes to show how mentally very remote the Ruhr District was and is. Some of those I have listened to today made a very generous attempt at trying to paint the Ruhr District in pretty colours. On the whole, though, most of them seem to feel rather insecure or apprehensive, even sceptical, when speaking about the Ruhr District.

"Ooh, nice here!", said my daughter at the delicate age of hardly a year when we took her on a journey from Hanover to the snows of Garmisch and entered the room we had booked in a private guest house. "Ooh, nice here!" We have never fathomed out just why she said that. She was too young to have been meaning the design of the room. She just felt

Bettchen hatte. Sie hatte uns und sie war herzlich von den Gastgebern und deren Kindern empfangen worden.

In Preisgerichten habe ich eine andere Erfahrung gemacht. Als Vorstand eines großen Wohnungsunternehmens gehörte ich in der Regel als „Bauherr" zu den Sachpreisrichtern. Als solcher genoss man naturgemäß eine gewisse Achtung, aber als Architekt in der Rolle des Bauherrn wurde man weniger akzeptiert, als Bauherr hatte man eben die Rolle eines Sachpreisrichters zu spielen. Wenn dann von einem Entwurf besonders geschwärmt wurde und ich dann fragte: „Wieso ist der eigentlich gut?" Dann guckte man mich verständnislos, fast mitleidig an und sagte: „Aber Herr Kollege, das sieht man doch!" Ich habe es einfach nicht gesehen. Ich war eben doch nur ein Sachpreisrichter.

Ich habe dann geblättert bei Vitruv, habe nachgedacht über Palladio, und habe Thomas von Aquin bemüht und schließlich festgestellt: Das gilt alles nicht mehr, denn wenn es noch gegolten hätte, wäre der eine oder andere Entwurf nie in die engere Wahl gekommen. Nicht der goldene Schnitt, nicht Vitruvs Eurythmia, Symmetria oder Ordinatio, sondern genau das Gegenteil war gefragt. Gestörte Schönheit war gefragt, um interessant zu sein für den letzten Durchgang im Wettbewerb. Es entwickelte sich so eine elitäre Abneigung oder sogar Angst, man könne mit schöner Architektur in Verbindung gebracht werden. Man rang um eine neue Schönheit. Da bin ich verunsichert, auch ein wenig kritisch geworden, auch mit meiner eigenen Zunft, den Architekten.

Ich habe einen Sohn von Freunden gefragt, als er im Studium von München nach Berlin wechselte: „Warum dieser Wechsel?" „Ich fühle mich in Berlin viel wohler". „Warum?", „In München ist alles so schön und fertig, und in Berlin ist alles noch so unfertig. Man hat das Gefühl, hier kann noch was werden, hier kann noch etwas entstehen, und deswegen finden wir es schöner

at home and could see that she had a bed of her own. She had us, and she had been welcomed very warmly by our hosts and their children.

As a member of a prize-awarding jury, I experienced a completely contrary reaction. Being chairman of the executive board of a large housing association it was usual for me, as a "home-builder", to be part of a team of judges. As chairman, I was treated with a certain degree of respect, but as an architect in the role of a home-builder one was less accepted; as a home-builder one was only meant to pretend one was an adjudicator. When some particular concept was being raved about and I asked: "What makes it so interesting?" I was met with gazes of blank astonishment and pending compassion as I was told: "My dear man, it's obvious!" But I could still not see why – I was, after all, only a member of the team of judges.

So I thumbed through the pages of Vitruv, pondered over Palladio and called on Thomas Aquinas until I finally came to the conclusion that that was all old stuff, because if it were up-to-date, then one or the other of the plans which had reached the final stages of the competition would never have got that far. Not the golden section, not Vitruv's eurhythmia, symmetria or ordinatio, but exactly the contrary was being asked for. Disturbed beauty was the rage and made just anything interesting for the last stage of the competition. There was a sort of elitist aversion or even angst that one could be associated with architecture which was beautiful. A struggle was on for a new sort of beauty.

When he moved from Munich to Berlin during the course of his studies, I asked the son of friends of mine: "Why this change?" "I feel more at home in Berlin." "Why?", I asked. "In Munich everything looks so staid and rounded off and in Berlin everything is so unfinished. You have the feeling that things are still on the move, there's so much yet to be developed, and that's why we find Berlin so much more attractive." Had there been a photo of it all, though, Munich would certainly have won the toss.

in Berlin." Keine fotografische Aufnahme, da hätte München mit Sicherheit besser abgeschnitten.

So, und dann werde ich gefragt, ist das Ruhrgebiet schön? Nein, natürlich nicht. Es wäre schrecklich, ein „schönes" Ruhrgebiet, schön wie z. B. Görlitz, das mit ihrem Einwohnerschwund bald einer Kulissenstadt ähnelt. Görlitz war sicherlich nie „so schön", wie nach der sanierenden Aufhübschung aus einem Guss. Natürlich ist Görlitz ein großartiges, eines der schönsten Beispiele europäischer Stadtbaukunst, aber nach der Generalsanierung erscheint es auch etwas zu schön und unwirklich, und erst recht, solange ihm das pulsierende städtische Leben fehlt. Touristen können kein Ersatz sein. Und dann war Görlitz auch noch Konkurrenz zu einer Kulturhauptstadt Essen, Kulturhauptstadt Ruhr, für viele Bildungsbürger eine schreckliche Vision! Dieser Kontrast war notwendig, um einen erweiterten Kultur- oder auch Stadtbaukulturbegriff zu definieren.

Die Stadt Essen hat sich beworben, weil sich nur eine Stadt bewerben darf und nicht eine Region, aber die Region ist gemeint. Das Ruhrgebiet ist wahnsinnig interessant und steckt nicht nur „voller Geheimnisse", nicht nur „voller Schrecken", sondern auch voller schöner Ecken und entwicklungsfähiger Potenziale. Es hat außerdem wesentlich ältere Geschichtszeugnisse als die der Industrialisierung.

Von der Ausbildung her Architekt, bin ich sehr früh bewusst in die Wohnungswirtschaft gegangen. Als Architekt in der Geschäftsführung war ich wesentlich verantwortlich für unsere „Produkte": Wohnungen, Wohngebäude, Siedungen, kleine Stadtteile, vornehmlich im Ruhrgebiet, aber später auch im Bereich Halle, Leuna, Merseburg sowie in der Rheinschiene. Mit unternehmenseigener Planungsabteilung konnte ich auch noch entwerfen oder zumindest Mitarbeiter dabei beraten. Wir waren Bauherren, planten selber aber auch mit freien Architekten. Nachhaltigkeit

So… and then I was asked whether the Ruhr District was a beautiful area. No! Of course it's not. It would be terrible to have a "beautiful" Ruhr District which was as beautiful as, say, Görlitz which, with its dwindling number of citizens, will soon look like the scenery in an empty theatre. Görlitz was probably never "as beautiful" as after its flawless rehabilitating "beautifying" process. Naturally Görlitz is a great example, even one of the most beautiful examples, of European urban architectural art, but after being refurbished all round, it is almost too beautiful and unreal, especially as long as pulsating urban life is missing. Tourists are no alternative. Görlitz was even in competition with Essen, the Capital of Culture, the Ruhr District Capital of Culture – a ghastly thought for many a member of the educated classes. This contrast was needed, though, to define more comprehensively the meaning of culture or urban development culture.

The town of Essen applied for entry into the competition because only a town was allowed to enter and not a whole region – even though, in this case, the region was meant. The Ruhr District is incredibly interesting, for it is not only "chock-a-block with secrets" and "nightmares", but is also packed full of beauty spots and room for development. In addition, there is also firm proof that its history began way back before the great industrial revolution.

As a qualified architect I went into the residential building sector quite consciously. As an architect in an executive position, I was at first mainly responsible for our "product", that is flats, residential buildings, housing estates, small urban settlements, all mainly in the Ruhr District, and then later for the same sort of development in the region of Halle Leuna, Merseburg and the areas east and west of the river Rhine known as the "Rheinschiene" on account of the railway lines on both sides of the river. I also had to learn that when people do not understand what is going on, they open their mouths and shout. High rise buildings built where they do not belong, built for the wrong inhabitants, built for communal political hubristic reasons and, not seldom, built on

war für uns eine unmittelbare existenzielle Unternehmensfrage. Nachhaltigkeit bedeutete für uns, wie lange hält man Wohnungen im Markt, wie lange hält man sie so im Markt, dass sie wenig Kosten verursachen aber nachgefragt und damit Ertrag bringend bleiben. Ich habe auch lernen müssen, dass Bewohner sich artikulieren, wenn sie etwas nicht verstehen. Hochhäuser, wo sie nicht richtig sind, wo sie für falsche Bewohner gebaut wurden, aus kommunalpolitischer Hybris und nicht selten auch noch als preisgekrönte Entwürfe, werden heute im Rahmen kostspieliger Förderprogramme „rückgebaut" (ein schreckliches Wort). Sie waren in der Regel belastet durch überhöhte Instandhaltungskosten insbesondere für Außenanlagen, für die unteren Fassadenbereiche, Eingänge, Fahrstühle und Treppenhäuser. Das ist eine Folge von Frust, Ärger, Unverständnis, Sich-nicht-wohl-fühlen, und das natürlich in Abhängigkeit von der Sozialstruktur der Bewohner.

Ich wage eine andere Behauptung: Wir ärgern uns über Graffitis. Haben Sie sich mal angeguckt, wo Graffitis geschmiert werden und wo nicht? Wir haben wunderschöne Siedlungen, in denen es keine Graffitis gibt, während in der Straße daneben neue Häuser voller Graffitis sind. Vielleicht will man mit Graffitis als graphischem Protest seinem Unbehagen über Unwirtlichkeit, manchmal auch über Blödsinnigkeit, Ausdruck geben.

Unsere Wohnungen und Siedlungen sind oft Stadtteile, wesentlich prägende Elemente von Städten, große Siedlungen, Arbeitersiedlungen. In den siebziger Jahren waren sie verpönt und standen auf der Abrissagenda zugunsten von verdichteten „urbanen" Strukturen mit Hochhäusern. Die ihrerseits warten heute auf ihren Abriss oder Rückbau, während die ehemaligen Arbeitersiedlungen sich immer noch größter Beliebtheit erfreuen.

Die lieben Kollegen lächelten damals: „Warum erhaltet ihr die denn?" „Weil die Bewohner sie schön finden und sich dort wohlfühlen und weil dort oft bereits Generationen

account of their prize-winning design, are now being "built back" (a terrible expression) within the framework of expensive supportive programmes. It was not unusual for them to be burdened with over-expensive maintenance costs, especially for repairs to the outside areas such as the lower parts of the façades, entrances, lifts and staircases, damage to which was a sign of frustration, anger, lack of appreciation, uneasiness and, of course, was partly due to the social structure of the people living there.

I will dare to make another comment. We get really cross about graffiti. Have you ever considered, though, the places where graffiti is smeared and where not? We have some wonderful housing estates where there is no graffiti whatsoever, whist in the street a bit further on the new houses there are covered with it. Perhaps graffiti is a sign of graphic protest and discontent over the waste of money, sometimes over the idiocy of the project.

The flats and housing estates we build are often in small urban districts, elements which essentially mould a town, larger districts, or working-class estates. The latter were looked down on in the 70s and were on the demolition list to make place for "urban" structures with high-rise buildings. These, in their turn, are now either on the demolition or on the reconstruction list, whilst the aforementioned working-class estates are more popular than ever.
My dear colleagues smiled years ago and asked: "Why on earth are you preserving them?" "Because the inhabitants like them and feel at home in them, and because generation upon generation has lived there." "But that's only narrow-minded mawkishness over the garden fence. And then look at those front gardens! They're …" "I know, they've even got garden gnomes in them. But then, a good architect and good urban design must be able to put up with that." Now we are glad to have held on to many of these estates, and into the bargain they have helped us financially by being bought up by their former tenants. Had we had faith in the meaning of beauty as it was in the 70s, then we would now be facing a huge

gewohnt haben". "Das ist doch nur kleinbürgerliche Gefühlsduselei mit der Nachbarschaft übern Gartenzaun. Und dann diese Vorgärten, und da haben sie ja...." "Ich weiß, die haben auch Gartenzwerge drin. Nur das muss eine gute Architektur, muss guter Städtebau aushalten können". Und wir sind froh, viele dieser Siedlungen erhalten zu haben, die haben uns auch wirtschaftlich durch Verkauf an die Mieter das Leben erleichtert. Hätten wir dem Schönheitsbegriff der siebziger Jahre getraut, hätten wir heute enorme Abschreibungspotenziale einer Schönheit, die sehr kurzlebig und nicht nachhaltig war. Aber auch das vergessen wir alles sehr schnell, wie wir überhaupt sehr kurzatmig geworden sind. Und so, wie wir schnell die so gelobte Schönheit von Wohn-Hochhäusern vergessen haben und abbrechen – natürlich gab und gibt es sehr schöne Hochhäuser mit richtiger Nutzung an passenden Standorten –, so begeistern wir uns heute für den Historismus und putzen ihn heraus zur Aufhübschung unserer Städte, da man neuer Architektur keine neuen schöne Städte zutraut. Gott sei Dank, dass wir bei uns keine mehr bauen müssen. Mit den Städten, die wir haben, kommen wir aus, besonders unter Berücksichtigung der Bevölkerungsentwicklung. Aber wir müssen heute die Städte für morgen wieder auf einen Stand mit einer „Schönheit" bringen, die verstanden wird, damit wir uns dann in ihnen auch wohlfühlen können.

Und jetzt bin ich an einem Punkt, den ich heute noch nicht richtig mitbekommen habe. Es wird von vielen klugen Leuten klug über Schönheit und Architektur gesprochen, nur muss man sich einmal überlegen: wem muten wir eigentlich unser Verständnis von Schönheit und Architektur zu? Es sind die Stadtbewohner, die Stadt erleben und die sich dort wohlfühlen wollen. Deswegen ist für mich sehr wichtig, dass Schönheit etwas mit Wohlfühlen zu tun hat, ohne aufgeregt zu werden durch etwas, das mich ärgert. Ich kann hier und da ein spektakuläres Bauwerk ertragen, ich kann auch die elitäre Arroganz mancher Gebäude ertragen. Ich kann auch ertragen, wenn manche Archi-

depreciation potential in a type of beauty which was very short-lived and non-sustainable. But even that is forgotten in no time by those of us who now tend to be out of breath more quickly. Thus, in the same way as we have forgotten the so greatly praised beauty of high-rise buildings and now demolish them – naturally there used to be high-rise buildings which were used appropriately in appropriate places – we now enthuse over historicism and embellish our towns with it for the simple reason that we do not trust architecture to bring forth beautiful new cities. Thank the Heavens that we have no need to build any more of them. We can make do with the cities we have, especially in view of the change in our population development. However, it is now that we must bring our towns of today up to a standard of "beauty" which will be understood tomorrow so that people will then enjoy living in them.

And now I have come to the point which I seem to have missed today. A lot of clever people are speaking cleverly about beauty and architecture, but one must ask oneself: "Who are we expecting to understand our notion of beauty and architecture?" The answer is the city dwellers, those who want to enjoy their town and feel at home there. That is why I find it very important for beauty to have something to do with feeling comfortable without getting agitated about something which is annoying. I can stand a spectacular building here and there and I can even put up with the elitist arrogance of one or the other construction. I can also understand an architect or two annoying us by being autistically in love with himself and convinced that he must thrill the world with the beauty of his own private building plans. That is part of what a town is, those are the cracks we need, for being agitated can also mean being annoyed enough to get up and remedy the situation. Pure, undisturbed "beauty" is, or will eventually become, boring.

After our tenants had been in their newly-built or modernized flats for a while, we asked them how they liked their flat, the building, the district. To put it in a nutshell, the reaction

tekten uns damit belästigen, autistisch in sich verliebt und verschlossen in der Überzeugung, sie müssten mit dem, was sie im stillen Kämmerlein entwickelt haben, die Öffentlichkeit beglücken. Das gehört zu einer Stadt, das sind die Bruchstellen, die wir auch brauchen, denn aufgeregt zu werden kann auch bedeuten, angeregt zu werden, sich anregen zu lassen. Pure, ungestörte „Schönheit" ist oder wird mit der Zeit langweilig.

Wir haben nach Bezug von Neubauwohnungen und modernisierten Wohnungen unsere Mieter befragt, wie ihnen die Wohnung, das Gebäude, das Quartier gefallen. Das Ergebnis war in der Regel, etwas kurz gefasst: Wenn der Standort, die Belegung, die Nachbarschaft stimmen, wenn der Zuschnitt der Wohnung, die Größe und der Preis stimmen, stört gute Architektur nicht. Was will ich damit sagen? Wir haben natürlich nach der Architektur, der Gestaltung gefragt. Nur, wie sollen Leute über etwas urteilen, von dem sie keine Ahnung haben, was sie nicht beurteilen können, weil sie es für sich nicht artikulieren können?

Was müssen wir also machen, wenn wir Verständnis für gute Gestaltung wecken und damit das Niveau ein wenig anheben wollen. Das ist eine Frage der Bildung im wahrsten Sinne des Wortes. Sie müssen Schönheit verstehen lernen und auch akzeptieren, dass Schönheit einen besonderen Wert darstellt bei der Entscheidung für eine Stadt, einen Stadtteil, eine Wohnung. Und da muss ich bei den Kindern in der Grundschule anfangen. Die Skandinavier machen das. Wir bilden Architekten aus. Die unterhalten sich mit Architekten über Architektur und vergeben Preise an Architekten für Architektur. Das ist so eine Insider-Geschichte. Davon hat die Öffentlichkeit nichts. Und Stadt vollzieht sich in Öffentlichkeit und nicht in irgendwelchen elitären Design-Zirkeln. Das heißt also, ich muss Begeisterung dafür wecken, wenn wir als Architekten sagen, wir machen etwas Besonderes, weil wir der Meinung sind, das ist, jetzt nennen wir mal den Begriff: schön. Denn Architekten haben etwas gelernt, es ist vorhin

Pure, undisturbed "beauty" is, or will eventually become, boring.

was usually: if the position, the other tenants, the neighbourhood were all right, if the layout, the size, the price of the flat were all right, then the good architecture did not bother them. Naturally, what we were really asking them was whether they liked the architecture and the design. The only thing is, how is anyone to be expected to give a verdict on something they know nothing about and on which they can pass no judgement if they are not able to articulate their thoughts on the matter?

What must we do, then, if it is our aim to rouse a feeling for good design and to raise standards? It is a question of education in the very sense of the word. One must learn to understand and accept beauty, to realize that beauty is of very special importance when planning a town, a district, or housing. It is something that children must learn when they start school. The Scandinavians do; *we* just educate architects. The children in Scandinavia talk to architects about architecture and award prizes to architects for their architecture. It's a sort of insider's story. The public is not involved. But town planning happens in public and not in some elitist designer's compasses case. That means, therefore, that we architects must arouse people's interest when we say we are going to do something special, something which in our eyes is – and now I use the expression – beautiful. As already said, architects have learned something useful; they have learned to see things more complexly, they see quicker, they see more and, above all, they know (or should know) what is allowed to be done, what should be done and, what is more, what is able to be done. But those we thrust our architecture on to often do not know.

gesagt worden, sie können komplexer sehen, sie sehen schneller, sie sehen mehr und vor allen Dingen, sie wissen oder sollten wissen, was man nicht machen darf, was man machen sollte oder was man machen kann. Das wissen aber diejenigen, denen wir Architektur zumuten, überhaupt nicht.

Wir haben in Gelsenkirchen auf dem ehemaligen Küppersbuschgelände im Rahmen der IBA, Internationale Bauausstellung Emscherpark, in den 90ger Jahren gemeinsam mit mehreren Bauträgern eine Siedlung mit den Architekten Szyszkowitz-Kowalski aus Graz gebaut. Wenn man sich diese Siedlung, ihre Häuser ansieht, dann könnte man sagen: um Gottes Willen! Das hat ja nichts mit dem zu tun, was in der Nachbarschaft steht. Die Bewohner in der Nachbarschaft waren auch entsprechend entsetzt. Wir selber haben auch gedacht, ob das wohl gut geht? Aber, es ist ein IBA-Projekt, machen wir es, und einen Preis hat sie dann auch bekommen. Jetzt müssen wir nur sehen, dass wir sie auch nachhaltig im Markt halten. Um ihren Siedlungsbereich besser zu verstehen und damit auch nutzen zu können, haben wir einen „Runden Tisch" eingerichtet mit einer Moderatorin aus unserem Unternehmen. Und nun stellen wir fest, dass ein sehr positives Eigenimage entstanden ist, die Bewohner sind stolz auf diesen ihren Stadtteil, weil er so anders ist als die anderen auch unmittelbar benachbarten Bereiche, ein Stück Attraktivität.

Ein anderes Beispiel: Die Siedlung Schüngelberg, eine Bergarbeitersiedlung im „Hinterhof" von Gelsenkirchen mit dreihundert Häusern bzw. Wohnungen, erbaut zwischen 1890 und 1916, im Schatten der Zeche Hugo, die jetzt auch schon nicht mehr existiert. Sie war zum Abriss vorgesehen, sollte Platz machen für eine neue Abraumhalde. Da bei sehr billigen Mieten nichts mehr an den Wohnungen getan wurde, war sie überwiegend bewohnt von türkischen Gastarbeitern der benachbarten Zeche. Wir haben die Siedlung gekauft und denkmalgerecht modernisiert, wunder-

In the 90s, within the framework of the *IBA – the Internationale Bauausstellung Emscherpark* (International Emscherpark Building and Construction Fair) – and in co-operation with several building contractors, we built an estate in Gelsenkirchen on the grounds where Küppersbusch used to be. The architects were Szyszkowitz-Kowalski of Graz. If you look at it now, if you look at the houses, you could say: "Lord above! That has nothing to do with anything else in the neighbourhood!" The neighbourhood was equally flabbergasted. We ourselves had also wondered whether it would work out. But, we said, it is an IBA project, so let's do it – and we even won a prize! Now we must just see to it that we can keep the ideas on the market. In order to make the project better understood and thereby better utilized, we grounded a "round table" with a moderator from our company. And now we are able to declare that a very positive self-image has evolved and that the inhabitants of the area are really proud of their district, because it is so different from the others in the vicinity. It is an attraction.

Another example: The Schüngelberg estate, a miners' estate in the "back yard" of Gelsenkirchen with three hundred dwellings built between 1890 and 1916 in the shadows of the Hugo mine, which no longer exists – this estate was on the demolition list to make room for a new slag heap. As nothing much had been done to the houses for a long time due to the cheap rent, they were occupied by Turkish guest workers from the neighbouring mine. We bought up the property and renovated it in memorial style with small villa-like, semi-detached and terraced houses, red-tiled roofs, colourful façades and mullioned windows and we set out a garden for each dwelling. On completion of the modernisation work, the old German owners came along and asked. "When can we move in again? The place looks so beautiful!" But the Turkish tenants moved in again. They were delighted. They were the second or third generation. They loved the estate and found it absolutely beautiful.

The First World War had begun before the estate was com-

schön mit kleinen villenartigen Häuschen, Doppel- und Reihenhäusern, roten Dächern, bunten Fassaden, Sprossenfenstern und Gärten zu jeder Wohnung. Nach Abschluss der Modernisierung kamen die ehemaligen deutschen Bewohner und meinten: „Können wir jetzt wieder einziehen? Es ist so schön geworden hier". Aber es zogen die ehemaligen türkischen Bewohner wieder ein, sie waren glücklich, es war die zweite, dritte Generation. Sie genossen die Siedlung und fanden sie schön.

Die Siedlung war im 1. Weltkrieg nicht fertig gebaut worden. Die Frage war, kann man heute auf der Grundlage des ehemaligen Plans des Zechenbaumeisters Johow die alte Siedlung ergänzen mit einer modernen Arbeitersiedlung? Den dafür ausgeschriebenen internationalen Einladungswettbewerb gewann Rolf Keller aus Zumikon bei Zürich. Und dann wurde etwas gebaut, was genau anders war als das Vorhandene, und auch nicht mehr dem Johowschen Siedlungsgrundriss entsprach: kleine Doppel- und Reihenhäuser, einfache Formen in linearer Struktur, gleiche Grundtypen, leicht abgewandelt in der Anzahl der Geschosse und durch An- und Vorbauten. Weiß und Grau waren die vorherrschenden Farben. Unser Verwaltungsrat, und da insbesondere die Vertreter der Mitbestimmung, der Betriebsräte, meinten: „Das ist unmöglich, das kann man nicht bauen, das werden wir nie vermieten können, weil es so ganz anders ist. Das ist furchtbar, das hat nichts mit der Schönheit der alten Siedlung zu tun, diese Häuser kann man keinem zumuten". Das Preisgericht und auch wir als Geschäftsführung aber waren der Meinung, es ist der schönste und beste Entwurf. Ich habe dann in der Sitzung des Verwaltungsrats auf dem Overhead-Projektor bunte Vorgärten, Grün- und Blumenranken an den Vordachkonstruktionen in eine der perspektivischen Straßenraumdarstellungen skizziert mit dem Ergebnis: „Ja, wenn es nachher so aussieht, dann ist es ja gut!". Rolf Keller war entsetzt von den in seinen Skizzen eingetragenen „Verschönerungen". Wir haben die Siedlung mit ca. 2oo Wohnungen gebaut, die Vermietung war kein Pro-

pleted. Our question was, will it be possible to refurbish it according to the erstwhile plans laid out by Johow, the mine-builders, and make it into a modern working-class estate? The international invitation to tender was won by Rolf Keller of Zumikon near Zurich. And what ensued was something quite different from the Johow estate drafts; small semi-detached and terraced houses, simple linear structure, all the same basic type of house, but easy to modify by varying the number of storeys and by adding extensions to the front and back. White and grey were the dominant colours. Our executives, and especially the employees' representatives, said, "They're terrible, we can't build those, we'll never be able to let them, they are so different from anything else. The place looks ghastly, it's no comparison to the pleasant appearance of the old estate; we can't expect anyone to want to move in." The prize-awarding committee and we board of executors were, however, of the opinion that it was the best and the most attractive of the drafts tendered. Then, during the meeting of the board of directors, I sketched colourful front gardens and greenery and multicoloured hanging flowers on the overhead projector and added them to the drafts of the houses and balconies on the building plan with the result: "Oh, well, if it's going to look like that, then that's OK!" Rolf Keller was horrified at the "beautifying" additions I had made to his drafts. We then built an estate with around 200 habitations, letting was no problem and soon everything was flourishing and blossoming, just as it was on my sketches.

And then one day I had a phone-call from Rolf Keller's wife; Rolf Keller had sadly died before completion of the project. "Oh, grief!" she said, "You must come and see what the people on the estate have done to it; they're ruining all the architecture." "Yes," I said, "the occupants are in the throes of making the buildings their own according to their own taste. The architecture is easily strong enough to withstand it all. The first generation of occupants has to get used to living there by making friends with the architecture. They're doing it by adding their own idea of beauty, even though that is far distant from what architects think of as beauty." We then sent

blem, bald grünte und blühte es, wie auf meiner Skizze. Und dann, Rolf Keller war leider während des Baus verstorben, rief mich seine Frau an: „Sie müssen unbedingt mal kommen und sich ansehen, was die Bewohner gemacht haben, die verschandeln die ganze Architektur." „Ja," habe ich ihr gesagt, „die Bewohner eignen sich ihre Häuser, ihre Siedlung an, indem sie sie nach ihrem Geschmack aufhübschen. Aber die Architektur ist so stark, sie wird das aushalten. Die erste Generation der Bewohner muss sich erst mal eingewöhnen, indem sie sich ein wenig anfreundet mit dieser Architektur. Und das macht sie, indem sie etwas von ihrem Schönheitsbegriff einbringt, der natürlich weit von dem entfernt ist, was Architekten unter Schönheit verstehen.". Wir haben dann auch hier eine Moderatorin eingesetzt und eine Bürgerinitiative begleitet, die jetzt das Zusammenleben in dieser Siedlung organisiert. Sie ist dazu ein geeigneter Diskussions-Rahmen, wenn die „Aneignungsarchitektur" der Bewohner zu weit geht.

Noch ein Beispiel aus der IBA-Zeit: der Duisburger Innenhafen. Wer diesen ehemaligen Holzhafen und späteren Getreidehafen mit Mühlen- und Speichergebäuden und sonstigen meist abgängigen Gewerbeflächen in unmittelbarer Innenstadtlage vorher gesehen hat, war erschrocken über diesen „Hinterhof". Als wir mit Norman Foster im Rahmen des Wettbewerbs – unser Team bestand aus LEG NRW, Kaiser-Bautechnik, THS und dem Büro Foster London – gemeinsam vor Ort waren, ging es uns nicht anders, aber es ging darum, Chancen zu erkennen für die Entwicklung eines Quartiers „Wohnen, Arbeiten, Freizeit am Wasser". Unser Wettbewerbsbeitrag erhielt den 1. Preis, aus dem der Masterplan entwickelt wurde, die Grundlage für die Entwicklung des Quartiers mit umgenutzten Speichergebäuden, Wohnen an neu angelegten Grachten, Bürogebäuden und an einem Jachthafen. Heute ist der Duisburger Innenhafen eine der interessantesten Adressen im Ruhrgebiet: eine interessante und einmalige Szene mit dem Charme der zu Gaststätten, Museen, Büros umgenutzten Speicher, gut und interessant gestylten Büros

Modern architecture, different architecture and to our sense of understanding perhaps also exhilaratingly beautiful architecture must, of course, be brought nearer to the users.

a moderator to accompany the citizens' initiative set up to help everyone live side-by-side in harmony. An organisation of this kind is ideal when the adoption process has gone too far!

Another example from those IBA days is the inland port of Duisburg. Anyone who had seen that old harbour in the immediate vicinity of the town centre, full of wood as it first was and later turned into a grain harbour with mills and silos and other disappearing industries, was shocked by this "back yard". When we visited the site with Norman Foster within the course of the competition – our team was composed of LEG NRW, Kaiser-Bautechnik, THS and Foster and Partners of London – we had the same feeling of shock, but in our case it was a question of recognizing the chances of developing a district based on "Life, Work and Recreation on the Waterfront". Our competition entry won 1st prize, and with it we carried out our master plan of redeveloping the area by re-using the silos as living quarters, creating residential areas on the canals, and erecting office buildings and a marina. Today Duisburg harbour is one of the most attractive addresses in the Ruhr District. It is an interesting and exclusive scene with the charm so typical of restaurants, museums, redeveloped warehouses and granaries, and comfortable offices and flats, all well and fascinatingly designed by famous German and

und Wohnungen von namhaften deutschen und ausländischen Architekten. Wir haben durch zusätzliche Grachten Wasserfronten vergrößert für die Attraktion des Wohnens am Wasser. Beidseits der Grachten moderne Wohngeschossbauten ohne Schnörkel, so wie unser mit Norman Foster gebautes Wohngebäude mit 68 freifinanzierten Miet-Wohnungen, in Fosterschem Design, mehr Ingenieurarchitektur, vom Markt sofort und nachhaltig angenommen. Man könnte sagen, im Gegensatz zu den Speichergebäuden sind die neuen Wohngebäude eher langweilige Kisten, aber die eher kleinen Wasser-Elemente der Grachten kommen lächelnd auf die Bewohner und Besucher zu und schon finden sie es insgesamt schön. Ist das alles nun schön? Das mag jeder für sich entscheiden, aber es ist eine interessante Bereicherung der Stadt und trägt damit bei zu einer lebenswerten Stadt.

Ist das Ruhrgebiet eine Stadt? Das Ruhrgebiet ist keine Stadt. Ob es eine Metropolregion ist – das ist gerade so ein Modewort – vielleicht. Auf jeden Fall ist es ein riesiger Flickenteppich, mit hässlichen Ecken aber auch schönen Inseln und insgesamt mit viel Potenzial für interessante zukunftsorientierte Entwicklungen. Das ist sicherlich nicht die Schönheit des Reviers aber auf jeden Fall das Besondere und das Schöne am Revier.

Für unser Unternehmen, die THS Treuhandstelle für Bergmannswohnstätten in Essen mit insgesamt 86000 Wohnungen in der gesamten Unternehmensgruppe, brauchten wir ein neues zentrales Verwaltungsgebäude. Wir wollten kein Second-Hand-Gebäude nutzen, nicht das was andere abgelegt haben, auch wollten wir nicht auf die grüne Wiese gehen, es ist schon so viel artifizielle Beliebigkeit auf grünen Wiesen gebaut worden. Wir wollten etwas, das einmalig und einzigartig ist, und eine Verbindung zu unserer Unternehmensgeschichte und dem Unternehmenszweck hat. Wir haben eine Zeche, die Zeche Nordstern in Gelsenkirchen, erbaut von den Architekten Schupp und Kremmer – sie bauten auch die Zeche Zoll-

foreign architects. By digging out new canals we were able to extend the waterfront to attract people to live at the water's edge. On both banks of the canals there are modern, no-nonsense multi-storey apartment blocks such as the one we constructed with Norman Foster which has 68 privately financed rental apartments, all in Foster architectural engineering design, lapped up by the market in no time and on a long-term basis. One could say that, contrary to the silo apartments, the new residential buildings are more like boring containers, but the small water features on the canals greet occupants and visitors alike with a smile and straight away everyone feels at home. Is this what one calls beautiful? Let every man speak for himself; it is certainly an interesting enrichment and plays a great part in making the town worth living in.

Is the Ruhr District a town? The Ruhr District is not a town. Whether it is a metropolis region or not – that word is in fashion at the moment – well, perhaps. In any case, it is an enormous rag rug with ugly corners and beautiful patches and on the whole it has great potential for interesting, future-oriented development which will certainly not boast the beauty of a coal field, but will definitely reflect everything that is special and beautiful about a coal field.

Our firm, the *THS Treuhandstelle für Bergmannswohnstätten* (Miners' Housing Estates Trust) in Essen, an undertaking with a total of 86,000 homes, was in need of a new, central administrative building. We were not partial to using a second-hand building, something that others had discarded, and we did not want to go into the countryside where already too much artificial arbitrariness has been constructed. We wanted something which was unique and once-in-a-lifetime and which had a connection to the story and the aim of our company. We found a colliery, the Nordstern colliery in Gelsenkirchen, built by architects Schupp and Kremmer – they also built the Zollverein colliery in Essen – bought it and converted it into our administrative building. We wanted to preserve the steel construction as far as possible and to

verein in Essen –, gekauft und haben sie umgebaut zu unserem Verwaltungsgebäude. Wir wollten die Stahl-Konstruktion weitgehend beibehalten und auch im Innern zeigen. Dazu wurden die Innenwände in Glas erstellt auch mit dem Ziel, ein Höchstmaß an Kommunikation zu ermöglichen oder zu unterstützen und dazu anzuregen. Es entstand ein kommunikatives Büro-Loft mit sehr unterschiedlichen Arbeitsbereichen für etwa 500 Mitarbeiter an festen und an temporären Arbeitsplätzen.

Moderne Architektur, andere Architektur, aus unserer Begrifflichkeit heraus vielleicht auch anregend schöne Architektur muss man natürlich den Nutzern näher bringen. Unsere Mitarbeiter kamen aus fünf verschiedenen Standorten in Essen, aus völlig unterschiedlichen Bürowelten, Erfahrungen und Gewohnheiten. Wir haben sie dann von Anfang an beteiligt an der Diskussion, haben sie in die Baustelle mitgenommen, haben ihnen Modelle gezeigt. Dazu haben Arbeitsplätze in funktionsfähigen Musterbüros als Teil unseres Projektbüros in einer Halle im ehemaligen Zechenbereich einen realen Eindruck ihrer zukünftigen Arbeitswelt vermittelt. Als das Gebäude im Dezember 2003 bezogen wurde, fühlten sich alle sofort aufgenommen und meinten: „Schön hier, wir fühlen uns wohl hier". Das hätten sie nicht so empfunden und artikuliert, wenn wir sie nicht rechtzeitig in den gesamten Diskussions- und Planungsprozess eingebunden hätten. Das erfordert ein sehr großes Engagement und kostet Zeit, die vordergründig verzögert aber nachhaltig Erfolg sichert.

Was will ich damit sagen? Ich hätte jetzt Bilder zeigen können, es hätte wenig mehr gebracht. Ich wollte an den angesprochenen Beispielen nur verdeutlichen: wenn man für ein Gebäude, eine Siedlung nicht nur für den Moment der Planung und Fertigstellung, auch getrieben vom Zeitgeist und kostenbestimmten Zeitbudgets, verantwortlich ist, sondern auch für eine gewisse Nachhaltigkeit verantwortlich ist, dann hat man einen etwas anderen Zugang zu dieser Aufgabe und erkennt Einfluss

make it visible from inside the building. To do this, the inner walls were made of glass with the aim of enabling, or facilitating, or encouraging optimum communication. The result was a very communicative office gallery with numerous permanent and temporary working areas for about 500 employees. Modern architecture, different architecture and to our sense of understanding perhaps also exhilaratingly beautiful architecture must, of course, be brought nearer to the users. Our employees came from five different locations in Essen, from completely different office worlds, experiences and customs. From the very beginning we let them take part in discussions, took them to building sites, showed them drafts and models. Added to that, a working place in a functioning model office as part of our office project in the entrance hall of a former coal mine gave them an authentic impression of their future working place. When we moved into the building in December of 2003, they all felt immediately accepted and said: "Ooh, nice here! We like being here." They would not have expressed their feelings like that if we hadn't included them in our discussions and planning processes right from the start. That sort of thing needs dedication and takes up a lot of time which initially slows down our work, but in the end results in success.

What do I mean by all this? I could have shown you a few pictures, but they would not have helped much. The examples I have mentioned were meant to make plain that, when one is responsible for a building or an estate, not just whilst it is being planned and developed or because zeitgeist and cost awareness have to be considered, but in the long term, then one has a slightly different approach to the task in hand and is able to recognize the influence and the necessity of time. New developments take time to settle in and those people who are intending to live in the new developments also need time to adjust.

These days when anyone says they are developing a town, they are the "Office of Urban Development" – before you

und Notwendigkeit von Zeit. Man muss dem Neuen Zeit geben, und man muss denen, die in dem Neuen leben sollen, Zeit geben.

Wenn wir heute sagen, wir machen Stadtentwicklung, „Amt für Stadtentwicklung", hopplahopp – zack! Jetzt entwickeln wir eine Stadt, von heute auf morgen. Das geht nicht! Städte muss man sich entwickeln lassen, Städten muss man die Ruhe und die Zeit lassen sich zu entwickeln, mit allen Umwegen und auch Irrungen, und die Bewohnern brauchen Zeit zur Gewöhnung. Dadurch wird eigentlich das Leben in einer Stadt lebenswert. Und dann fühlt man sich wohl. „Wohnen", abgeleitet vom althochdeutschen „wunian" = sich wohl fühlen, ist mehr als „behaust sein". Nur behaust sein, dafür muss es nicht schön sein, aber „wunian" – wohnen, sich wohl fühlen, dann muss es auch schön sein oder erst dann ist es schön. Schönheit muss auch erfahrbar sein, berechnen kann man sie nicht. Auch das Regelwerk Palladios ist keine Garantie für Schönheit von Städten und Gebäuden.

Wenn wir das erkennen, dann haben wir ein gutes Stück erreicht auf dem Weg zu einer schönen Stadt, zu einem schönen Stadtteil. Aus dem Ruhrgebiet kann man keine Stadt machen. Aber die vielen Stadtteile, die wir haben, da können wir versuchen zu realisieren, was wir brauchen, um uns wohl zu fühlen.

Einzelne herausragende Gebäude aus verschiedenen Epochen, Zeichen der geschichtlichen Entwicklung wie Adelshöfe und Kirchen, Dorfkerne, städtische Straßenzüge und Grünanlagen, Industriegebäude und moderne Verwaltungsgebäude und Museen wie das Folkwang-Museum in Essen, sind nicht nur beliebige Highlights, sondern vor allem historische, architektonische Haltepunkte – Merkzeichen –, um der Gefahr der Gesichtslosigkeit entgegen zu wirken. Schönheit braucht auch Erinnerung.

can say 'Jack Robinson' they have almost finished it. That doesn't work out. You have to let towns develop in their own time with all their ups and downs. Towns need peace and quiet and time to think, and the population needs time to acclimatise. That is what makes town life worth living, and one feels at home there. It is more than just being housed in a place. If you are only "housed", the place does not necessarily have to be attractive, but if you are at home somewhere, then it needs to be beautiful, or it needs to begin to be beautiful as soon as you move in. Beauty must be sensed, it cannot be worked out like a sum in maths. Even Palladio's set of rules is no guarantee for the beauty of towns or buildings.

Single buildings from different epochs which stand out from the others, signs of historic development such as mansions and churches, village centres, urban streets and greens, industrial buildings and modern administration offices and museums such as the Museum Folkwang in Essen are all not only very popular highlights, but above all they are historic, architectonic stops, earmarks which counteract the danger of becoming faceless. Beauty needs its memories.

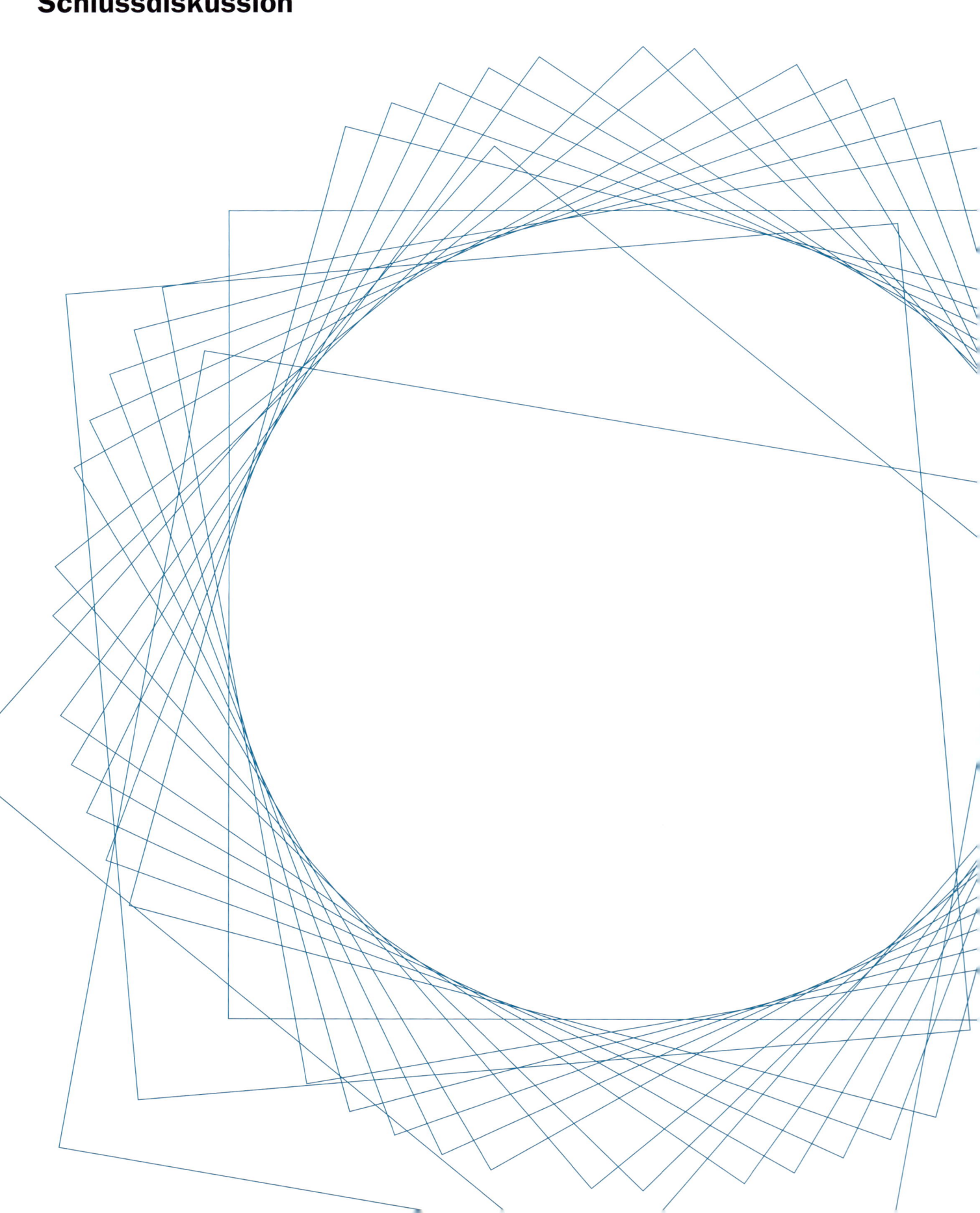

Schlussdiskussion

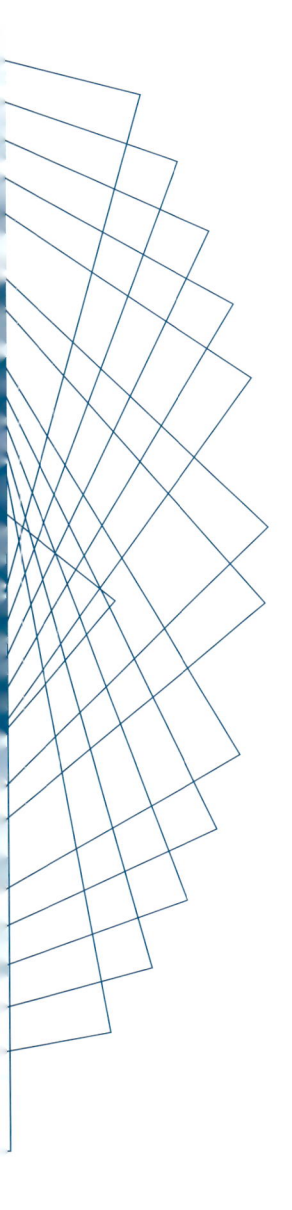

Schlussdiskussion

Prof. Behrend
Ich bin aus Altersgründen freigesetzter Hochschullehrer aus Düsseldorf. Nach diesem Tag der Analyse dessen, was wir unter Schönheit verstehen – oder auch nicht verstehen – müsste eines Tages eigentlich eine Veranstaltung über das Thema Therapie folgen. Denn wir Architekten sind diejenigen, die gezwungen sind, diese Analyseergebnisse weiterhin umzusetzen und die gebaute Umwelt zu therapieren, das heißt zu bauen oder zu reparieren. Ich möchte also dazu die Bitte äußern, dieser Veranstaltung eine weitere Veranstaltung folgen zu lassen über das Thema „Wie bauen wir eine schöne Stadt", oder besser gesagt „Wie entwickeln wir eine schöne Stadt". Dankeschön.

J. Alexander Schmidt
Vielen Dank für diese Aufforderung zum Weiterarbeiten an diesem Themenfeld. Das hören wir gerne und werden es bei der weiteren Planung berücksichtigen.

Herr Kühnmichel
Mein Name ist Kai Kühnmichel. Ich bin Architekt und Stadtplaner aus Gelsenkirchen. Ich möchte eigentlich nicht unbedingt „therapiert" werden. Ich möchte vielmehr einen Vorschlag für eine andere Folgeveranstaltung machen, die sich möglicherweise mit dem Gegenteil beschäftigen sollte. Wir haben heute sehr umfangreich, sehr detailliert und sehr divers über das Schöne gesprochen. Die schöne Stadt setzt sich aus vielen Teilen zusammen, aus Individuen und aus individueller Architektur. Wenn man ein Resümee ziehen wollte, dann lautet es für mich persönlich, dass es die schöne Stadt an sich eigentlich gar nicht geben kann, weil es sehr unterschiedliche Meinungen zum dem Thema Schönheit gibt. Ich glaube, das Interessante an einer Stadt ist die Mischung – die Mischung von gut und böse, von schlecht und schön, von furchtbar und wohlgestaltet. Warum aber diese Bemerkung mit der hässlichen Stadt? Der Anteil der hässlichen Teile in einer Stadt ist vermutlich immer viel größer als die gut und wohlgestalteten Bereiche. Ich denke, man muss sich auch mit der guten und wilden Mischung auseinandersetzen, die wir vielen Städten, insbesondere aber hier im Ruhrgebiet haben. Diese notwendige Hässlichkeit müsste eigentlich auch mal Gegenstand einer Untersuchung sein.

J. Alexander Schmidt
Sie predigen also für die Untersuchung des Widerlagers, um mit Frank Werner zu sprechen, der dieses Stadtelement in seinem Vortrag eingeführt und gefordert hatte.

Herr Schröder
Ich bin hierher gekommen und hab mir gedacht, das Thema „Die schöne Stadt" ist ein spannendes Thema, das hörst du dir mal an. Die Vorträge habe ich alle gehört. Nun frage ich mich am Ende dieser Veranstaltung: Warum wollen wir eigentlich eine schöne Stadt? Das ist mir jetzt nicht klar geworden. Vielleicht sollten wir, wenn wir schon von nächsten Veranstaltungen sprechen, mal drüber nachdenken und die Frage klären, was unser Anlass ist, eine schöne Stadt zu bauen. Ist es der Wettbewerb zwischen den Städten, die eine schöner als die andere zu haben? Oder ist es der Standortvorteil, den man gewinnen will? Will man sich einfach nur wohl fühlen

in der Stadt, in der man lebt? Oder warum wollen wir eine Stadt haben, die schön ist?

Herr Jorgens
Ich finde, Herr Cox hat mit seiner schönen Stadt eine wunderbare Antwort gegeben. Er hat nämlich erstens auf den Menschen oder die Menschen abgehoben, und dann hat er gesagt, die müssen sich wohl fühlen. Jemand, der sich irgendwo hier wohl fühlt, der sagt im Ruhrgebietsjargon: Dat is schön hier. Und dann haben wir auf einmal die Schönheit, die im Gespräch rübergebracht wird und dann haben wir auch schöne Wohnquartiere, weil die Leute sich wohlfühlen. Und das kann man auch an andere Orte adaptieren – und dann haben wir die schöne Stadt.

Herr Heidemann
Ich komme aus Gelsenkirchen. Ich finde es sehr gut, dass eine Kategorie „schön" eingeführt worden ist, und dass es eben nicht nur darum geht, funktionale Dinge, soziale Dinge zu machen, sondern etwas mehr. Ich will es mit einem Bild des Lebens ausdrücken: Es gibt die Liebesheirat, aber dann gibt es lange Zeit die Frage, wie man miteinander umgeht. Man sollte dann eher darüber nachdenken, wie man gewisse Qualitäten bewahren kann, wie man gegebenenfalls auch gute Reparaturen machen kann, also dieses Handwerkliche, um die Zeit zu überbrücken, die Abnutzungsgeschichten beim Schönen. Das wäre dann schon ein sehr viel konkreteres Arbeitsfeld.

An den schönen Städten ist eine ganze Weile gearbeitet worden, vor dem ersten Weltkrieg noch intensiver als heutzutage. Da war es eben noch ein Anliegen durch die Reformbewegungen des BdA, des Werkbunds und vieler anderer. Die Industrie hat das aufgegriffen mit diesen sehr guten Gartenstadtsiedlungen. Aber es ist auch kommunal praktiziert worden. Ich bin jetzt vom Stadtplaner hin zum Stadthistoriker gewechselt. Ich sehe mir Bauakten an und dann sehe ich z. B., wie intensiv die Bauberatung war, wie dann irgendwelche tatsächlich schlechten Entwürfe durch gute Leute korrigiert wurden. Ich habe irgendwo hier von dem bekannten Architekten Metzendorf Unterschriften in den Bauakten und Entwürfen gesehen oder vom Gelsenkirchener Stadtbaurat Arendt – die sich wirklich mit den Entwürfen auseinander gesetzt und gesagt haben, nein, dieser Fassadenentwurf ist so nicht gut, das muss anders aussehen. So weit ist damals das Bewusstsein für und die Bemühung um eine schöne Stadt gegangen.

Wir haben uns heutzutage zurückgenommen, wir trauen uns das heute nicht mehr. Es gibt darüber ganz merkwürdige Gerichtsurteile, was für Sachen wir erdulden müssen. Schön ist ja nun kein sehr leicht zu definierender Begriff. Trotzdem sollte man irgendwie – und das ist wohl ein Resultat dieser Veranstaltung – den Gedanken einer ästhetisch vielfältigen Stadt umsetzen und über diese Erfahrung sprechen.

Horst Przuntek
Ich möchte doch noch versuchen, die Frage zu beantworten, warum wir eine schöne Stadt wollen. Wenn sie die Leute hier im Ruhrgebiet fragen, ob sie das schön finden oder ob sie sich hier wohlfühlen, dürfen sie nicht vergessen, dass die Antwort einem erheblichen Quantum an Alkohol und Beruhigungsmitteln zuzuschreiben ist. Sie müssen es wirklich so aussprechen, weil wir als Ärzte auf das Engste damit vertraut sind und sowohl in der

allgemeinen Praxis als auch in der Universitätsklinik regelmäßig Einblick darin haben. Das heißt, wenn sie das Wohlfühlen um den Preis einer Betäubung erreichen, dann kann ich nur ganz nüchtern sagen, da läuft irgendwo etwas falsch in der Region.

Die Frage, die vorhin in der Diskussion gestellt wurde, lautete: Warum wollen wir eine schöne Stadt haben? Meines Erachtens ist es nicht entscheidend zu fragen, ob wir eine glückliche Stadt haben wollen, sondern als Menschenkenner würden wir Ärzte fragen: Wollen die Menschen glücklich sein? Es ist nun kein Zufall, dass das Hirnareal, das mit Schönheit zu tun hat, relativ deckungsgleich ist mit dem Bereich, der den Menschen auch Glück beschert. Insofern würde ich sagen, dass die Menschen dort glücklicher werden, wo es schöner wird. Das hat nicht nur etwas mit dem rein Visuellen der Architektur zu tun, sondern natürlich unter anderem auch mit dem auditiven und olfaktorischen System.

Herr von der Mühlen
Auch auf die Gefahr hin, dass ich Sie falsch verstanden habe, Herr Przuntek: Dem, was Sie eben gesagt haben, möchte ich in aller Form und vielleicht auch zu polemisch widersprechen. Man kann doch nicht behaupten, dass die Leute hier im Ruhrgebiet sagen, es geht ihnen hier gut, weil sie unter Drogen stehen. Ich gebe Ihnen zu, so haben Sie es nicht gesagt. Aber ich finde es anmaßend, eine Position zu beziehen, die die subjektive Wahrnehmung von Glück oder auch von Schönheit in eine solche Konnotation bringt.

Horst Przuntek
So habe ich das natürlich nicht gesagt, wie Sie es wiedergegeben haben. Trotzdem, wenn Sie das realistisch betrachten, gibt es hier im Ruhrgebiet eine hohe Korrelation zu Ethanolgenuss und einen hohen Genuss an Betäubungsmitteln, die nur noch vergleichbar ist mit Mecklenburg-Vorpommern. Ich soll sie ja jeden Tag verschreiben. Und es kostet mich als Arzt jedes Mal ungefähr eine halbe Stunde Aufklärungsgespräch, um diese Menschen auf andere Ideen zu bringen, als Alkohol oder Valium zu nehmen. Für mich wäre es sehr einfach, das zu verschreiben. Aber ich bringe die Leute tatsächlich dahin, Schönheitsempfinden zu leben, indem sie einfache Dinge betreiben, wie Kosmetik, wie Sport und solche Sachen. Die Leute kommen wieder und sind dankbar, dass sie keine Betäubungsmittel mehr brauchen. Und das geschieht dadurch, dass diese Menschen ein Schönheitsempfinden entwickeln.

Herr Hölscher
Ich bin Großstädter, Architekt und Stadtplaner in dieser Ruhrstadt. Eigentlich ist unsere Schönheit unsere Polyzentrik, unsere Abwechslung, die wir haben, und unser Pluralismus – und wenn sie das mal festmachen an einem Netz, dann sind das unsere Siedlungen des Ruhrgebietes, so wie Herr Cox das auch herausgestellt hat. Insofern müssen wir uns nicht über den Begriff Schönheit unterhalten, sondern wir leben hier und wir können unseren Ort gebrauchen, Wohnwert daraus machen, unsere Städte möglichst optimal und ästhetisch befriedigend gestalten.

J. Alexander Schmidt
Ich habe das Gefühl, die Antwort, was jetzt die Schönheit einer Stadt ausmacht und wie oder sogar, ob wir sie

schaffen können, die bleiben wir auch heute schuldig. Aber es sind doch sehr viele Impulse gekommen. Die Stadt Gelsenkirchen wurde ja oft erwähnt, Herr von der Mühlen. Ich glaube nun nicht, dass Sie gleich morgen in der Dienstbesprechung ein Rezept für mehr Schönheit verkünden werden und dann in Gelsenkirchen – als einem exemplarischen Ort – es könnte ebenso Gladbeck, Essen, Bochum und dergleichen sein – gleich morgen in der Dienstbesprechung verkünden werden und dann die weichen Bleistifte gleich über die Zeichnungen huschen, um die Innenstadt schöner zu machen. Aber ich denke, heute sind doch Anregungen und Impulse gegeben worden, weiter zu denken. Ob das jetzt über die nächste schöne Stadt ist oder vielleicht auch mal über das Widerlager der Schönheit, über die hässliche Stadt – das bleibt dahingestellt. Natürlich wird immer gesagt, das Ruhrgebiet brauche Schönheit – das hat mich heute morgen auch schon der Rundfunk gefragt. Antworten darauf haben wir heute nicht geben können, aber wir haben den Begriff immerhin wieder in die Diskussion gebracht in einer Welt, die sich sonst ausschließlich um Funktionalität und Ökonomie, Ökologie und Soziales dreht. Die Schönheit gehört gewiss untrennbar dazu!

Die schöne Stadt
Ein Nachtrag

J. Alexander Schmidt, Stadtplaner

Im Rückblick waren viele, die die Vorträge und Diskussionen zur schönen Stadt verfolgt hatten, ein wenig enttäuscht: Architekten hatten wohl mehr Empfehlungen erwartet, wie schöne Fassaden zu gestalten sind, Städtebauer hofften vergeblich auf Hinweise zu schönen Stadträumen oder Sichtachsen, und dem typischen Ingenieur hätten vermutlich Zahlen, Formeln oder Richtlinien besser gefallen als die Bilder aus der Natur. Die Relativität der Schönheit hat manchen mehr verwirrt als geläutert.

Was ist eine schöne Stadt? Was sind schöne Stadträume? Alain de Botton hält in seinem Buch zu „Glück und Architektur"[1] diese Frage für den modernen Menschen für nicht beantwortbar, schätzt sie vielleicht sogar als unangenehm ein. Die ursprünglich vornehmste und wichtigste Aufgabe von Architekten, Städtebauern und Ingenieuren, etwas Schönes zu schaffen, ist aus ernsthaften Diskussionen verschwunden und allenfalls „in den Köpfen verwirrter Laien" als Anspruch erhalten. In den voranstehenden Vorträgen, die sich dem Thema aus den unterschiedlichsten Perspektiven nähern, kann der Leser feststellen, dass sich auch ernsthaft über Schönheit diskutieren lässt.

Aber die Vortragenden sind dabei nicht soweit gegangen, Regeln zur Schönheit zu erfinden oder wissenschaftlich nachvollziehbare Aussagen für die Produktion absoluter Schönheit zu machen.

Dennoch haben wir ein intuitives Gefühl, was schön sei. Wir werden von Schönheit angezogen, wir haben Glücksgefühle an schönen Orten oder wenn wir Schönes sehen.

Es sind immer wieder Versuche unternommen worden, die Merkmale „anerkannt" schöner Stadträume zu beschreiben oder die „Tugenden" von schönen Gebäuden

Beauty and the City
Appendix

J. Alexander Schmidt, Town Planner

On hindsight, many who followed the lectures and discussions about 'Beauty and the City' were disappointed. Architects seemed to have expected more recommendations on how beautiful façades are to be constructed, town planners were hoping in vain for tips on designing beautiful urban spaces or vistas, and a typical engineer may probably have preferred numbers, formulae or guidelines to the pictures of nature. The relativity of beauty confused some more than it reformed or informed them.

What is a beautiful city? What are pretty urban spaces? In his book "Glück und Architektur"[1] (Happiness and Architecture), Alain de Botton finds this question inexplicable for modern man, maybe even reckons it to be uncomfortable. The originally most distinguished and most important duty of architects, town planners and engineers – to create something beautiful – has disappeared from serious discussions and is at best preserved "in the heads of confused lay people". In the preceding lectures, which approach the subject from the most diverse perspectives, the reader can identify that beauty can also be discussed seriously.

But the lecturers did not go as far as to invent rules for beauty or produce scientifically comprehensible statements for the production of absolute beauty.

Still, we have an intuitive feeling of what is beautiful. We are attracted by beauty, we have feelings of elation in beautiful places or when we see something beautiful.

Time and time again attempts have been made to describe the "recognizable" distinguishing features of beautiful urban spaces, or to name the "virtues" of beautiful buildings. The proportions of those façades which trigger measurable feelings of elation in our brains through neuro-aesthetics

zu benennen. Auch die Proportionen von denjenigen Fassaden, die von der Neuroästhetik messbare Glücksgefühle in unserem Gehirn auslösen, werden vermessen. Immerhin sind dieses Versuche, ein Repertoire zu entwickeln, mit dem Neues gestaltet werden kann. Dass damit keine Garantie für Schönheit verbunden ist, wissen wir. Auch Fassaden, deren Fensteröffnungen und sonstigen Gliederungselemente Proportionen im Goldenen Schnitt entstehen lassen, sind nicht von vornherein als schön zu bezeichnen.

Nichtsdestotrotz möchten wir im Nachgang zu der Dokumentation der Vortragsveranstaltung einen Beitrag hinzufügen, in dem zwei von vielen als schön bezeichnete Stadträume analysiert werden. Vielleicht öffnen diese Ausführungen die Augen und erklären uns unsere bisher nebulösen Glücksgefühle ein wenig mehr. Vielleicht wird dies auch zu einem Anstoß, die Wahrnehmung zu schulen und das eigene Schönheitsgefühl zu schärfen. In jedem Fall aber ist es eine sinnvolle Ergänzung zu den „relativen Schönheiten" der Vorträge zur schönen Stadt und eine Horizonterweiterung jenseits des bisher Erfahrenen.

are also measured. After all, these are attempts to develop a repertoire with which something new can be created. We know that with this there is no guarantee for beauty. Even façades whose window spaces and other structural elements allow proportions in the golden section to come into being are not to be characterized as beautiful from the outset.

We would nonetheless like to add a contribution in the appendix to the lecture's documentation in which two of many urban spaces, described as beautiful, are being analysed. Perhaps these explanations will open our eyes and will explain to us our hitherto nebulous feelings of elation a little better. Maybe this will become an impetus to train our perception and to sharpen our own feelings for beauty. In any case, it is an appropriate addition to the "relative beauties" of lectures on 'beauty and the city' and a widening of our horizon beyond current experiences.

---

1 de Botton, Alain (2008). Glück und Architektur. S. Fischer Verlag. Frankfurt

Eine schöne Stadt? Eine schöne Stadt!
Kann man eine schöne Stadt planen?

Ralf Weber, Architekt

Was löst eigentlich jene besonderen Erfahrungen, die tiefe Spuren in unserer Erinnerung hinterlassen und unseren Geist anregen, wenn wir durch die gewundenen Straßen von Bergamo laufen, die Skyline von Prag betrachten oder auf den Campidoglio in Rom kommen? Was macht die zeitlose Schönheit dieser Städte aus, was stellt ihre einzigartige Raumerfahrung dar und hebt sie ab von ihren eher durchschnittlichen Konkurrenten? Was macht einige städtische Plätze oder Boulevards so bemerkenswert, dass sie von Fachleuten wie von Touristen gleichermaßen Lob ernten? Haben schöne Stadtplätze etwas Gemeinsames trotz unterschiedlicher Funktion, Gestaltung Stil, Bauart, Umgebung und Kultur? Haben sie Gemeinsamkeiten, die vergleichbare Erfahrungen und Urteile auslösen? Und, falls dies so ist: Können diese in der heutigen Stadtplanung umgesetzt werden?

Weil Architektur und Stadtplanung auf jedermanns Lebensbedingungen so einen starken Einfluss ausüben, sollte man doch annehmen, dass Architekten und Planer sich bei ihrer Entwurfsarbeit der Wirkungen sichtbarer und greifbarer Formen und Räume bewusst sind. In der täglichen Praxis jedenfalls erweist sich diese Annahme als falsch. Im Hinblick auf materielle und funktionale Aspekte des Bauens kann der Gestalter auf einen großen Vorrat fachlicher und praktischer Erkenntnisse zurückgreifen. Erhebliche Irritationen entstehen allerdings, sobald es um die immateriellen Aspekte der Gestaltung geht. Es fehlen nämlich klare Vorstellungen darüber, wie die Entscheidungen über ästhetische Wirkungen zu rechtfertigen seien. So entstand auch die weit verbreitete Ansicht, dass die ästhetische Komponente eines Entwurfes mit rationalen Begrifflichkeiten nicht ausgedrückt werden kann. Aber stimmt das eigentlich?

Beautiful City? Beautiful City!
Can beautiful urban spaces be designed?

Ralf Weber, Architect

What is it that provokes the sense of profound experience, that leaves deep imprints in our memory, that moves one's spirit when one wanders through the winding streets of Bergamo, views the skyline of Prague, or comes upon the open space of Rome's Campidoglio? What is it that constitutes the timeless beauty of these cities, that gives them their unique sense of place, and that distinguishes these from their more mediocre counterparts? What makes certain urban squares or boulevards so remarkable that they have earned the praise of scholars and tourists alike? Do beautiful urban spaces have something in common despite differences in function, appearance, style, manner of construction, environmental and cultural conditions? Do they share qualities that trigger similar experiences and judgements? And, if so, can these be applied in the making of contemporary town planning?

Because architecture and town planning exert such a strong influence on everyone's living conditions, one might assume that architects and planers would be aware of the impact of the visible and tangible form and space they create. But actual practice often shows this assumption to be incorrect. With regard to the 'material-functional' aspects, the designer can rely on a large stock of factual and instrumental knowledge. Yet there is considerable confusion when the 'immaterial' aspects of design are discussed, because there is a scarcity of clear concepts to legitimize decisions about the aesthetic impact. It is in this way that the aesthetic component of design is thought to be inexpressible in rational terms. But is this really the case?

While there has been considerable skepticism amongst planners about the possibility about identifying principles of design that would result in beautiful urban spaces, there has long been consensus in traditional aesthetics theory as well

Während es bis heute bei den Planern eine tiefe Skepsis bezüglich der Möglichkeit gibt, Grundregeln für die Gestaltung schöner Stadtplätze zu entwickeln, gibt es schon lange einen Konsens sowohl in der traditionellen Ästhetik-Theorie als auch in der Psychologie der Künste darüber, dass es möglich sei, zumindest vereinfacht ein wissenschaftliches Gerüst für die subjektive Empfindung von Schönheit in Kunstwerken und Gestaltung zu schaffen. Etliche Forschungsprojekte in experimenteller Ästhetik und in der Wahrnehmungspsychologie haben gezeigt, dass die Prinzipien, die im menschlichen Gehirn die Organisation der Wahrnehmung von Gestalt steuern, durchaus auch als Grundlage für die Beschreibung ästhetischer Grundregeln dienen können.

Wenn wir uns dem Thema der schönen, gut gestalteten Stadt nähern, müssen die Überlegungen bei den eigenen Erfahrungen mit ästhetischen Objekten und architektonischen Räumen beginnen. Die Wahrnehmung städtischen Raums unterscheidet sich grundsätzlich von der eines klassischen Kunstwerks, wie einer Skulptur, einem Gemälde oder einem gut gestalteten Objekt des tägliche Gebrauchs. Städtische Räume können nicht in einem einzelnen Wahrnehmungsakt erfasst werden: Entweder umgeben sie den Betrachter oder der Betrachter muss sich innerhalb der komplexen Räume selbst bewegen.

Gegenüber den meisten anderen Objekten, die Platz in Anspruch nehmen, wird Architektur sowohl als körperliche Realität physischer Objekte als auch als Raum wahrgenommen, den diese Objekte schaffen. Hinzu kommt, dass das einzelne Architekturobjekt normalerweise eingebettet ist in größere Zusammenhänge wie eine Straße, einen Platz oder eine Stadt – und solche Umgebungen haben einen Einfluss auf deren Wahrnehmung.

Sprechen wir von Städten, reden wir von Räumen – städtischen Räumen ebenso wie von Räumen innerhalb von Gebäuden. Aber wie unterscheiden wir explizit archi-

as in the psychology of arts, that it is possible to at least roughly circumscribe a scientific framework for the subjective experience of beauty in works of art and design. A considerable amount of research in experimental aesthetics and in perceptual psychology has shown that the principles that govern perceptual organization of form in the human mind, may function as the foundation for the formulation of aesthetic principles as well.

When approaching the topic of the beautiful, well designed city, considerations have to begin with the mode of experience of aesthetic objects and with the nature of perceived architectural space. The experience of urban space differs considerably from that of the classic work of art like sculpture, painting or the well designed object of everyday use. Urban spaces cannot be experienced in a single act of perception: either they surround the viewer, or the viewer has to move around within complex spatial configurations. Unlike most other objects that occupy space, architecture is experienced both as the corporeality of physical objects and the shape of the void these objects create. In addition, individual architecture is usually agglomerated into larger units to form streets, plazas and cities, and such contexts have an impact on the perception of single entities like smaller spaces or individual buildings.

When we speak of cities, we speak of spaces – that is urban spaces and spaces within buildings. But precisely how does one define architectural and urban space? Does it have a presence of its own, or is it just a void created by surrounding walls or facades? Is it possible to consider the ways in which urban space – the void between walls or buildings – can assume the quality of a perceptual figure in its own right. Such an effect of a figuredness is particularly common in architectural interiors, where the shape of a space usually dominates its boundaries. But it may also arise at the level of urban space, where either the buildings or the spaces between them can assume figural dominance. At one extreme in this relation is the architectural solitaire: the isolated structure

tektonischen und städtischen Raum? Hat er eine eigene Präsenz oder ist er lediglich ein Raum, entstanden durch umgebende Wände oder Fassaden? Ist es möglich, die Wege zu ergründen, durch die städtischer Raum – der Raum zwischen Wänden oder Gebäuden – die Qualität einer spürbar unverwechselbaren Gestalt annimmt? Eine solche Wirkung von Körperlichkeit ist besonders häufig in architektonischen Innenräumen, in denen normalerweise die Gestalt des Raums den Vorrang gegenüber seinen Begrenzungen hat.

Das aber kann ebenso gut auch auf der Ebene städtischen Raums vorkommen, wo entweder die Gebäude oder die Räume zwischen ihnen räumlich dominieren können. Das eine Extrem in dieser Beziehung ist der architektonische Solitär: das allein stehende Bauwerk dominiert den ganzen umgebenden Raum wie die freistehende Renaissance-Villa Rotonda (Abbildung 1). Das andere Extrem sind regelgerecht gestaltete öffentliche Räume wie die neoklassischen Boulevards in Paris mit ihren ähnlich gestalteten geschlossenen Fassadenabfolgen (Abbildung 2). Meistens jedoch wetteifern Gebäude und die Räume dazwischen um die Dominanz der menschlichen Wahrnehmung, indem die Platzumrahmungen die Aufmerksamkeit der eigentlichen Gestalt des Platzes entziehen.

Der Wahrnehmungsprozess ordnet das Sichtfeld nach

that dominates all surrounding open space, as did an isolated Renaissance villa like the Rotonda (Fig. 1). At the other extreme are regularly shaped urban spaces, such as the Neoclassical boulevards of Paris, with their similarly articulated bounding facades (Fig. 2). Most often, however, buildings and the spaces between them compete for dominance in the human perceptual field, as the spatial boundaries present centers of visual interest which draw attention away from the primary spatial figure. It is through the process of perception that the visual field is organized into shapes.

The Gestalt psychologist Koffka has defined a shape as "a unit segregated from the rest of the field." As such, it consists of an external contour containing a figure and is set off from the rest of the visual field, which becomes the ground. Perceptually, the ground is subordinate to the figure; it can either be shapeless, or it can consist of shapes in their own right that form (in a somewhat awkward use of the term) negative spaces. The stronger the figural character of the ground, the stronger its tendency to claim the common contour as its own boundary.

The principles of figure-ground segregation, which form the basis for the so-called „law of good shape" in perception, are cornerstones of visual aesthetics. Shapes that adhere strongly to those principles of figure-formation, can be perceived with a greater degree of perceptual fluency,

Formen. Der Gestaltpsychologe Koffka hat die Form definiert als „eine Einheit, die vom Rest des Feldes getrennt ist". Als solche besteht sie aus einer äußeren *Kontur*, die eine *Gestalt* umfasst und sich absetzt vom Rest des zum *Hintergrund* werdenden Sichtfeldes. In der Wahrnehmung ist der Hintergrund der Gestalt untergeordnet; er kann entweder formlos sein, oder aber er kann aus Formen eigener Art bestehen, die (in einem etwas seltsamen Begriffsverständnis) *negative* Räume bilden. Je strenger der figürliche Charakter des Hintergrundes ist, desto stärker ist seine Tendenz, die allgemeine Kontur als seine eigene Begrenzung zu beanspruchen. Das Prinzip der Trennung von Gestalt und Hintergrund ist Basis für das so genannte „Gesetz der guten Form", der Eckstein der visuellen Ästhetik. Formen, die derartigen Prinzipien der Gestalt-Bildung gehorchen, können leichter erfasst werden. Leichtigkeit der Wahrnehmung wiederum gilt als eine der wesentlichen Voraussetzungen für einen ästhetischen Genuss.

Während das Prinzip der Trennung von Objekt und Hintergrund von den Gestaltpsychologen für die zweidimensionalen Muster sehr gut beschrieben worden ist, wurde dem dreidimensionalen Raum von ihnen nur wenig Aufmerksamkeit geschenkt. Im Folgenden werde ich ausgewählte Grundsätze der gestalterischen Trennung für dreidimensionale Räume erörtern und darstellen, wie sie sich auch in diversen wohl bekannten städtischen Plätzen wiederfinden.

Zentralität

In der Wahrnehmung besteht eine Form nicht einfach nur aus Kontur und Ansicht, sondern sie ist ausgestattet mit dynamischen Eigenschaften. Insbesondere könnte man sagen, dass Formen Zentren haben, Fokusse, die durch Konzentration der Kräfte von Anziehung und Abstoßung entstehen und als Resultat ihrer zielgerichteten Eigenschaften und der Organisation und Betonung ihrer Konturen zu sehen sind. Das Wahrnehmungszentrum einer Form (Abbildung 3) muss nicht mit seinem geometrischen

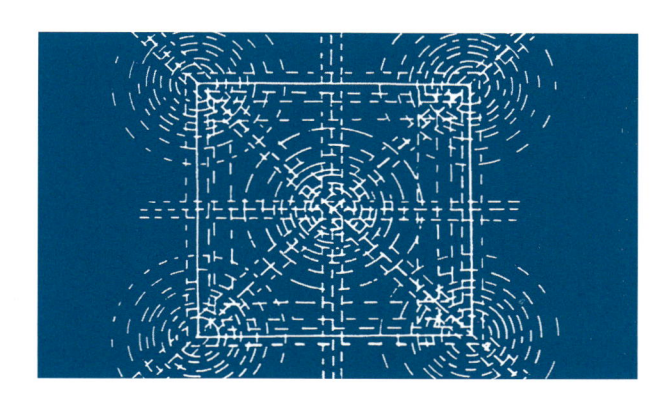

3

Perceptual fluency, in turn, is considered one of the essentials an aesthetically pleasing experience.

While the priniples of figuer-ground segregation have been well described for twodimensional patterns by the Gestalt psychologists, little attention has been given to their operation in three-dimensional space. In the following article I shall discuss selected principles of figural segregation for three-dimensional configurations and illustrate how they are present in several well-known urban spaces.

Centricity

In perceptual terms, a shape does not simply consist of a contour and a face, but is endowed with dynamic properties. In particular, shapes may be said to have centers: foci induced by concentrations of the forces of attraction and repulsion that result from their directional properties and the organization and articulation of their contours. A shape's perceptual center does not have to coincide with its geometric center. (Fig. 3) In addition, shapes may have any number of secondary perceptual centers, induced at the edges of the shape as well as at the radial points of its contours. And shapes which are both convex and concave may actually be characterized by secondary centers located outside the spatial figure, which compete against internal centers and weaken the autonomy of the shape against its ground.

Zentrum übereinstimmen. Darüber hinaus können Formen vielfältige sekundäre Wahrnehmungszentren haben, die an den Rändern der Form ebenso wie an den radialen Punkten ihrer Konturen entstehen können. Und Formen, die sowohl konvex als auch konkav sind, können tatsächlich sogar durch Sekundärzentren charakterisiert werden, die außerhalb der ausgedehnten Figur liegen und die mit internen Zentren konkurrieren und die Autonomie der Form gegenüber ihrem Hintergrund schwächen.

Dennoch, je regelmäßiger, konkaver und zentralsymmetrischer eine Form ist, desto weniger wird sie durch vielfältige Zentren charakterisiert. Natürlich wird der figürliche Charakter einer Form umso stärker sein, je geringer die Zahl der Unterzentren ist, die mit dem Hauptzentrum im Wettbewerb stehen. Eine Kreis- oder Kugelform ist die Figur mit der denkbar stärksten Zentralität. Sie besitzt nur ein Hauptzentrum und ist auf diese Weise vollständig autonom von ihrer Umgebung. Quadratische und kubische Formen sind vergleichsweise etwas weniger stark, da sie von kleineren Zentren an ihren Ecken charakterisiert werden. Diese sekundären Zentren können entweder mit dem Hauptzentrum konkurrieren, oder, wenn sie symmetrisch organisiert sind, dessen Position stärken. Im Hinblick auf den architektonischem Raum wird das Hauptzentrum durch ein dominierendes Objekt markiert, beispielsweise eine Säule oder ein Obelisk, während die nachrangigen Zentren durch kleinere architektonische Elemente wie Brunnen oder Bäume hervorgehoben werden (Abbildung 4).

Dieser berühmte Platz vor dem Petersdom in Rom bietet ein hervorragendes Beispiel dafür, wie die Anordnung kleinerer Zentren im städtischen Raum den Eindruck individueller Bereiche einer Gestaltung hervorheben kann, während sie gleichzeitig die gesamte Zentrierung der Komposition verstärkt. Auf jeden Fall sollte die aufeinander folgende Anordnung der drei Raumeinheiten – der Piazza Rusticuci, der Piazza Obliqua und der Retta – entlang der großen Ost-West-Achse von St. Peter im Sinne eines ver-

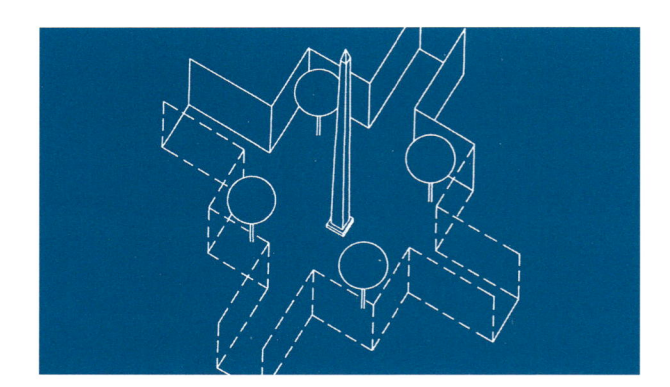

4

However, the more regular, concave, and centrally symmetrical a shape is, the less it is characterized by multiple centers. Naturally, the fewer the number of subcenters that compete with the main center, the stronger the figural character of the shape will be. A circular or spherical shape is the strongest possible figure; it possesses only one main center and is thus fully autonomous from its surroundings. By comparison, squares and cubic shapes are slightly less strong, since they are characterized by smaller centers induced at their corners. These secondary centers may either compete with the main center, or, if they are symmetrically arranged, they may enforce its presence. In many cases involving architectural space, the main center will be marked by a defining object such as a column or an obelisk, while the subsidiary centers will be emphasized by smaller architectural elements such as fountains or trees (Fig. 4).

This famous city square provides an excellent example of how the placement of smaller centers in an urban space can enrich the experience of individual segments of the arrangement while also strengthening the overall centricity of the composition. By all accounts, the successive arrangement of three spatial entities – the Piazza Rusticuci, the Piazza Obliqua, and the Retta – along St. Peter's principal east-west axis should result in the sense of an elongated space with a clearly pronounced orientation. However, when one faces St. Peter's, the location of the various architectural

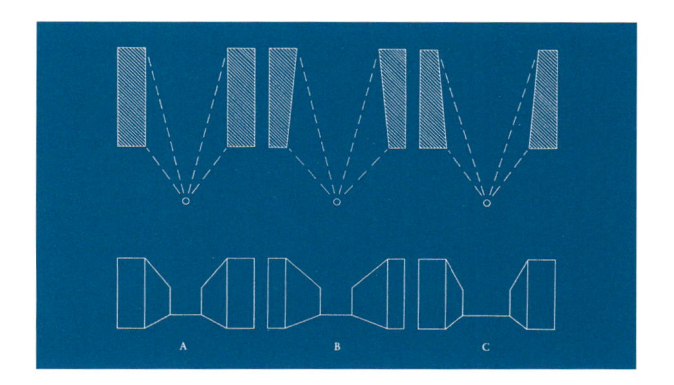

5

längerten Raumes eine klare Orientierungsfunktion haben. Wenn man auf St. Peter schaut, wirkt die Anordnung der verschiedenen architektonischen Zentren der Platzanlage zusammen mit der Gestaltung der unterschiedlichen perspektivischen Täuschungen als eine stark zentrierte räumliche Gestalt. Ein Grund dafür ist, dass der Obelisk, der die Piazza Obliqua markiert, so platziert ist, dass er die Mitte seiner elliptischen Form betont, während die wesentlich weniger dominanten Springbrunnen so angeordnet sind, dass sie Unterzentren an den Radius-Punkten der umgebenden Kolonnaden bilden. Zusammen bewirken diese drei Zentren (Abbildung 5 + 6) den Eindruck einer senkrecht zu der Hauptachse von St. Peter stehenden Achse, die die Dominanz der Hauptachse durch den Raum bestätigt und die zugleich den Eindruck verstärkt, dass der Obelisk im Zentrum einer Gesamtkomposition steht. Die wahrgenommene Länge der Ost-West-Achse wird noch zusätzlich verkürzt durch die nicht parallele Anordnung der Säulen auf beiden Seiten der Retta. Das erweckt den Eindruck, der Petersdom sei näher als er in Wirklichkeit ist. Die Fassade des Domes erscheint so nicht weiter entfernt von dem Obelisken als von den Kolonnaden der östlichen und der westlichen Seite der Retta, während die Piazza Rusticucci durch die perspektivische Täuschung länger erscheint, als sie in Wahrheit ist.

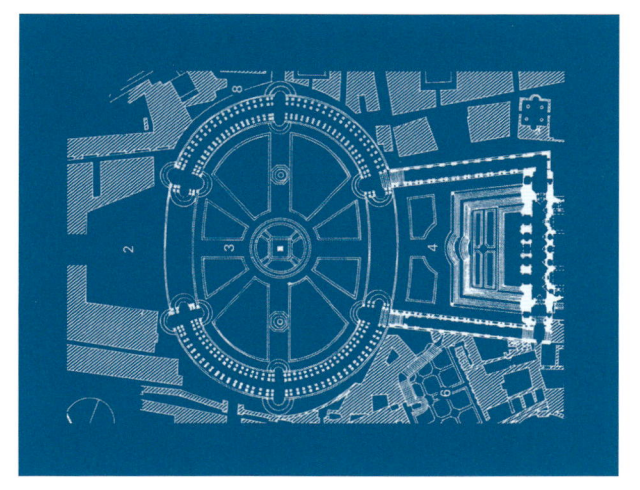

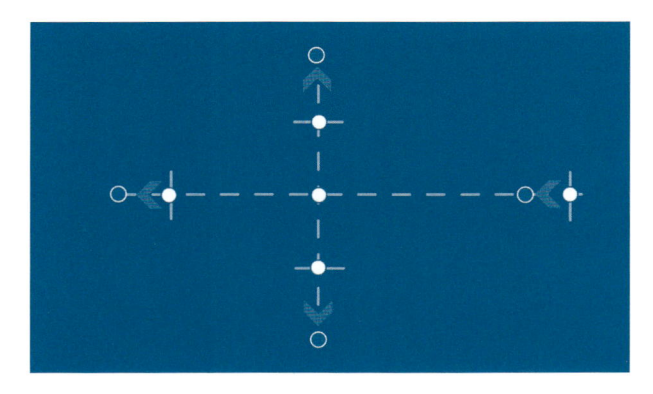

Von oben / from the top: 6a, 6b, 6c

centers in the configuration, together with the application of various perspective illusions, results in the sense of a strongly centered spatial figure. One reason is that the obelisk marking the Piazza Obliqua is located so as to

141

Konkavität

Das Wahrnehmungsgesetz der Konkavität besagt, dass Oberflächen, die teilweise oder vollständig von Raumkanten umgeben sind, sehr viel eher als Figur erkannt werden, als die Bereiche, die sie umgeben. Da Konturen eine eindimensionale Funktion haben, neigen umschlossene Bereiche dazu, die einfache Kontur zu beherrschen und figürliche Qualität anzunehmen. Das gleiche Prinzip kann auch auf drei-dimensionale Formen angewandt werden – mit der notwendigen Einschränkung, dass mit unterschiedlichen Standorten auch unterschiedliche Sichtbeziehungen einhergehen.

Im dreidimensionalen Raum kann man feststellen, dass die Zentrizität und damit ihr figuraler Charakter umso stärker empfunden werden, je umschlossener ein Raum ist. Räume mit vollständig konkaven Konturen – das heißt Konturen, die eine Person umgeben, die sich innerhalb dieser Räume befindet, – bilden sehr wirksam Raum. Bei einem runden Platz wird eine Person idealerweise in der Mitte desselben die Umrandungen als gleich weit entfernt empfinden und die wahrzunehmende Umschließung der Fläche wird vollständig erfasst und das, obwohl die Wirkung der Umschließung auf die Wahrnehmung offensichtlich ist, unabhängig davon, wo man sich auf einem Platz befindet.

Wegen der so genannten strukturierten Steigung, die vom Abstand des Betrachters zu der wahrgenommenen Fläche abhängt, wird jedoch ein eckiger Raum als weniger umschlossen empfunden als ein runder. Da die Ecken eines solchen Platzes als hinter dem zentralen Punkt der scheinbar gewölbten Fläche liegend wahrgenommen werden, scheinen sie eine höhere Dichte der Oberflächenstruktur zu haben. Der zentrale Bereich der gegenüberliegenden Wand jedoch, dessen Oberflächenstruktur weniger dicht erscheint im Vergleich zu der der Ecken, wird dem Auge näher erscheinen und wird in das Blickfeld des Betrachters gezogen.

accentuate the center of its elliptical form, and the considerably less dominant water fountains are placed so as to create subcenters at the radius points of the peripheral colonnades. Together, these three centers (Fig. 5 + 6) induce the sense of an axis perpendicular to the main axis of St. Peter's, which qualifies the dominance of the principal axis through the space and enhances the sense that the obelisk is at the center of a single composition. The perceptual length of the east-west axis is further shortened by the nonparallel alignment of the colonnades on either side of the Retta. These create the illusion that St. Peter's is closer than it actually is: the façade of the cathedral thus appears no farther away from the obelisk than it is from the colonnades on the eastern and western sides of the Retta, while the Piazza Rusticucci appears longer because of the perspective illusion.

Concavity

The perceptual law of concavity states that surfaces which are partly or fully surrounded by concave contours are more likely to be perceived as figure than are the areas that surround them. Since contours have a one-sided function, enclosed areas tend to monopolize the common contour and acquire figural quality. The same principle can be applied to three-dimensional shapes – with the necessary qualification that a person's location has to be taken into account because it creates different possible proximity relations.

In relation to three-dimensional space, one can say that the more concave a space, the stronger will be its perceived centricity, and thus its figural character. Spaces with totally concave contours – that is, contours which surround a person located inside them – form spatial figures most readily. Ideally, in a circular plaza, a person in the center will perceive the boundaries as being equidistant, and the perceptual concavity of space will be fully realized. However, perceptual effects of concavity may be evident regardless of where one is located in a space. However, because of the so-called textural gradient, which depends on the viewer's distance to a perceived surface, an angular space will be

7

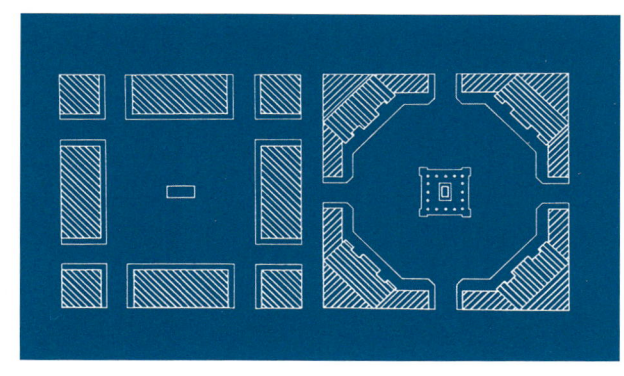

8

Es ist offensichtlich, dass auf diese Weise die stärkste räumliche Umschließung von Wölbung auf runden oder elliptischen Plätzen erreicht wird, denn es wird dabei nur geringe Unterschiede in der Oberflächenstruktur der Umschließung des Platzes geben, da sich eine gesteigerte Wirkung von Zentralität und figürlichem Charakter einstellt. Der Amalienborgplatz in Kopenhagen bietet ein gutes Beispiel für diese Wirkung (Abbildung 7). In diesem Fall verstärkten die acht Ecken des Platzes die gesamte Konkavität seiner Erscheinung. Der Gesamteffekt wird noch zusätzlich verstärkt durch die Anordnung der einmündenden Straßen. Grundsätzlich verstärken Straßen, die jeweils in der Mitte der seitlichen Begrenzungen des Platzes einmünden, seine empfundene Umschließung. Wenn die Straßen jedoch an den Ecken einmünden, wird die Umschließungswirkung abgeschwächt, weil sich die Abstände zwischen den geraden Kanten und den wahrgenommenen Ecken des Platzes deutlich vergrößern (Abbildung 8).

Wenn die Umrandungen beides sind, konkav und konvex, dann verschwimmen Gestalt und ihr Hintergrund ineinander, weil dabei eine Rivalität der Konturen entsteht, wie beispielsweise bei mehrschichtigen Mustern. Solche bewusste Mehrdeutigkeit war in der manieristischen und der barocken Architektur oft zu finden; ein wunderbares Beispiel dafür ist die Piazza S. Ignazio in Rom. Obwohl die Gebäude, die diesen Platz umstehen, im Verhältnis zu ihm

perceived as being less concave than a circular one. Because the corners of such a space will be perceived as located behind the median of the curving picture plane, they will assume a higher textural density. The center area of the opposite wall, however, whose textural gradient will be less dense compared to that of the corners, will appear closer to the eye, and will be pulled into the visual space.

It is obvious that a maximum sense of concavity will thus be achieved in circular or elliptical spaces, because in such cases there will be little change in textural gradient around the perimeter of the space, giving rise to an enhanced sense of centricity and figural character. Copenhagen's Amalienburgsquare provides a good example of this effect (Fig. 7). In this case the faceted corners of the space enhance the overall concavity of its contour. The overall effect is further reinforced by the location of the entering streets.

Generally, when streets enter close to the center of a square's lateral boundaries, they strengthen its perceptual concavity. However, when streets enter at the corners, perceptual concavity is weakened, because the distances between the picture plane and the perceived corners of the space increase considerably (Fig. 8).

When boundaries are both concave and convex, figure and ground become visually interlocked, presenting a contour

konkav sind, gipfelt ihre Anordnung in einer konvexen Gestaltung an ihren Ecken.

Michelangelo's Campidoglio

In zahlreichen Lobeshymnen wurde die Piazza del Campidoglio in Rom beschrieben als das Musterbeispiel eines stadträumlichen Bühnenbildes. (Abbildung 9) Dieser Platz, dessen Gestaltung die Ideale der italienischen Renaissance in seltener Perfektion vereint, vermag ein klar umrissenes Raumgefühl und eine in sich selbst ruhende Raumgestalt zu vermitteln, obwohl er nur von drei Seiten umschlossen ist. Die Komplexität der Anlage ist unter Wahrnehmungsaspekten außergewöhnlich: Die verlängerte Form des Platzes, die Treppen an seinem Ende und der Turm auf dem Palazzo del Senatori betonen alle eine starke Nord-Süd-Achse. Dennoch schafft es die Gestaltung des Platzes insgesamt, eine starke Zentrizität zu präsentieren.

Der Gesamteindruck des Platzes entsteht durch mehrere Wahrnehmungsfaktoren. Zunächst sind die seitlichen Begrenzungen des Platzes nicht parallel, was zu einer leichten perspektivischen Verzerrung führt. Michelangelo machte sich hier einen perspektivischen Trick zunutze, der in der Renaissance sehr wohl bekannt war: Leichte Abweichungen von der Parallelität werden oft nicht bemerkt, obwohl die Wirkung der wahrgenommenen Länge des Platzes erheblich sein kann, weil die Begrenzungen

rivalry that is similar to that in a multistable pattern. Such deliberate ambiguity was often a feature of Mannerist and Baroque architecture; an excellent example is the Piazza S. Ignazio in Rome. Though the buildings surrounding this space are concave relative to it, their placement results in a convex appearance at their corners.

Michelangelo's Campidoglio

In numerous laudations, the Piazza del Campidoglio in Rome has been described as the example par excellence of an urban stage set. (Fig. 9) This square, whose design incorporates the ideals of the Italian Renaissance to rare perfection, is able to provide a clearly defined sense of space and a self-contained spatial figure, even though it is only fully bounded on three sides. The complexity of the arrangement in perceptual terms isextraordinary: the elongated format of the piazza, the stairs at its end, and the tower atop the Palazzo del Senatori all indicate a strong north-south axis; yet, the shape of the piazza as a whole also manages to exhibit strong centricity. The complete effect of the piazza results from a number of perceptual factors. First, the lateral boundaries of the space are not parallel, resulting in a slight perspective distortion. Michelangelo here made use of a perspective trick that was well known during the Renaissance. This is that one does not often notice slight deviations from the parallel, even though the effect on the perceived length of a space can be considerable since boundaries will fill a larger or smaller area within one's field of vision than normal. (Fig. 10a) represents the neutral case, where lateral boundaries are parallel and the dimension along the axis of symmetry is not distorted. But when the boundaries are closer at the viewer's end, as in (Fig. 10b), the boundaries will appear shorter than they are in reality.

At the Campidoglio, the obliqueness of the boundaries creates a two-fold effect. The actual format of the piazza slightly exceeds that of a square. But when one approaches the space by way of the stairs ascending from the north, the converging boundaries on the east and west shorten the space so the

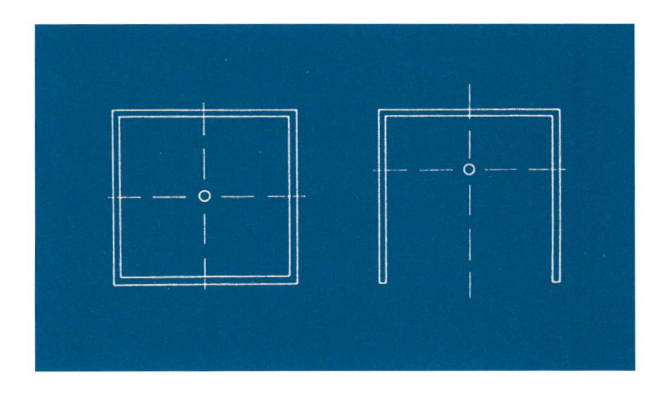

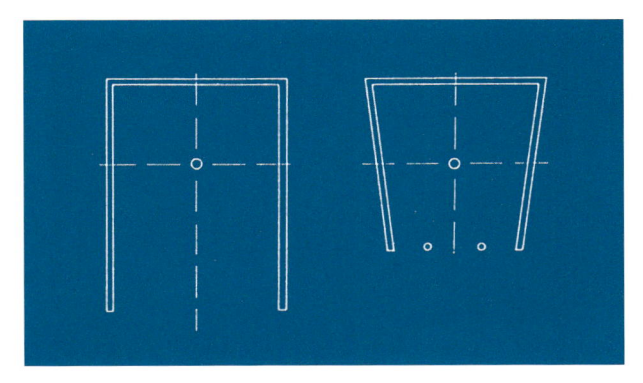

Oben / top: 10a+b, unten / bottom: 10c+d

im Blickfeld des Betrachters einen kleineren oder größeren Bereich ausmachen werden als normal. Die Abbildung 10a repräsentiert den neutralen Fall, in dem die seitlichen Begrenzungen parallel angeordnet sind und die Dimensionen entlang der Symmetrieachse nicht verzerrt sind. Wenn aber die Begrenzungen näher an den Betrachter heranrücken, wie in Abbildung 10b, dann scheinen die Begrenzungen kürzer zu sein, als sie in Wirklichkeit sind.

Auf dem Campidoglio schafft die Verzerrung der Begrenzungen einen zweifachen Effekt. Das tatsächliche Format des Platzes ist etwas größer als ein Quadrat. Wenn man sich aber dem Platz nähert, indem man von Norden die Treppe ersteigt, dann verkürzen die zusammenlaufenden Seiten der Ost- und der Westseite den Raum, so dass der Platz eher quadratisch erscheint. Wenn man jedoch vom Süden den Platz betrachtet, bewirkt derselbe Trick, dass

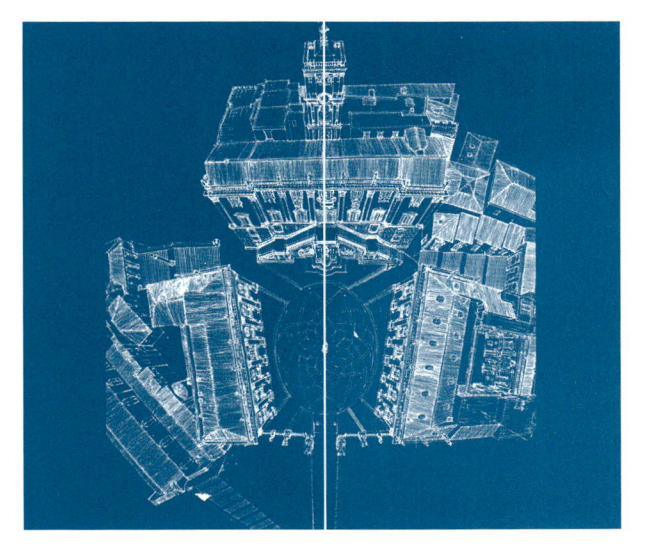

11

piazza appears more square. When viewed from the south, however, the same device causes the space to appear lengthened. Such an effect helps achieve visual closure to the north. If the shape of the piazza were a true square (Fig. 10c), the effect of closure towards the north would be weak because of the low perceptual density of the northern boundary, marked only by a low balustrade and the statues of Castor and Pollux and their horses. However, the longer lateral boundaries, and their greater proximity to one another at the northern end of the piazza, strengthen the sense of enclosure there (Fig. 10d).

The sense of closure in the space and its perceived centricity are further enhanced by the centrally symmetrical position of the equestrian statue of Mark Aurel. The centricity of this figure is reinforced by a slight semispherical curve of the pavement. The surrounding paving pattern also mediates between an outer elliptical shape, which would create the sense of an ambiguous center (Fig. 11), and an inner circular one, which provides a distinct center. A further effect of figural segregation in the space is provided by the three bounding palazzi. These three buildings are all fairly uniformly articulated, exhibiting horizontally oriented shapes with a vertical

der Platz länger zu sein scheint. Dieser Effekt führt optisch zu einem Abschluss des Platzes nach Norden. Wenn die Form des Platzes die eines echten Quadrates wäre (Abbildung 10c), wäre der Effekt des Abschlusses nach Norden schwach wegen der geringen Wahrnehmungsdichte der nördlichen Begrenzung, die nur durch eine niedrige Balustrade und die Statuen von Castor und Pollux auf ihren Pferden markiert ist. Die längeren seitlichen Begrenzungen jedoch und ihr größere Nähe zueinander am nördlichen Ende der Piazza verstärken dort die Wirkung der Umschließung (Abbildung 10d).

Die Wirkung der Raumumschließung auf dem Platz und seine empfundene Ausrichtung auf die Mitte werden noch verstärkt durch die zentralsymmetrische Position des Reiterstandbildes von Marc Aurel. Die Zentralität dieser Figur wird bestätigt durch eine leichte Wölbung in der Pflasterung. Das umgebende Muster im Pflaster vermittelt auch zwischen einer äußeren elliptischen Form, die den Eindruck eines Zentrums entstehen lässt und einer inneren Kreisform, die einen klaren Mittelpunkt schafft. (Abbildung 11)

Ein weiterer Effekt einer gestalterischen Trennung auf dem Platz wird durch die drei angrenzenden Palazzi erreicht. Diese drei Gebäude sind ziemlich einheitlich gestaltet und weisen horizontal ausgerichtete Fassaden mit einer internen vertikalen Gliederung auf. Das Design der Fassadenflächen, die zwischen den Säulen der Gebäude gestaltet worden sind, und die Formen ihrer Fenster entsprechen sich ebenfalls bei allen Gebäuden – allerdings mit kleinen Variationen im Detail.

Ein weiterer wichtiger Effekt auf diesem Platz ist die Tatsache, dass die umlaufenden Balustraden durch Statuen gekrönt werden. Das gibt der oberen Kontur des Platzes eine optische Kraft, die erforderlich ist, um das Fehlen einer oberen Begrenzung zu kompensieren. (Abbildung 12)

Von oben / from the top: 12 + 13

internal division. The format of the shapes created between the buildings' pilasters and the shapes of their windows are also proportional from building to building, though slightly varied in detail. An important additional effect in the space is the fact that surrounding balustrades are topped by statues. This gives visual strength to the top contour of the space, which is necessary to compensate for the lack of a top boundary. (Fig. 12)

However strongly these characteristics of the piazza establish a sense of centricity, the 'pull' of the central fulcrum will always be contested by the position of the Palazzo del Senatori and the articulation of its façade. Though the internal division and format of this building's main and subsidiary shapes show congruities with features of the other palazzi bounding the space, its greater height and centrally located bell-tower break the uniformity of the spatial boundaries.

Wie stark auch immer die Charakteristika der Piazza das Gefühl einer Zentralität schaffen – die Anziehungskraft des zentralen Punktes wird durch die Position des Palazzo del Senatori und die Aussagekraft seiner Fassade ständig in Frage gestellt. Obwohl die innere Aufteilung und Gestaltung des Haupt- und der Nebenflügel dieses Gebäudes Übereinstimmungen mit den Charakteristiken der anderen Palazzi zeigen, die den Platz umstehen, durchbrechen seine größere Höhe und der zentral angeordnete Glockenturm die Uniformität der Platzumgrenzungen. Das schafft einen starken zweiten Schwerpunkt auf dem Platz, der in Konkurrenz steht zu der Hauptattraktion des Platzes. Wenn man jedoch die steilen, zu dem Platz führenden Stufen erklimmt, dann ist zunächst die durch den Turm gebildete Achse der stärkere Anziehungspunkt, ein Effekt, der noch durch die Platzierung der Statuen der *Dioskuren* erhöht wird (Abbildung 13). Erst, wenn man am Ende des Anstiegs angekommen ist, verliert dieser Fokus seine Anziehungskraft und die Zentralität des Platzes entfaltet sich auf einen Schlag. Das macht die Einzigartigkeit des Entwurfes von Michelangelo aus, der den Antagonismus von Geschlossenheit und Offenheit, von Orientierung auf ein Zentrum und Axialität auf eine einheitliche räumliche Erscheinung ohne Zweideutigkeit miteinander verbindet.

Die Erörterung dieser Beispiele hat gezeigt, das dass viele der berühmten städtischen Räume nicht einfach das Ergebnis zufälligen Bauens sind, sondern vielmehr das Ergebnis wohl überlegter und durchdachter Anwendung von Gestaltungsgesetzen, die zu allen Zeiten sehr wohl bekannt waren. Die Analyse historischer Vorläufer und die Herausarbeitung ihrer formalen Prinzipien einerseits und ein besseres Verständnis der Gesetze andererseits, die die ästhetische Wahrnehmung leiten, sollten dazu beitragen, schönere Städte bauen zu können.

This produces a strong secondary focus in the space that competes with the main center of attention in the square. However, when one ascends the steep stairs leading to the square, the axis induced by the tower is initially the stronger perceptual focus, an effect heightened by the location of the statues of the dioskuri. (Fig. 13) It is only when one arrives at the end of the ascent that this focus of attention loses its strength, and the centricity of the square abruptly unfolds to the eye. It is the uniqueness of Michelangelo's design that it combines the antagonisms of closure and openness, of centricity and directionality into a unified spatial appearance without ambiguity.

The discussion of these examples has shown that many of the famous historical urbanspaces are not simply a result of building by chance but rather that of well considered thoughtful applications of design principles that have been well known through times. Analysis of historical precedents and extraction of the formal principles at work in the examples on the one side, and a better understanding of the principles that govern aesthetic perception on the other might help us to design more beautiful cities.

Literatur/Literature

> Koffka, K. Principles of Gestalt Psychology. New York, 1935, p. 119.
> Leder, H. (2001). Determinants of preference.
>   When do we like what we know?
>   Empirical Studies of the Arts, 19 (2), 201-211.
> Arnheim, R. The Power of the Center: a Study of Composition in the Visual Arts. Berkeley and Los Angeles, 1985. Arnheim, speaks of shapes as being endowed with "perceptual forces.", p. 11.
> Rubin, E. Visuell wahrgenommene Figuren Copenhagen, 1921. Rubin first described the so-called law of concavity as a principle of figure-ground segregation

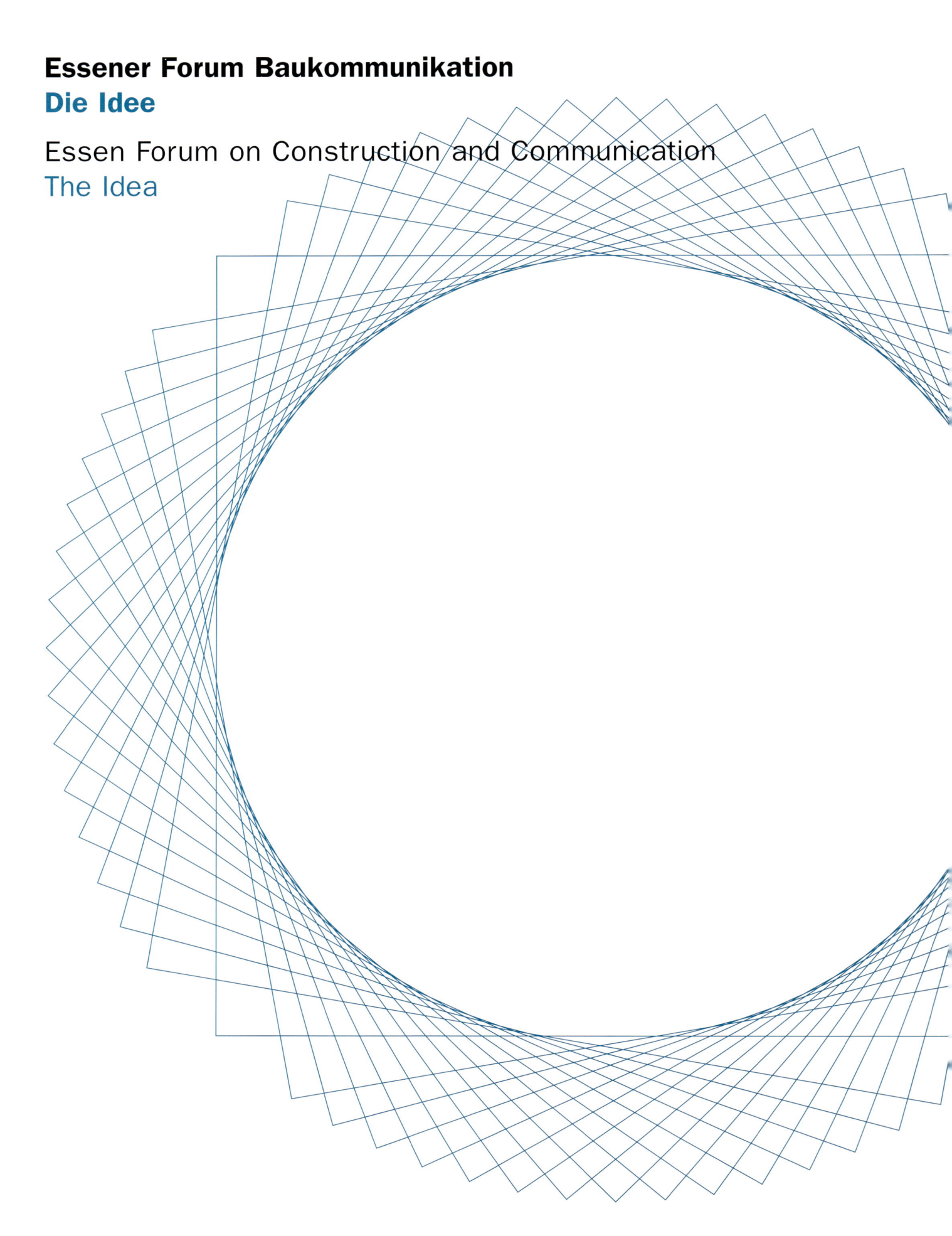

Essener Forum Baukommunikation
Die Idee

Essen Forum on Construction and Communication
The Idea

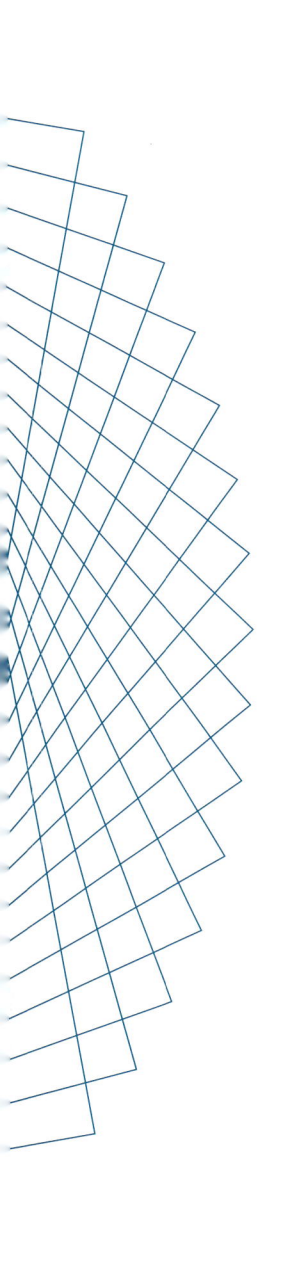

Essener Forum Baukommunikation

Was ist das?
Idee

Der Mensch ist umgeben von einer räumlich-gebauten Umwelt, die ihn ständig – bewusst, aber auch unbewusst – beeinflusst. Ob im eigenen Haus, in öffentlichen Räumen, am Arbeitsplatz – überall begegnet er bekannten und unbekannten Räumen, überall steht er immer schon in einem Geflecht verschiedener, sich überschneidender, ergänzender, neutralisierender Einflüsse, die ihn blockieren oder öffnen, die soziales oder auch asoziales Verhalten auslösen können, kurz: die Umwelt beeinflusst das Verhalten.

Bisher sind sich Stadtplaner, Bauingenieure und Architekten nur selten dieser Wechselwirkungen bewusst, wenn sie Stadträume gestalten oder Häuser planen. Sie handeln – wie andere Spezialisten – aus dem Horizont ihrer eigenen Profession heraus und sind damit oft erstaunlich blind für die medizinischen, soziologischen, psychologischen, ökonomischen Auswirkungen ihres Tuns, um nur einige Bereiche zu nennen. Dies hat gravierende Konsequenzen. Denn schließlich prägen Architekten, Ingenieure und Stadtplaner mit ihren Erzeugnissen wie keine zweite Berufsgruppe den öffentlichen Raum – die „res publica".

„Wir formen die Bauten, und die Bauten formen uns" – dieser bekannte Satz, der Winston Churchill zugeschrieben wird, passt in ganz besonderem Maße hier.

Da Gebäude, Stadtraum und Infrastrukturen nicht im geschlossenen System entstehen, sondern per se eine öffentliche Angelegenheit sind, erscheint es geradezu als eine Verpflichtung, dass sich Planer künftig stärker mit den Folgen und Chancen ihres Tuns auseinandersetzen, anstatt sich, wie so oft, auf ihre künstlerische Freiheiten oder baukonstruktives Spezialwissen zurückzuziehen. Bauen und Planen sind immer auch Dienstleistungen an

Essen Forum on Construction and Communication

What's that?
The Idea

Man is surrounded by a spatially constructed environment which – consciously, but also unconsciously – continually influences him. Whether at home, in public places, or at work – he encounters familiar and unfamiliar spaces everywhere, he is always caught up in a network of different, intersecting, substituting, neutralising Influences which either impede or liberate him, which can cause social or anti-social behaviour – in short: the environment influences his behaviour.

Even these days, town planners, construction engineers and architects are seldom really conscious of the influence their work has on others, especially when designing urban spaces or planning houses. They act – as do other specialists – from the horizon of their own profession and are thus often astoundingly blind to the medical, sociological, psychological and economic effects, to name but a few areas. This has grave consequences. After all, architects, engineers and town planners shape both the public and the private spheres – be it the "res publica" or the "oikos" – with their products like no other profession does.

"We shape the buildings and the buildings shape us". This famous sentence, which is accredited to Winston Churchill, is befitting in a special way here.

As buildings, urban spaces and infrastructure do not take shape in a closed system, but are per se of public concern, is seems that planners, architects and construction engineers have the inevitable duty of concerning themselves more intensively with the effects and chances of their actions, instead of, as so often happens, concentrating on their own artistic freedom or their specified knowledge of building and construction work. Building and planning are always also

der Gesellschaft und Öffentlichkeit. Ausgehend von diesem Verständnis kommt es entscheidend darauf an, in den Planungs-, Entscheidungs- und Bauprozess Wissen aus anderen Disziplinen zu integrieren: Wissen und Erfahrungen über Wirkungen, die bereits vorliegen und nun für die planerische Nutzung fruchtbar gemacht werden müssten.

Aufgaben und Ziele

Diese Mittlerfunktion übernimmt das Essener Forum Baukommunikation. Es ist unabhängig und finanziert sich aus privaten Quellen. Und es setzt dort an, wo Ausbildung stattfindet: In den Universitäten und Fachhochschulen sowie bei den Experten. Ziel ist eine Reform der planerischen Ausbildung. Sie muss sich künftig mit anderen Disziplinen und ihren Erkenntnissen über den Menschen vernetzen. Folgerichtig versucht das Essener Forum Baukommunikation erstmals, das Bauen und die Wirkungen des Bauens in einem umfassenden Sinne in den Blick zu nehmen und die daraus gewonnenen Erkenntnisse in die Ausbildung von Bauberufen zu integrieren. Auf diese Weise soll vor allem bei Studierenden die Sensibilität für die Folgen und Möglichkeiten des eigenen Tuns angeregt werden.

Gleichzeitig strebt das gemeinnützige Essener Forum Baukommunikation an, Experten verschiedener Disziplinen entlang bestimmter Fragestellungen zu vernetzen und ins Gespräch zu bringen. Vorgesehen ist ein ständiger Austausch zwischen den Fachdisziplinen des Planens und Bauens und den Wissenschaften, die die Auswirkungen dieses Handelns auf Mensch, Gesellschaft und Umwelt erforschen. Dazu dienen Foren der Fachöffentlichkeit und daraus entstehende Publikationen. Sie geben Anstöße für Fragestellungen, die über den Tellerrand der eigenen Disziplin hinausführen und die Gesamtschau einer Problematik unter einem bestimmten Aspekt (z. B. „Leise Stadt") ermöglichen. Das Forum versteht sich auch als eine Art diskursives Gedächtnis: Der Verein sucht, sammelt, archiviert und dokumentiert Erkenntnisse verschiedener Wissenschaften zu übergreifenden Fragestellungen.

public services in the common cause of society and community life. Based on this understanding it is therefore of intrinsic importance to integrate knowledge gleaned from other disciplines into their plans, decisions and constructional processes – in other words, knowledge and experience gained from the past should now be all the more invaluable in current undertakings.

Tasks and Aims

The Essen Forum on Construction and Communication takes on an intermediary function in this sphere. It is independent and privately financed. It begins its work where further education takes place: in universities and vocational institutions, as well as with the experts. Its aim is to reform education at its planning level. In the future it must aim to form an interconnecting network with other disciplines and with the knowledge gathered in each faculty of people's reactions and needs. For the first time the Essen Forum on Construction and Communication quite rightly attempts to regard building and its effects as a complex unity and to bring any knowledge it has gleaned into the teachings of the building professions. In this way, and above all, we hope to arouse the sensibility of students to considering the results and possibilities of their own actions.

At the same time the Essen Forum on Construction and Communication strives to weave a communication network of experts from divers disciplines and to engage them in a discourse over matters of which they have specified knowledge. The aim is to encourage a continual exchange between the speciality disciplines of planning and building and those sciences which investigate the effects their actions can have on humans, society and the environment. Public forums and their ensuing publications are an ideal floor. They are a motivation force for questions which go beyond the boundaries of one's own discipline, added to which they allow for a whole range of problems to be handled under one special aspect (e.g. *"Die leise Stadt"*: the quiet town). The Forum also sees itself as being a sort of conversational

4. Essener Forum Baukommunikation — Die Idee

Organisation und Arbeitsweise

Der Verein „Essener Forum Baukommunikation" ist eine private Einrichtung. Er wird getragen von der Universität Duisburg-Essen, Fakultät Igenieurwissenschaften, Abteilung Bauwissenschaften, der Fachhochschule Bochum, von Unternehmen der Bauindustrie, der Wohnungswirtschaft und der Projektentwicklung, dem Bundesverband der Deutschen Architekten – BDA-Ruhrgebiet, dem Deutschen Städtetag als Vertreter der Kommunen und weiteren Einrichtungen. Andere Hochschulen des Ruhrgebietes sind ebenfalls in die Arbeit integriert und bringen sich aktiv ein. Das Forum strebt eine Erweiterung der Kooperationen auf das ganze Bundesgebiet an. Damit existiert erstmals eine Plattform, die über die Grenzen des Faches und der Hochschule hinaus themen- und problemorientiert arbeiten kann, unabhängig von Lehrplänen, institutionellen Bindungen und Verpflichtungen.

Einmal im Jahr findet ein Symposium zu einem bestimmten interdisziplinären Schwerpunkt statt, dessen Ergebnisse in einem Jahrbuch zusammengefasst werden. Das Forum wird ergänzt durch hochschulübergreifende Seminare mit Studierenden und Dozenten unterschiedlicher Hochschulen und Fakultäten. Begleitet wird die Arbeit des Forums durch eine aktive Pressearbeit.

Ziel ist es, die Notwendigkeit interdisziplinärer Kooperation in Forschung, Lehre und Praxis zu vermitteln und Impulse für einen Dialog der Wissenschaften zu geben. Die Ergebnisse dieser Veranstaltungen werden für den virtuellen Dialog ins Internet gestellt (www.essener-forum-bau.de).

4. Essener Forum Baukommunikation — The Idea

memory: it scrutinises, accumulates and records observations derived from intermingling questions and interdisciplinary systems.

Organisation and Working Methods

The Essen Forum on Construction and Communication is a private association. It is maintained by the Faculty of Engineering Sciences and the Department of Constructional Sciences of the University of Duisburg and Essen, by the University of Bochum, by the Department of Spatial Planning of the University of Dortmund, by commercial organisations of the building industry, housing associations and development projects, by the BDA-Ruhrgebiet (Confederation of German Architects), by the Städtetag (Congress of Municipal Authorities) as representative of the communities, and by other associations. Other universities of the Ruhr District are also included in the project and take an active part. The Forum strives to extend its contacts to the whole of the Federal Republic. In this way and for the first time a platform has evolved which reaches out beyond the perimeters of faculties and universities and which will concentrate on topics and problems quite independent of time-tables, institutional restraints and obligations.

Once a year a symposium with a specific interdisciplinary theme will take place, the results of which will be published in an annual. The 2007 symposium documented in this year's annual was compiled under the motto "Beauty and the City". The Forum will be complemented each time by interdisciplinary seminars which will include students and lecturers from different universities and faculties. The work of the Forum will be accompanied by the press. The 2008 symposium, which takes place in Gelsenkirchen on 31st October, will assemble under the motto "The Town, my Home".

Our aim is to bring over the necessity of interdisciplinary co-operation in the spheres of research, teaching and practice and to give impulses for a dialogue between the sciences.

Bisher fanden Symposien zu folgenden Themen statt:
> „Atmosphäre – Kommunikationsmedium der gebauten Umwelt" (15. Juli 2004, Gelsenkirchen)
> „Die leise Stadt" (27. Oktober 2005, Essen)
> „Stadt mit 130" (15./16. November 2006, Gelsenkirchen)
> „Die schöne Stadt" (8. November 2007, Gelsenkirchen)

Bisher sind folgende Bücher erschienen:
> „Baukultur durch Baukommunikation"
> „Atmosphäre – Kommunikationsmedium der gebauten Umwelt"
> „Die leise Stadt"
> „Stadt bis 130"

The results of these events will be published on the internet for virtual dialogue purposes under: (www.essener-forum-bau.de).

Symposia have taken place to date under the following headings:
> "Atmosphäre – Kommunikationsmedium der gebauten Umwelt" (Atmosphere – Communication Medium of the Constructed Environment: 15th July 2004, Gelsenkirchen)
> "Die leise Stadt"
  (The Quiet Town: 27th October 2005, Essen)
> "Stadt bis 130"
  (City up to 130: 15th/16th November 2006, Gelsenkirchen)
> "Die schöne Stadt"
  (Beauty and the City: 8th November 2007, Gelsenkirchen)

The following books have been published to date:
> "Baukultur durch Baukommunikation"
  (Building Culture through Building Communication)
> "Atmosphäre – Kommunikationsmedium der gebauten Umwelt" (Atmosphere – Communication Medium of the Constructed Environment)
> "Die leise Stadt" (The Quiet Town)
> "Stadt bis 130" (City up to 130)

Prof. Dr.-Ing. Karl-Heinz Cox
geb. 1938

1960-1967 Studium der Architektur in München
und Hannover mit Abschluss als Diplom-Ingenieur
1971 Promotion zum Dr.-Ing. an der TU Hannover
1971-1973 Leiter des Planungsamtes der
Stadt Recklinghausen
1973-1974 Technischer Geschäftsführer der
VEBA-Wohnungsbau
1975-2004 Prokurist, Technischer Geschäftsführer,
seit 1993 Vorsitzender der Geschäftsführung der THS,
Treuhandstelle für Bergmannswohnstätten GmbH Essen
1977-1981 Lehrauftrag an der FH Bochum,
Fachbereich Architektur
seit 1994 Lehrauftrag an der FWI, Führungsakademie
der Wohnungs- und Immobilienwirtschaft, Bochum
seit 1999 Lehrauftrag an der FH Gelsenkirchen
im Rahmen des Studiengangs Facility-Management
2003 Verleihung des Titels „Honorarprofessor"
durch die FH Gelsenkirchen
2004 „Ehrenmedaille Victor-Aime-Huber" durch den
GdW Bundesverband deutscher Wohnungsunter-
nehmen e.V.

Prof. Dr. Birger P. Priddat
geb. 1950

Studium der Volkswirtschaft und Philosophie in Hamburg

1991-2004 Lehrstuhl für Volkswirtschaft und Philosophie
an der Privatuniversität Witten/Herdecke,

1995-2000 Dekan der Fakultät für Wirtschafts-
wissenschaften

2004-2007 Lehrstuhl für Politische Ökonomie an der
Zeppelin-University Friedrichshafen / Bodensee, head of
the department for public management & governance.

seit 2007 Präsident der Universität Witten/Herdecke
und Lehrstuhl für Politische Ökonomie.

Forschungsschwerpunkte: institutional economics,
political governance, Theoriegeschichte der Ökonomie,
Wirtschaftsethik, Zukunft der Arbeit.

Zahlreiche Veröffentlichungen, vornehmlich zu Themen
der Forschungsschwerpunkte

Prof. Dr. Horst Przuntek
geb. 1938

1955-1959 Ausbildung in Architektur und
freier Mitarbeiter bei Architekten
1961 Abitur auf dem zweiten Bildungsweg
1961-1967 Medizinstudium
1970-1972 Wissenschaftlicher Assistent in Essen,
Würzburg und Göteborg (Schweden)
1978 Habilitation im Fach Neurologie
1978 Leiter des Neurochemischen Labors der
Neurologischen Abteilung der Universitätsklinik Würzburg
1980 Universitätsprofessor, Leiter der Neurologischen
Poliklinik der Universität Würzburg
seit 1986 Direktor der Neurologischen Klinik der
Ruhr-Universität Bochum
seit 1997 Leiter der Klinischen Abteilung des
Huntington-Zentrums NRW
1997 Gründung des Institutes für Demenzerkrankungen
an der Neurologischen Universitätsklinik der
Ruhr Universität Bochum
seit 1998 Ärztlicher Direktor des Rehabilitationszentrums
in Feldberg, Mecklenburg-Vorpommern
seit 2000 Vorstand der Deutschen Parkinson Gesellschaft
2006 Begründer und Leiter des Zentrums für
klinische Neurotoxikologie, präventive, regenerative
und komplementäre Medizin in Bochum

Ben Rodenhäuser
geb. 1977

1996/97 Studium generale am Leibniz Kolleg in Tübingen
1997-99 Studium der Linguistik, Philosophie und
Informatik an der Eberhard-Karls-Universität Tübingen
1999-2001 Studium der Logik an der Universiteit van
Amsterdam
2001 Master of Science cum laude
2001-2003 Studium Fotografie und Kommunikations-
design in Berlin und Hamburg
seit 2004 Zukunftsforscher und Berater bei Z_punkt
The Foresight Company in Essen, seit April 2008 in Köln

Publikationen (Auswahl)
2005 Die Mitte lebt. Neue Konsummuster.
Hamburg, Gruner+Jahr
2006 Der Web 2.0 Report. Essen, Z_punkt
2008 An fremden Orten. Zur Urbanität der Spätmoderne.
In: Christa Reicher et al (hrsg.): StadtPerspektiven.
Positionen und Projekte zur Zukunft von Stadt und Raum

Dr. Sabine Maria Schmidt
geb. 1966

seit 1992 Kuratorin div. Ausstellungen und
Publikationen mit dem Schwerpunkt Gegenwartskunst

Kuratorin an der Kunsthalle Bremen,
der Hochschule für Künste in Bremen,
dem Edith-Ruß-Haus für Medienkunst in Oldenburg,
der Stiftung Wilhelm Lehmbruck in Duisburg

seit 2007 Kuratorin für zeitgenössische Kunst
am Museum Folkwang

Einzelausstellungen: mit Bjorn Melhus (2001),
Yves Netzhammer (2003), Korpys/Löffler (2004),
Romana Schmalisch (2007), Atelier van Lieshout (2008),
Lutz & Guggisberg (2008)

Themenausstellungen: Taktiken des Ego (2003),
Designing Truth (2006), Fusion/Confusion.
Die Kunst der Referenz (2008)

In Vorbereitung: Hacking the City (2010)

Prof. Dr. Werner Sewing
geb. 1951

1969-1975 Studium der Soziologie an der Universität
Bielefeld, der Soziologie, Politikwissenschaft und
Geschichte an der Freien Universität Berlin
1975-1993 Lehrbeauftragter am Institut für
Soziologie der Freien Universität Berlin,
1986-1990 Leiter des Planungsbeirates beim
Bezirksamt Schöneberg, Berlin
1995 Promotion an der TU Berlin
1995-2001 Wissenschaftlicher Assistent an der
Technischen Universität Berlin

Visiting Professor, University of California Berkeley,
Gastkritiker am Bauhauskolleg Dessau (bis 2002),
Visiting Critic an der Architectural Association in London,
Mitglied im Gründerkreis der Stiftung Baukultur beim
Bundesministerium für Verkehr, Bauwesen und
Wohnungswesen,
Visiting Professor, University of Kentucky, School of
Architecture, Berlin Program
2002-2005 Gastprofessor an der Universität der Künste
Berlin

2008 Ruf an die Universität Karlsruhe für das
Fach Architekturtheorie

Prof. Dr.-Ing. Hans Peter Stimmann
geb. 1941

1958 Mittlere Reife
1961 Gesellenprüfung als Maurer
1965 Hochschulabschluss als Ingenieur (grad.)
1974 Abschluss als Diplom-Ingenieur
1980 Promotion zum Dr.-Ing.
1980-1986 Technischer Referent beim Senator
für Bau- und Wohnungswesen, Berlin
Freiberufliche Tätigkeit in Berlin
1980-1985 Wissenschaftlicher Mitarbeiter an
der TU Berlin
1983-1985 Lehrbeauftragter an der TU Hamburg-Harburg
1986-1991 Bausenator der Hansestadt Lübeck
1991-1996 Senatsbaudirektor/ Staatssekretär
Senatsverwaltung für Bau- und Wohnungswesen, Berlin
1996-1999 Staatssekretär Senatsverwaltung für
Stadtentwicklung, Berlin
2000-2006 Senatsbaudirektor / Staatssekretär
Senatsverwaltung für Stadtentwicklung, Berlin
2008 Berufung zum Honorar-Professor an das
Institut für Stadtbaukunst der TU Dortmund

Prof. Dr.-Ing. Karsten Ulrich Tichelmann
geb. 1965

Studium: Fachrichtung Konstruktiver Ingenieurbau
an der Technischen Universität Darmstadt
Wissenschaftlicher Mitarbeiter: Technische Universität
Darmstadt am Institut für Stahlbau und Werkstoffmechanik
Promotion: zum Dr.-Ing. an der Technischen Universität
München
Direktor: wissenschaftliche Forschungseinrichtung „VHT –
Versuchsanstalt für Holz- und Trockenbau" in Darmstadt
Partner: Ingenieurgesellschaft Tichelmann | Simon |
Barillas, Beratende Ingenieure und Sachverständige,
Darmstadt und Bochum
Betreuung: Lehrgebiet „Angewandte Bauphysik" an
der Technischen Universität Darmstadt, Fachbereich
Architektur
Integration und Leitung: Institut für Trocken- und
Leichtbau als gemeinnützige Forschungsgesellschaft
in den Forschungsverbund der VHT
Professor: für das Fach „Tragwerkslehre und
Konstruktives Entwerfen" am Fachbereich Architektur
der Hochschule Bochum

Fachbuchpublikationen (Auszug): Entwicklungswandel
Bauen, Trockenbau-Atlas, Wärmebrücken-Atlanten für
den Leichtbau, Zum Tragverhalten hybrider Systeme,
Future Trends u.v.m.

Dr. Hans-Jürgen Walter
geb. 1944

1965-1971 Studium der Psychologie in Marburg/Lahn und Frankfurt
1971 Psychologie-Hauptdiplom in Frankfurt
1971-1973 psychotherapeutische Tätigkeit in der „Psycho-sozialen Klinik Ettenheim-Münster" stellvertretende Leitung der Klinik,
Leitung einer Abteilung für drogenabhängige Jugendliche
1972 bis heute neben-/freiberuflich: Psychotherapie, Supervision
1973 psychotherapeutische Leitung im Kurhaus Berghof, Betzweiler Krs. Freudenstadt/Schwarzwald (Heilstätte für Suchtkranke)
1977 Promotion zum Dr. phil. an der TH Darmstadt
1978 Mitgründung der wissenschaftlichen „Gesellschaft für Gestalttheorie und ihre Anwendungen e. V. (GTA),
1978-1999 Schriftführer, dann 2. Vorsitzender, dann 1. Vorsitzender, seit 1999 Ehrenvorsitzender der GTA
1981 Eröffnung einer Psychotherapie- und Beratungs-Praxis in 35216 Biedenkopf
1986-1993 Lehrauftrag am Psychologischen Institut der Universität Wien für Klinische Psychologie
div. Publikationen als Autor und Herausgeber

Prof. Ralf Weber
geb. 1952

Studium Dipl.-Ing. Architektur, TU Dresden
1975-1979 div. Architekturbüros in Stuttgart, u. a. Rolf Gutbrodt und Frei Otto
1980-1982 Studium der Umweltpsychologie, Planungsmethodik und Ästhetik, Doktor der Philosophie und M.arch an der University of California, Berkeley, USA
1983-1991 Dozent für Architekturtheorie, Ästhetik und Entwerfen am College of Environmental Design, UC Berkeley
1991-1996 Professor für Architekturtheorie, Grundlagen des Entwerfens und visuelle Gestaltung an der UC Berkeley
1992-1994 Gründungsprofessor der neuen Fakultät Architektur an der FH Potsdam
seit 1994 eigenes Büro für Architektur und Stadtgestaltung in Dresden
seit 1993 Inhaber des Lehrstuhls für Raumgestaltung, Gebäudelehre und Entwerfen der Fakultät für Architektur an der Technischen Universität Dresden
Gastprofessuren in Ankara, Potsdam, Kent State und Florenz
Vielfache Veröffentlichungen, u. a. Autor des Buches „On the Aesthetics of Architecture", London, 1995 und Herausgeber von „Aesthetics and Architectural Composition", Dresden, 2005

Prof. Dr. Frank R. Werner
geb. 1944

1972 Architekturdiplom an der Universität Stuttgart
bis 1982 Wissenschaftlicher Assistent am Institut für Baugeschichte und Bauaufnahme der Universität Stuttgart
ab 1982 Dozent für Baugeschichte an der Kunstakademie Stuttgart
1990 Lehrstuhl für Baugeschichte, Architekturtheorie und Designgeschichte an der Staatl. Akademie der bildenden Künste Stuttgart
seit 1994 Leiter des Instituts für Architekturgeschichte und Architekturtheorie (AGT) an der Universität Wuppertal
Geschäftsführer des Instituts für Umweltgestaltung (IUG) an der Universität Wuppertal
1999-2003 Dekan des Fachbereichs Architektur der Universität Wuppertal
2005-2007 Dekan des neuen Fachbereichs F Architektur, Design, Kunst der Universität Wuppertal

Gastprofessuren u. a. in Los Angeles, Barcelona, Wien, Mendrisio (CH) und Mailand

Zahlreiche Buch- und Zeitschriftenpublikationen bzw. Forschungsprojekte zur Theorie und Geschichte der Architektur des 20. Jahrhunderts

Impressum

Herausgeber:	J. Alexander Schmidt
	Reinhard Jammers
Übersetzungen:	aus dem Deutschen ins Englische:
	Christine M. Teipel, Krefeld
	„Das neue Museum Folkwang" von
	Sabine Maria Schmidt:
	Rebecca van Dyck, Essen
	aus dem Englischen ins Deutsche:
	„Eine schöne Stadt? Eine schöne Stadt!"
	von Ralf Weber: J. Alexander Schmidt
Fotos:	Harald Gatermann, Bochum
	Simon Sticker für das Europäische Haus
	für Stadtkultur
Redaktion:	Hiltrud Jammers, Anne Kraft
Lektorat:	Elke Schwab
Gestaltung:	PRAXIS für visuelle Kommunikation,
	Wuppertal
	Annette Schild und Swen Hoppe
	www.praxis-kom.de
Druck:	Offset Company GmbH, Wuppertal
Verlag:	red dot edition
	im Design Zentrum Nordrhein Westfalen
	Gelsenkirchener Str. 181, D-45309 Essen
	Telefon: +49 (0)201 81 41 822
	Telefax: +49 (0)201 81 41 810
	info@red-dot.de
	www.red-dot.de
ISBN:	978-3-89939-095-7

Alle Rechte vorbehalten, insbesondere
das Recht der mechanischen, fotografischen
und elektronischen Vervielfältigung sowie der
Einspeicherung in elektronische Systeme.

Printed in Germany

Deutsche Bibliothek – CIP-Einheitsaufnahme
Die schöne Stadt

© 2008 red dot edition, Essen
www.essener-forum-bau.de

*Wir danken den folgenden Unternehmen
für ihre Unterstützung*

StadtBauKultur NRW

Bund Deutscher Architekten BDA
Ruhrgebiet

ECE

Dohrmann